烟台市胶东文化研究会
胶东特色文化推进办公室 **系列图书**

芝罘学校

1881—1951年之间的历史和回忆

[加] 高登 · 马丁(Gordon Martin) 著
陈海涛 刘惠琴 译注

齊魯書社

原著内容提要

1879 年,当中国内地会的创始人戴德生(Hudson Taylor)先生遵从医生的建议,来到这座位于上海以北 500 英里的中国城市——烟台来度假休养的时候,他根本没有意识到,他将会在这座位于山东的城市发现一个非常理想的适宜于传教士子弟接受教育的地方。

芝罘学校的历史就这样开始了,在高登·马丁先生的这部书中,将会很详细地告诉我们这些,从某种角度来说,这部书也是高登·马丁先生的个人自传。

对中国来说,从 1881 年到 1951 年之间的这 70 年,真是一个多灾多难的时代。芝罘学校在这 70 年间,所经历的内战、劫掠和囚禁,构成了她这段堪称惊心动魄和波澜壮阔的历史。

CHEFOO SCHOOL

——1881–1951 between history and memory

Qilu Press

因此我们必须寻找一些艺人巨匠，用其大才美德，开辟一条道路，使我们的年轻人由此而进，如入健康之乡；眼睛所看到的，耳朵所听到的艺术作品随处都是；使他们如坐春风如沾化雨，潜移默化，不知不觉之间受到熏陶，从童年时，就和优美、理智融合为一。

——柏拉图《理想国》

1881—1951 年间，芝罘学校及分校先后办学地点：

烟台	中国 1881—1943
牯岭（庐山）	中国 1909—1915
嘉定（乐山）	中国 1941—1944
潍县（潍坊）	中国 1943—1945
噶伦堡	印度 1944—1946
上海	中国 1946—1947
牯岭（庐山）	中国 1947—1951

目　录

MULU

原著前言

我们高兴地看到，高登·马丁先生讲述的关于芝罘学校故事的这部著作，现在终于要付梓了。

关于这所我们希望急切了解的、被称为“苏伊士运河以东最好的英文学校”，作者经过认真的整理和详细的调查，用通俗的语言，为我们描述了它的历史。同时，值得我们鼓励的是，在这部书中，他还收录了一些自己所创作的关于这所学校历史的素描和诗歌。

在这部书的撰写过程中，作者曾联系了许多芝罘学校的校友，来帮助他共同完成这项工作。非常高兴的是，作者得到了他们的热情和快速的反馈，在他们的来信中，提供了大量的资料和线索，同时表达了他们对高登·马丁先生所从事这项工作的敬意和期盼。有一位校友就写道：“在芝罘学校上学的时候，无论高登·马丁先生给我们教授的哪一门课，都是那么的有趣，给我们留下了深刻的印象。”我们也相信，通过阅读这本书，广大读者也会有这样的感觉。我们还要感谢那些芝罘学校的校友，仰仗于他们的无私和慷慨，才使这本书的出版成为可能。他们是：

吉米·布鲁斯（Jimmy Bruce），1931—1932、1938 — 1944 年在校校友；

诺曼·克里夫（Norman Cliff），1931 —1941 年在校校友；

戴维·兰保夫（David Landsborough），1926 — 1931 年在校校友；

若兰德·斯泰德芙（Roland Stedeford），1939 —1945 年在校校友。

作者前言

多年来，生活在英国和加拿大的许多朋友，都急切地希望我，能够撰写一部关于芝罘学校历史的书籍。环顾四周，也的确找不到其他人能够比我更有资格和条件，去承担这一困难和重要的任务。

芝罘学校对我太亲切了，我虽然也曾经任教于芝罘学校之外的其他几所学校，其中有两所也具有非常良好的声誉，即位于霍尔特（Holt）的格雷欣学校（Gresham's School）和布里斯托文法学校（Bristol Grammar School）。格雷欣学校不论从哪个角度说，都是最好的学校之一，富有创新精神，师生之间关系和谐融洽，拥有让人钦佩的高尚道德传统。布里斯托文法学校则在优秀的学术传统上享有良好声誉。鉴于我对上述两所学校的熟知，以及我所拥有的良好背景，可以有资格来客观评价芝罘学校的教学标准和办学成绩。我要说，因为受制于各种条件的限制，其中既有环境的影响，也有我们自身的选择，但是我敢断言，至少在我本人任教于芝罘学校的那些年代，芝罘学校是一所充满活力的、不断发展的、不断成长的优秀学校。

我与芝罘学校发生关系，其实在我前往那里任教的 1929 年之前很早就开始了。我的父母就是中国内地会的传教士，他们希望自己的一生都能在中国度过，这样，我和我的兄弟们就极有可能都会成为芝罘学校的学生。我也的确在家中看到过，父母为我哥哥前往芝罘学校上学而准备的全套行装。但是，中国内地会不久后指令我的父母留守在英国伦敦，专门负责中国内地会传教士训练营地的工作，并在此后的30多年中，他们一直负责这项工作。我的父亲还曾作为中国内地会总会的秘书长，从事了大量的总会管理工作。

这些背景在许多方面都对我产生了影响。首先，我在伦敦就读于一所非常优秀的学校；而后，我进入著名的英格兰公校泰勒商校（Merchant Taylor's School），并在那里获得了奖学金后，直接升入牛津大学圣约翰学院（St. John's College）。其次，我们家与中国内地会英国总部比邻而居，我自然与他们建立了密切的联系。关于中国内地会的运营费用，根本不用他们去发动捐款，只要需要，以上帝的名义，总有稳定而充足的捐献。在这里，我经常会遇到回国休假的中国内地会传教士，特别是弗兰克·麦卡锡(Frank McCarthy)先生，我还在英国读书的时候，就和他有过多次的碰面。第三，因为家庭环境的关系，我认识很多前往中国的年轻人。因此当我来到芝罘学校任教时，我发现我有一个优势，那就是我所教授的许多孩子的父母，其实在多年前我和他们就相识。

我似乎认为，我拥有其他传教士所不具有的某些优势，来培养这些忍受着与父母分离苦难、生活在异国他乡、面对气候差异、缺少健康和安全感的孩子。在整个牛津大学学习期间，我一直都在关注中国内地会的发展情况，开始为以后前往中国工作做准备。在我的大学宿舍中，到处都装饰着来自中国的东西。

就这样，我用各种方式做准备，以便能更好地承担任教芝罘学校的使命。我记得，在1928年，赫斯特（D. E. Hoste）先生（他曾经在戴德生之后，成为中国内地会的总干事）曾经有好多次和我谈到，奥斯汀（G. F. C. Austin）先生自1900年开始就在芝罘学校任教，此后在那里任教五年，他曾尽最大努力，试图将芝罘学校改造成为像我们在英国所称之为“公办学校”那样的一所大规模学校（因为这些学校在全国范围内招收学生，因此自然在规模和质量上要优于那种地方文法学校）。赫斯特先生告诉我，奥斯汀先生最为关注的东西，实际上是对芝罘学校最为有害的东西。他告诉我：“芝罘学校有它自己的特色，并不需要刻意去模仿任何其他学校。”就这样，在这样的背景下，我来到了芝罘学校，已经在心中做好准备，决定去接受芝罘学校的风格特点，这种多年来形成的风格特点，很大程度上说，实际就是校长弗兰克·麦卡锡先生的风格特点。1895年，当时的戴德生先生希望能寻找到一位有能力、已婚、有卓越才能和完美品格的领导人，来管理中国内地会在烟台设立的芝罘学校的所有三所分校时，弗兰克·麦卡锡先生就顺利入选，作为校长，他从1895年一直服务到1930年。

芝罘学校给予了我丰富的人生经历。在那里，我与同事和学生们相处和谐，结成难忘友谊，分享着信仰上帝的忠诚，体会着婚后生活的甜蜜和幸福。在我23年任教芝罘学校的生涯中，我几乎天天都在思考，除了在教室给孩子们上课，每天和孩子们一起游戏锻炼之外，我还能为芝罘学校做些什么。我努力去为孩子们扩展一些更为广泛的兴趣，正因为此，许多芝罘学校的校友可能拥有了对中国文化的兴趣和知识，也可能让他们的眼睛看到和发现了更多艺术的魅力，也可能使他们的校园生活虽然被认为严肃，但绝不是单调沉闷。在芝罘学校的音乐会上，我虽然不能亲自演唱和演奏，来演绎音乐的魅力，但我可以用喜剧这一形式，带给他们轻松的心情，释放他们紧张的压力。诸如这些事情，我认为还是很有价值的。我希望我所描述的这部芝罘学校的历史，从1881年到1951年，虽然是严肃和沉重的，但绝不是单调和沉闷的，因为在我的记忆中，我们拥有过许许多多的快乐和欢笑。

我非常感谢芝罘学校的校友们，他们对这部回忆录的撰写提供了许多宝贵的资料和建议。特别是澳大利亚的老校友们，他们在这些方面作出了很大的贡献。同时，我还要感谢安迪（H. J. Alty）先生（《芝罘学校简史》）和祝康宁（Frederick Judd）医生（《芝罘学校的历史》）他们对芝罘学校历史的记录。

因为我已经深陷于这段历史，恐怕在描述中，会有太多我自己的主观思想。我相信，本书中所引用的诗歌相比于单调的随笔，经历者亲手绘制的素描插图相比于照片，可能更能够体现出翔实的细节和更准确地再现当时的环境。对于此书中的素描插图和诗歌，我也曾努力去收集其他人的作品，但没有什么收获，我也只好用自己粗陋的作品了。希望读者能够见谅。

高登·马丁

作者简介：

高登·马丁（Gordon Martin）出生于中国西北，父母是当时在那里从事传教工作的中国内地会传教士。在他四岁的时候，随父母回到英国，在英国度过了他的童年并接受教育，先后毕业于著名的英格兰公校泰勒商校和牛津大学圣约翰学院，主修哲学和古典文学。毕业之后，成为一名英国文学、历史和拉丁文老师。从 1929 年开始，他来到中国，在中国内地会设在烟台的芝罘学校任教，一直到 1951 年芝罘学校随中国内地会撤出中国。

原著出版说明

在本书的编写过程中，参考了众多参考资料，其中有：

安迪（H. J. A1ty）：《芝罘学校简史》（*Short History of the Chefoo School*）；

戴本利（Bently D. Taylor）：《私人日记》（*Personal Diary*，未发表）；

海恒博（A. J. Broomhall）：《戴德生与开埠中国》（*Hudson Taylor and China's Open Century*， Hodder & Stoughton & O.M.F.1981–1989）；

内维尔·顿卡（J. N. Duncan）：《华北日报所记1935年"通州号"劫持事件》（*Report Tungchow Piracy in North China Daily News*，*1935*）；

弗里克（Fairbank J. K.）：《跃起的中国》（*China Bound*）；

傅勒铭（Peter Fleming）：《围攻北京》（*The Siege of Peking*，Rupert Hart–Davis. 1959）；

鲍利·哈密尔顿（Pauline Hamilton）：《成为一个不同的鼓》（*To a Different Drum*）；

爱娃（D. Irwin）：《上帝眷顾我》（*God Took Cood Care of Me*）；

祝康宁（Frederick Judd）：《芝罘学校的历史》（芝罘校友联合会杂志）（*History of the Chefoo School*，C. S. A. Magazine）；

戴玛丽（Mary Taylor）：《在潍县集中营的拯救之歌》（*A Song of Salvation in Weihsien Prison Camp*）；

戴存义（Howard Taylor）：《戴德生和中国内地会》（*Hudson Taylor & the China Inland Mission* C. I. M.1911）。

此外，还有芝罘校友联合会会刊（*C. S. A. Magazines*）、中国内地会（C.I.M）档案资料、海外基督使团（O.M.F）档案资料、《中国亿兆》（*China Millions*，中国内地会、海外基督使团新闻月刊），以及大量芝罘校友的信

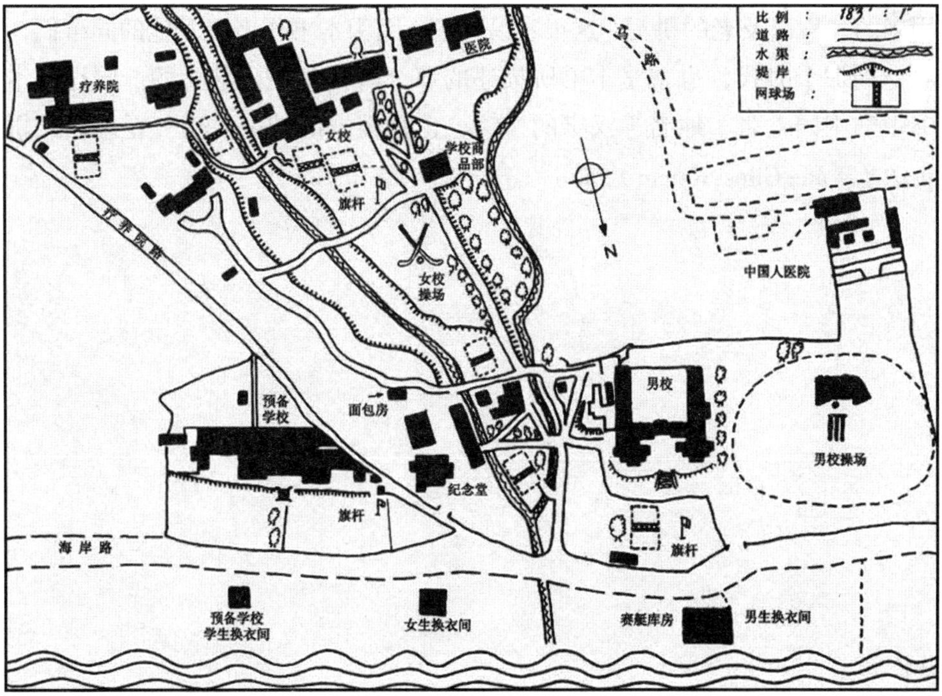

◎ 芝罘学校平面图

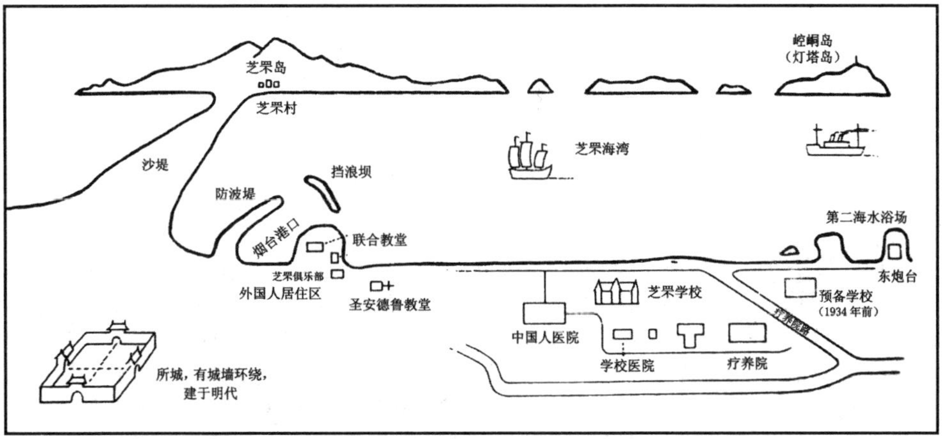

◎ 芝罘学校位置图

件和文章。

读者能够显而易见地发现，本书中所出现的中国的地名，大多都是沿用老的名称以及老的拼写，这很容易理解，因为本书作者以及他的同事们，对他们那个时代，也就是本书所描述的那个时代是更加熟悉的。同样，本书中的中国人名、地名等汉字的拼法，也是根据旧的威妥玛—翟理斯式拼音法（Wade Giles System）拼写[①]。

①威妥玛—翟理斯式拼音法，简称威氏拼音，中国清末至1958年汉语拼音方案公布前，被广泛用于给汉字注音，影响较大，是当时中国和国际上流行的中文拼音方案。发明这个注音系统的威妥玛（Thomas Wade，1818—1895）是英国人，曾于19世纪末任英国驻华公使，1888年起在英国剑桥大学任教，讲授汉语，直至1895年逝世。威妥玛在华任职期间，根据北京读音，用拉丁文字母给汉字注音，后来经翟理斯（H. A. Giles）稍加修订，创立了威妥玛—翟理斯拼音法。1958年《现代汉语拼音方案》公布后，威氏拼音法被废止。但直到现在，我们依然可以看到威氏拼音的许多痕迹，许多享誉海内外的品牌依旧用的是威氏拼音。如茅台酒“Moutai”，青岛啤酒“Tsingtao”，中华烟“Chunghwa”，张裕葡萄酒“Changyu”，清华大学“Tsinghua”，烟台（芝罘）“chefoo”等等。

芝罘学校校歌

我们颂扬伟大的学校，
你的美名使我们荣耀；
是你让我们认识世界，
并把毅力和勇气传授；
你赋予我们永恒知识，
给我们揭开自然神秘；
你教导我们不能气馁，
探索追求一直到永远，
勇敢承担我们的使命。

你就是那灿烂的明灯，
照耀在东方大海之滨；
你的儿女结神圣纽带，
紧紧依偎在你的怀中。

不怕刺骨北风如针扎，
何畏沉闷南风催人眠；
我们的队伍奋勇向前，
把敌人感化变成朋友；
迎风破浪跃起又抛下，
坚守中不惧颠簸摇摆；
相互帮助中收获快乐，
欢快的身影如同流星。

你就是那灿烂的明灯，
照耀在东方大海之滨；
你的儿女结神圣纽带，
紧紧依偎在你的怀中。

我们寄托着父辈期盼，
树立了一个崇高理想；
即使面对连日的苦难，
也不能玷污圣洁盛名；
耳畔常常会响起召唤，
那是众生求助的渴求；
奉献是我们不懈追求，
是你将我们永远指引。

我们寄托着父辈期盼，
树立了一个崇高理想；
即使面对连日的苦难，
也不能玷污圣洁盛名。

词曲作者：斯坦利·霍顿

芝罘学校综述（译者序）

在1941年太平洋战争爆发之前的烟台，一直存在着一所非常奇特的学校，在这里，它已经存在了60年。在欧洲称为远东的中国地区，这所学校却完全采用严谨的英式教育制度，学期设置、课本选择、教授方法等全部采用英制，学校老师也全部由西方人担任，毕业考试坚持英国牛津统考，被誉为“苏伊士运河以东最好的英文学校”。但绝大多数中国当地人对它非常陌生，甚至同一时期的中文地方文献，几乎对它也没有什么记载。因为这所学校只招收外国人，特别是中国内地会（China Inland Mission，简称CIM）传教士的孩子。这就是烟台中国内地会传教士子弟学校，被世人更熟知的名称则是“芝罘学校”（Chefoo School）。

说到芝罘学校，必然要先从它的创办者——中国内地会说起，但在此之前，还得先对当时烟台的西方教会活动情况做一简单的介绍。其实早在1861年烟台正式开埠之前，西方各教会就开始派出传教士来到烟台。根据1937年出版的《烟台概览》描述，最早来到烟台传播基督教者，是英国苏格兰长老会传教士韦廉臣（Alexander Williamson，1829—1890）夫妇。他们于1855年9月24日就来到烟台，在烟台通伸村设教会布道，同时设立男女学校、医院，还称其“颇有成绩可观”。除了在烟台的活动，此后，韦廉臣还是著名的上海广学会（The Christian Literature Society for China）的创办者，这是英美基督教传教士1887年在上海成立的出版机构，广学会的书籍对清末维新运动和清末新政产生了很大影响。韦廉臣于1890年逝世于烟台，就葬在当时的毓璜顶西侨公墓，他把自己的一生都献给了在中国，尤其是在烟台的传教事业。但其实，早在《烟台概览》记载的1831年，就曾有一位英国基督教伦敦会的传教士，普鲁士人郭实腊（K. F. A. Gutzlaff，1803—1851，生于东普鲁士，1826年被荷兰传教会派遣前往爪哇传教，因

◎ 戴德生

向往来中国传教，于1829年脱离该会，1831年开始进入中国，在福建、广东等中国沿海各省游历布道，并多次参与中英外交事件），在其北上天津时，就曾驻足烟台。虽然没有记载他发展了什么教徒，但还是做了一些传教的工作，比如散发一些基督教宣传品。但现在很多研究者都认为，郭实腊并不单纯是个传教士，甚至可能压根就不是传教士，此行的主要目的也不是传教，而是搜集中国北方各港口的情报。因为在1842年中英第一次鸦片战争后签订《南京条约》时，郭实腊就充任英军翻译官，并于次年来到香港，接替刚刚去世的马儒翰担任华文译官。但至少，在第二次鸦片战争清廷战败，签订《天津条约》之后，烟台这个新开埠的通商口岸，就以其优越的自然条件和重要的地理位置，吸引了大量西方各差会来烟台建立教会组织。其中主要有法国天主教会、英国浸礼会、美国南方浸信会、中国内地会、北美长老会、中华圣公会、英国圣经公会、苏格兰长老会等等。其中较有影响的，主要是北美长老会、法国天主教会、美国南方浸信会等，中国内地会其实规模和影响都是较小的。

下面该详细说说中国内地会了。中国内地会虽然名称中有“中国”二字，却是完完全全由英国人创办的教会，更确切地说，是为了向中国传教而专门成立的教会。中国内地会，其创始人为英国传教士戴德生（James Hudson Taylor，？—1905）。1854年，戴德生在前述英国传教士郭实腊的感召下，作为英国基督教伦敦会的传教士来到中国，先在上海、汕头等地传教。1857年定居宁波后，成立了独立的“宁波差会”。1860年，戴德生回到英国，开始招募传教士，两年后他将在英国布莱顿招募到的宁波差会第一位志愿者宓道生（James Meadows，1835—1914）派遣回宁波。1865年，戴德生将宁波差会改名为“中国内地会”，简称“内地会”。

作为一个跨宗派的基督教新教差会，就如同其名称所反映的，中国内地会是特别为在中国内地传教而设立的。其背景是：当时来华的西方传教士，主要是在中国沿海的各通商口岸及其邻近地区传教。虽然《北京条约》

签订以后，允许西方传教士自由到内地传教，但大部分的传教士都还是分布在中国的沿海地区，遍布于从东北地区到南边的广东，很少有传教士能深入到相对条件艰苦、信息闭塞的中国内地去。针对这种情况，中国内地会确立其宣教方针，就是要招募一批可以全家迁到中国内陆地区长期工作的传教士，目标是希望在中国每一个省份都至少有一对传教士在传播基督信仰，所以称之为中国内地会。中国内地会在中国内地的传教也非常有特色，在中国内地，内地会的传教士们打破语言、文化和生活方式的隔阂，克服重重困难建立教会。比如，为了能够融入中国社会，内地会的传教士来到中国后，甚至改穿中国服装，并梳中国发式（去发留辫）。为此，戴德生甚至被英国国内的一些人士指控叛国。戴德生曾有句名言："我若有千磅英金，中国可以全部支取；我若有千条生命，绝不留下一条不给中国！不，不是中国，是基督！"可见其对传教事业的虔诚与决心。

◎ 中国内地会传教士出发前合影

1866 年，以中国内地会名义招募的第一批传教士在戴德生的率领下，乘坐"兰茂密尔"（*Lammermuir*）号轮船，启程前往中国，同年 9 月抵达上海，开始了内地会在中国的大规模传教活动。最初，内地会的总部设在杭州，1890 年迁至上海。该会在伦敦的银行开户时，仅仅储存了 10 英镑作为基金，可谓举步维艰。但是，他们在宗教传播方面的成就是令人钦佩的。最初，中国内地会的影响只是在沿海一带，后经过努力，几乎中国每个地方都有他们的影子。内地会的传教士来自众多国家，不在乎生活条件艰苦，不受宗派、国别的限制，很快在中国就打开了局面。在传教过程中，内地会传教士以传播福音为主，以教育和医疗为辅助手段，不太注重大规模地建立学校和医院。他们甘心吃苦，即使遇到官方或民间的打压和抵制，也不向本国政府求助得到特权支持，而且也不威胁地方索取赔偿，尽可能融洽与当地的关系，采取春雨润物的方式渗透到中国民间社会，这一点使他们与其他在华传教团体有很大差别。虽然内地会在中国的上层没有太大的影响，但是在中国社会下层的影响很大。这种模式被称为“戴德生模式”，成为西方所谓“信心差会”和内地宣教的榜样。在这一思想指导下，内地会在中国各地的传教活动成绩斐然，活动范围几乎覆盖整个中国，其中在安徽、四川、贵州、甘肃、陕西、云南、河南等省，基督教的传教局面都是由内地会首先开辟，最远抵达新疆迪化（今乌鲁木齐）。至 1912 年，在中国活动的内地会传教士数量超过 1000 人，成为在华最大的传教机构。到 1927 年 1 月，内地会在中国所建立的传教点达到了 937 个。

1951 年，内地会开始从中国大陆撤出，到 1953 年撤退完毕，所有传教士重新部署在东亚其他地区，并在新加坡建立了新总部，机构名称也改为中国内地会海外传教团（The China Inland Mission Overseas

◎戴德生与中国内地会传教士，中间坐者为戴德生，可以看到其中很多人是中式衣着

Missionary Fellowship），依然坚持以“中国”命名。直到 1964 年，中国内地会才更名为海外基督使团（The Overseas Missionary Fellowship 或 OMF International），终于放弃了中国内地会的名称。现在海外基督使团有大约 1000 名传教士，分别来自日本、韩国、菲律宾、印尼、新加坡、马来西亚、泰国、巴基斯坦及中国的台湾、香港等地，并坚持在这些国家和地区开展传教活动。

◎ 传教士勃沙特

◎ 传教士成邦庆

内地会在中国内地的传教过程中，还发生过一件有意思的事。1934 年 10 月 1 日，中国内地会派往贵州的瑞士籍传教士勃沙特（R. A. Bosshart，中文名薄复礼），当时担任贵州镇远教堂牧师，夫妇二人从安顺返回镇远，经过城外一个山坡时正好与从江西长征到贵州的由贺龙和萧克率领的红六军团相遇，无意间闯入了红军的队伍，被当作“间谍”扣留。10 月 2 日，红军攻破贵州旧州，来自新西兰的中国内地会传教士成邦庆（Arnolis Hayman，或直译为“海曼”，1890—1971）牧师一家，包括两个孩子以及暂住在那里的加拿大籍传教士林荣贞小姐（Grace Emblen）都被红军扣留，跟勃沙特夫妇关押在一起。此后不久，红军将其中所有妇女和孩子释放，要求勃沙特和成邦庆跟随部队行进。就这样，成邦庆和勃沙特以“帝国主义间谍罪”囚犯的身份，参与了中国共产党历史上最伟大的一项壮举。据说，当时红六军团正面临着重重包围，国民党军企图将红军一网打尽，红军又迷了路。在这生死关头，红军在这偏远的山坡抓到了勃沙特。勃沙特帮助红军找到了出路，还为红军翻译了一张法文版贵州省地图。这张地图在红军转战贵州东部和湘西的时候，发挥了关键的作用。此后，成邦庆和勃沙特跟随红六军团长征，成邦庆在 1935 年 11 月 17 日被释放，与红军在一起长达 413 天。而勃沙特直到 1936 年 4 月在云南才被释放，和红军在一起长达 560 天，经过贵州、四川、湖南、湖北、云南 5 省，行程达一万公里。根据这段经历，勃沙特撰写了回忆录 *The Restraining Hand: Captivity for Christ in China*，于 1936 年 11 月在英国出版，国内已有多个译本，书名分别是《神灵之手—— 一个西方传教士随红军长征亲历记》（严强、席伟译，黄河出版社 2006 年版）、《一个被扣留的传教士自述》（张国琦译，昆仑出版社 1989 年版）。他在书中描述了随军见闻，表达了自己对红军和长征的看法。他在“自序”中写道：“许多报道，因抓我们这些人的举动，而将红军称为‘匪徒’或‘强盗’。实际上，红军的领导人是坚信共产主义和马克思列宁主义的信徒，并在实践着其原理。”该书是目前发现的第一部向西方世界介绍红军长征的著作，比美国记者斯诺的《红星照耀中国》还早一年出版。成邦庆的回忆录稍晚于勃沙特完成，但一直湮没无闻，直到 2003 年新西兰坎特伯雷大学安琳教授（Anne-Marie Brady）在澳大利亚发现其后代所珍藏的原稿。该稿经安琳教授整理后于 2010 年在美国正式出版，书名可直译为《长征路上的外国传教士——中国内地会传教士成邦庆回忆录》。作为亲历长征的外国人，他们的回忆录真实地记录了红军的战斗生活历程，以及开展政治思想工作的实况，并以鲜活的视角揭示了红军灵活多变的战略战术和红军的统战工作艺术，因而此书在党史军史研究中有着重要的史料价值。

因为中国内地会的传教重点，是在中国内陆地区，因而在整个山东并没有开展实质性的传教活动，那为什么会选在山东的烟台创办一所自己的子弟学校？在出版于 1937 年的阿美德《图说烟台（1935—1936）》（*Pictural Chefoo, 1935-1936*）（以下简称《图说烟台》）一书中，对当时的芝罘学校专门有一节非常详尽的描述。此外，中国内地会档案资料中所保存的众多校友的回忆文章，也是再现这段历史的重要资料；而最重要的一部著作，就是这部由长期任教于此校的高登·马丁所著的《芝罘学校——1881—1951年之间的历史和回忆》（*Chefoo School，1881–1951：a History and Memoir*，by Martin Cortin Braunton，Devon： Merlin Books Ltd . ,1990.）。通过这些资料，我们现在可以勾勒出芝罘学校的大致脉络。

1879年，戴德生慕名来到北方海滨城市烟台疗养。当时的烟台，已经开埠近20年，是继天津之外中国北方最大的对外通商口岸。烟台市区内洋行、使馆云集，北美长老会和法国天主教会已在这里经营多年，西式学校、医院、各种娱乐场所非常完备，又是清政府登莱青胶道驻地，可以说是当时胶东地区的政治、经济中心，更是西方向华宗教传播和经济渗透的前沿重镇。阿美德在其《图说烟台》中就曾这样描述这座城市："本人对中国曾进行过广泛的游历，对中国语言、民俗，以及民族特点等进行了广泛的了解，在这一过程中，本人对烟台居民的善良、当地自然景色的优美、气候条件和社会环境的优越等方面，都留下了深刻的印象，这些优势，在中国，还没有发现有其他什么地方能比得上烟台。"同样，戴德生也立刻被这里适宜的气候、秀美的风光、便捷的交通、开放的风气、浓厚的传教氛

◎ 芝罘学校全景

◎ 冬天的芝罘学校校园

◎ 芝罘学校
校园一角（1）

◎ 芝罘学校
校园一角（2）

围所吸引，遂决定在东郊风景优美的海边（今大马路海军航空工程学院内）购置土地，开办了一所专为本会传教士服务的疗养院。此后，为了解决传教士子女的教育问题，疗养院又附设子弟学校。开始时只招收跟随父母前来疗养的内地会传教士子弟，后来开始专门招收在中国内陆省份的穷乡僻壤传教的中国内地会传教士子弟，再后来，也招收来华传教的其他差会传教士子弟以及在中国工作、生活的西方商人、外交官子弟。在烟台建立的这所学校，最初称为“The Protestant Collegiate School”，意思是新教学校，后来又称为“China Inland Mission School”，意即中国内地会学校，因为在芝罘（烟台）创办，以后更通用称之为“Chefoo School”，即芝罘学校。

根据《图说烟台》的记载，芝罘学校最初的创办是非常随意的。1881年，有教学背景的内地会传教士埃利斯顿（Elliston）正好在此地的内地会疗养院疗养，受戴德生的鼓励，闲暇时间就为邻近的三个内地会传教士的孩子教授一些课程。这时，其他一些在此疗养的中国内地会传教士便恳求埃利斯顿也能同时教授他们的孩子，这样，这些学生就形成了学校的雏形。埃利斯顿的一个无心之举促成了一所学校的创立，自然，埃利斯顿就成为这所学校的第一任校长。随着其他传教士子女的陆续加入，学校规模也逐渐扩大，慢慢成为一所混合年级的寄宿制学校。更重要的是，这是中国内地会为解决自己传教士子女入学在中国设立的唯一一所学校，因而随着中

◎ 1905 年，芝罘学校师生合影

◎ 1909 年，芝罘学校师生合影

◎ 1910 年，芝罘学校师生合影

国内地会在中国传教事业的发展，也极大地促进了芝罘学校的发展。虽然学校最初是作为疗养院的附属而设立，但在其后，其发展速度和规模远远快于、大于疗养院本身。到了 1883 年，学校就盖起了一座教学楼，男女学生都可以从各自家中搬到这里集中生活，一起在这里上课。到 1886 年，学生的人数接近 100 人，并开始男女分校。这时学校分三部分，男校、女校、预备学校（近似于幼儿园）。到 1894 年，学生的人数超过了 200 人。1895 年，在离此 3 英里的通伸村还开办了一所预备学校，专门招收 5—10 岁之间的孩子。1900 年，在通伸村的预备学校也迁入本部。在 1909—1915 年之间，在江西的庐山，中国内地会还为芝罘学校在异地建立了一所预备学校。截至 1926 年，芝罘学校共有在校学生 263 人，1932 年时有在校学生 271 人，1940 年时有在校学生 338 人，堪称当时全国规模最大的专门招收外国人子女入学的“洋学堂”。

在 1937 年一年，大约就有 100 名内地会传教士来烟台进行过疗养。在这些传教士中间，只有部分的确是因为身体原因来此疗养的，还有一部分，则是在芝罘学校放暑假期间，专门抽出几周时间来此与他们的孩子团聚。这时的芝罘学校已有超过 400 名的学生和工作人员，他们形成了一个特别的组织，在这一个大院中，有自己的面包房、洗衣店、冷饮店、木工房等等。就在这一年，学校因为新增加了两栋建筑，规模得到进一步扩大。学校的师资力量非常雄厚，其中包括多名英国剑桥、牛津等名校毕业的学生，从而保证了高水平的教学质量。比如在 30 年代中后期的师资队伍中，担任校长的布鲁斯（Pat Bruse），就先后就读于切尔滕纳姆学院（Cheltenham College）和著名的剑桥大学三一学院（Trinity College of Cambridge），在剑桥大学获得硕士学位，并通过了伦敦大学（University of London）的教师资格证书考试，曾担任中国内地会四川传教团教会学校总督导，此外，他还是英国皇家地理学会会员（F.R.G.S.）。副校长雷金纳德·哈里斯（Reginald Harris）、校医祝康宁（Frederick Judd），剑桥大学毕业生；教师高登·马丁（Gordon Martin），牛津大学毕业生；哈罗德·乔克利（Harold Chalkley）、高登·韦尔奇（Gordon Welch）、斯坦利·霍顿（Stanley Houghton），伦敦大学毕业生；内维尔·顿卡（Neville Duncan），英国杜伦大学毕业生。

芝罘学校校风严谨，曾被誉为“苏伊士运河以东最好的英文学校”。课本、学制全采用英制，是一所不折不扣的英国式学校。学校主要接纳中国内地会传教士子弟，但同时也接纳其他教派传教士和外国商人、外交官子弟入学，从目前掌握的资料来看，从来没有接受华人子弟。芝罘学校是一所寄宿制管理学校，秉承英国传统，重视古典文化、宗教教义以及体育的教育。学校教职工，包括所有老师和看护人员，全部由中国内地会传教士担任，用传统英式教育方式来培养学生，要求从初级证书一直要达到牛津学校所要求的毕业证书标准，并得到英国教育界认可，毕业生可免试进入牛津、剑桥、爱丁堡等英国名牌大学。学校依然重视宗教教育，规定每天必须参加祷告，而在每个周日，则要参加两次祷告。在1930年前后，芝罘学校甚至还组建了一支管弦乐队，还开展了男、女童子军的训练。也就是从这一年开始，在学校的教学课程设置上，才正式开始为学生教授中文。此外，芝罘学校还设立有一所医院，主要目的是为传教士和孩子们看病，这个医院甚至还附设一个隔离起来的传染病区。遵循英国名校的传统，芝罘学校非常重视体育和游戏课程，如果没有参加过在烟台所举办过的各类运动活动，学校也不能给予登记相应课程成绩，芝罘学校学生还以足球、赛艇等体育活动的擅长和普及在当时享有盛誉。“学校宽敞的操场上经常有儒雅礼貌的成年人在玩板球或足球，偶尔还举行一些比赛。当有英国轮船或其他国家的轮船来到烟台时，经常会在这里，港口的工作人员和轮船上的船员举行一场友谊比赛。”

芝罘学校规定，男孩超过16岁、女孩超过17岁，就必须要离开学校，因为从这时起，父母就要为孩子们的继续教育担负起完全的责任，同时还鼓励其毕业生回到家乡接受更专业的高等教育。学校每年分四个学期，分别在2月、4月、8月、10月开学。学校还创办了一系列校刊，其中《芝罘人》（*Chefusian*）于1928年创刊，一直持续到芝罘学校被日本侵略者强行关闭的1942年。从1881年建校开始，芝罘学校的主要负责人分别是：埃利斯顿

（W.L.Elliston，1881—1886）、诺瑞斯（H.L.Norris，1886—1889）、麦卡锡（Frank McCarthy，1895—1930）、布鲁斯（Pat Bruse，1930—1942）、斯坦利·霍顿（Stanley Houghton，1947—1950）。《图说烟台》中特别提到，在 1895—1930 年麦卡锡担任学校校长期间，由于其丰富的学识、多方面的才能以及崇高的奉献精神，芝罘学校得到了跨越式的发展，正是由于他的努力，才使芝罘学校从最初的名不见经传，一跃而成为东方最著名的学校之一。即使在他退休不再担任校长多年之后的 1937 年，教育界依然对他充满尊敬。

非常有意思的是，以上对芝罘学校详尽描述的资料来源，无一例外都来自西文，同一时代的中文文献对芝罘学校鲜有记录。例如与《图说烟台》几乎同一时间编纂、体例风格近似，但是由烟台当时士绅编纂的中文图书《烟台概览》中，对这所“苏伊士运河以东最好的英文学校”只字没有提及，这似乎说明在当时的烟台社会，华洋分野还是非常鲜明的。

虽然烟台的这所中国内地会学校原则上只招收本会传教士子弟，但也有少量其他外国人士子弟入学就读，其中一位杰出校友，就是后来被称为美国报业大亨的卢斯。

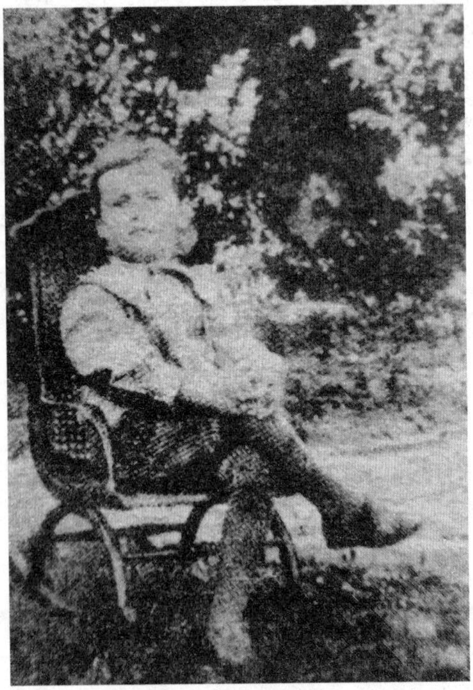
◎ 3 岁的卢斯，拍摄于烟台

卢斯（Henry Robinson Luce，1898—1967）是美国著名出版家，时代出版集团创始人。1897 年，卢斯的父亲亨利·卢斯，带着新婚的妻子，受美国基督教会长老会的派遣，来到万里之外的烟台蓬莱。开始时，在著名美国长老会传教士狄考文（Calvin Mateer）创办的、号称中国最早出现的真正意义上的现代大学——登州文会馆（齐鲁大学的前身）担任老师。此后，亨利·卢斯绝大部分时间都在为中国的教会大学工作，曾担任过同为教会大学的齐鲁大学和燕京大学的副校长，和当时的燕京大学校长司徒雷登成为至交。亨利·卢斯来到蓬莱的第二年，卢斯出生了。从1岁到7岁，卢斯一家一直住在蓬莱城内文会馆坐落的那所观音庙里。在10岁那年，卢斯就被送进设在烟台的芝罘学校。卢斯一家属于美国基督教长老会，并不属于中国内地会，但少年卢斯还是在烟台内地会学校待了四年。这一时期的严格教育对他后来一生的发展影响甚大。后来有人评论他说，他的“平静，庄重，独往独来……（源自）他受到了英国式的旨在培养帝国的建造者和管理者的正规训练，并得到了真传”。卢斯在这里学习《圣经》、法语、拉丁语、希腊语。据说他酷爱历史，天天都仔细阅读从美国寄来的《耶鲁学报》，注意时事，关心中国和美国的政治。还说在13岁那年，他就当上了学校里学生办的一张小报的主编，从此，他便产生了从事新闻工作的念头。

在芝罘学校学习四年之后的1912年秋天，卢斯回到美国。此后他在美国耶鲁大学接受高等教育，之后步入新闻界，并于1923年在纽约创办《时代》周刊。《时代》周刊，又译为《时代》杂志，英文名称：*TIME*，是美国三大时事性周刊之一，内容广泛，对国际问题发表主张和对国际重大事件进行跟踪报道，在美国颇有影响力。直至今日，《时代》周刊也是世界知名的时政类杂志，它在全球拥有广泛的读者，《时代》周刊有美国国内版、国际版，以及欧洲、亚洲和拉丁美洲版，各版内容基本相同，其中亚洲版（*TIME Asia*）出版于香港。《时代》周刊占据着巨大的国际市场，成为宣传美国价值体系和生活方式的最好载体，被誉为当代最具代表性与影响力的刊物。1999年美国杂志300强（*Advertising Age* 评选，按营业额排名）的评比中，《时代》周刊以9.6亿美元排在了第三位。1999年美国杂志广告10强排名中，《时代》周刊排在了第二位，2008年发行量达到340万册。除了《时代》杂志外，卢斯又陆续出版《幸福》《生活》等著名期刊，组成了美国最大的新闻出版公司——时代出版集团。前英国首相丘吉尔说过：“卢斯是美国近代七个最有名望之人的其中之一。”卢斯在西方新闻界被称为“无冕之王”。卢斯虽未在政府中担任职务，却对美国政坛有着巨大的影响，并且是美国新闻史上少有的获如此巨大成功的人。在1932年前后，卢斯还曾经来到烟台，重游了芝罘学校这一早年就读的母校，受到隆重热烈的欢迎。

除卢斯之外，芝罘学校的杰出校友还有著名汉学家 Paul Thompson，中文名谭朴森，美国华盛顿大学博士，伦敦大学亚非学院教授。他精通中文，在中国古代汉语、中国古代哲学研究领域卓有建树，代表著作为《申子残篇》

（*The ShenTzu Fragment*），这是对战国时法家申不害的著作《申子》残篇片断的研究著作，作为《伦敦东方丛书》的一辑，由牛津大学出版社在 1979 年出版。为了纪念他在国际汉学研究上的杰出成绩，以及感谢他对中外学术交流作出的贡献，2009 年上海复旦大学专门召开纪念学术讨论会，并于 2010 年出版了《出土文献与传世典籍的诠释——纪念谭朴森先生逝世两周年国际学术研讨会论文集》。

此外，还有社会活动家、作家艾达·普鲁伊特(Ida Pruitt，中文名浦爱德)。艾达 1888 年出生于烟台龙口一个美国南部浸信会传教士家庭，芝罘学校毕业后，艾达前往美国哥伦比亚大学就读，毕业之后回到芝罘学校担任教师。1920 年艾达被推荐到刚由美国洛克菲勒财团援建的北京协和医学院社会福利部任职，直到 1939 年。再之后，艾达参加了由新西兰人路易·爱黎（Rewi Alley）、埃德加·斯诺（Edgar Snow）等支持中国抗日战争的国际友人发起的中国国际工业合作社运动（The Chinese Cooperative，简称“国际工合”，即 IDDUSCO），积极支援抗战时期延安等革命根据地的生产自救和发展。她与宋庆龄、周恩来、邓颖超等中国领袖人物有密切交往。后来回到美国后，也作为该机构在美国的代表，为中国抗日战争募集了大量物资与资

◎ 在烟台时期的艾达

◎ 工合运动时期的艾达

金。新中国成立后，艾达多次接受中国政府邀请访华，并出版了多部关于中国的著作。如《汉家女：一个中国劳动妇女的传记》（*A Daughter of Han: The Autobiography of a Chinese Working Woman*，Stanford University Press，1945；北京外文出版社2004年英文版）、《殷老太太：北京生活的回忆》（*Old Madam Yin: A Memoir of Peking Life*，Stanford University Press，1979）、《在中国的童年》（*A China Childhood*，北京外文出版社2003年英文版；程麻等翻译，中国文史出版社2011年版）等。特别是《在中国的童年》在美国出版时，是由著名汉学家、哈佛大学终身教授、美国最负盛名的中国问题观察家、美国中国近现代史研究领域泰斗、哈佛东亚研究中心创始人（费正清退休后，哈佛大学为表彰他的成就，特将东亚研究中心命名为费正清东亚研究中心）、美国亚洲协会主席、美国政府政策顾问、史学巨著《剑桥中国史》的编著者、被誉为“头号中国通”的费正清教授（John King Fairbook，1907—1991）作序。在费正清的著作《与中国的五十年不解之缘》（*China Bound: A Fifth-Year Memoir*，Harper and Row，New York，1983.）中，对艾达的《殷老太太：北京生活的回忆》也有提及。此外，非常有意思的是，抗战时期老舍先生在美国期间，同艾达建立了深厚的友谊，艾达曾协助老舍将《四世同堂》翻译为英文，英文书名为*Yellow Storm*。并且翻译过程非常奇特，首先老舍先生将原作删节，保留基本梗概和情节，然后读给听得懂中文、但看不懂中文的艾达，由艾达根据自己的理解，再加以润色，最后成稿。

根据中国内地会网站所提供的资料，芝罘学校的杰出校友还有伊拉克第一位女性医生维多利亚·克莱尔·阿提莎（Victoria Clare Attisha，1930—1970），近代中国内地会著名传教士、历史学家、作家海恒博（Alfred James Broomhall，1911—1994，出生于烟台，著有*The Shaping of Modern China: Hudson Taylor's Life and Legacy*，直译为《现代中国之成形——戴德生的生平与事工》，*Hudson Taylor and China's Open Century*，直译为《戴德生与开埠中国》等），泰国圣经协会、美国圣经协会翻译家、语言学家、作家霍华德·哈顿（Howard A. Hatton），中国内地会的创始人戴德生的重孙女、作家、政治家、美国新泽西州议员戴爱美（Mary Previte），曾多次获得普利策奖、美国国家图书奖、被誉为美国现代四大剧作家之一的桑顿·怀尔德（Thornton Wilder），著名伊斯兰教、基督教宗教理论家杜德雷·伍德伯瑞（Dudley Woodberry），等等。他们中的许多人，后来都多次来到中国，对中国尤其是对烟台充满了感情，很多成为中国人民的国际友人，为中华民族的解放事业和新中国建设作出了突出贡献。例如在 1983 年，阔别将近 40年后，戴爱美第一次返回中国。她动情地回忆起再次踏上中国国土的感受：“我跪在北京国际机场的地上，亲吻这块土地。我出生于河南开封，中国是我的母亲，我是跪下来亲吻自己的母亲，我终于回到家了。”改革开放以来，也有很多校友怀着深深的眷恋之情来到烟台，表达怀念之情。他们说：“（如果）一天，我们走向生命的边沿，猛然细心回顾，何时何地给我们更多的欢愉和笑颜，那是烟台！”直到 2012 年 7 月 9 日，25 位原芝罘学校学生还再次来到芝罘学校旧址，他们中有的已年过八旬，旧地重游，回忆 70 多年前那段蹉跎岁月。

抗日战争全面爆发后，1937 年底，日军入侵烟台。起初，英国人和美国人被视为中立国公民，学校运转未受太大影响。1941 年 12 月 7 日，日本袭击珍珠港，太平洋战争爆发，日本海军遂查封了芝罘学校，逮捕了当时的校长布鲁斯，并将学校财产全部没收。1942 年，芝罘学校的 300 多名师生被关押在烟台毓璜顶一所由北美长老会传教士住宅改建而成的集中营里。1943 年夏天，芝罘学校师生被转移到潍县乐道院集中营，与被日军扣押的山东英美侨民一同关押。即使在集中营，虽然教学条件恶劣，营养严重缺乏，但学校教学并没有停止，而且其毕业生一如既往地坚持了牛津考试的严格标准。在集中营里，芝罘学校共有三届学生毕业，前两届全部合格。1945 年，第三届的 11 名学生虽然是在动荡的时局中参加毕业考试，但是仍然有九名学生合格。

戴德生的重孙女戴爱美当时只有九岁，与哥哥、姐姐、弟弟一起被日军关押到潍县集中营，她曾经回忆当年过生日的难忘一幕：午后的阳光里，她跟在女老师身后，悄悄来到医院后面的一个僻静处。老师让她闭上双眼，充满真挚母爱地轻哼着《祝你生日快乐》。当小戴爱美睁开双眼，一个虽显干瘪，却弥足珍贵的苹果像变魔术似地静静躺在一个打开的铁罐头盒中，这是老师送给她的生日礼物。随后，老师用两块砖头临时搭了个“小灶”，再往铁罐头盒里放上稀有的豆油，点燃“小灶”下早已准备好的枯枝，然后又飞快地将苹果削成一个个小薄片，这些小苹果片雪花般地向架在火上的铁盒里飘去……戴爱美沉浸在无比幸福之中。

1945 年 8 月，关押在潍县集中营的芝罘学校师生及英美侨民 1200 多人，被美国伞兵解救。据说这次营救，是美国战略情报局（Office of Strategic Services，即今天美国中央情报局 CIA 的前身）直接部署安排的。自 1881 年芝罘学校在烟台创立至 1942 年芝罘学校被迫关闭，共培养学生近万人。芝罘学校当年的主要建筑男校毁于 20 世纪 40 年代末，女校，俗称“丁字楼”，在 20 世纪 90 年代被拆除，但原芝罘学校联合教学楼（原海航图书馆）、纪念堂（海航退休干部活动室）、预备学校（海航 104 号楼），基本保存完好，现均为山东省文物保护单位，受到妥善保护。

在烟台芝罘学校被查封后，芝罘学校的一部分曾经在四川嘉定府（乐山，1941—1944）和印度的噶伦堡（Kalimpong，1944—1946）临时开办。第二次世界大战结束以后，由于北方政局变化，芝罘学校没有在烟台复校，而是临时在内地会上海总部立足（1946—1947）。1947 年，内地会买下江西牯岭美国学校（Kuling American School）的四层都铎式大楼的校舍，将芝罘学校迁到那里，教师和学生逐渐恢复。当年夏天，已经有 126 名学生。1951 年，

◎ 原芝罘学校纪念堂

◎ 原芝罘学校联合教学楼

◎ 原芝罘学校预备学校（侧面）

◎ 原芝罘学校预备学校（正面）

随着中国内地会从中国撤出，在1951年2月到4月之间，芝罘学校的师生也全部撤离。此后随着中国内地会传教士在东亚地区重新部署，芝罘学校服务内地会传教士的传教活动，曾经分别在日本（1951—1998）、马来西亚（1952—2001）、泰国（1952—1954）、中国台湾（1954—1961）和菲律宾（1956—1981）建校。2001年6月，芝罘学校在马来西亚的最后一所分校停办，拥有百年历史的芝罘学校终于画上了句号。在这一过程中，学校一直沿用了“芝罘学校”（Chefoo School）这一名称。

芝罘学校校友会（The Chefoo Schools Association）成立于1908年，是一个联络、服务曾经在学校工作、学习、生活过的所有教职员工和学生的联谊组织，已有100多年的历史，至今依然活跃。在1936年，根据这部《芝罘学校——1881—1951年之间的历史和回忆》的记载，芝罘学校校友会根据秦始皇“芝罘射鲛”的传说，以一条极具中国传统特色的红色的卡通化的“鲛鱼”（其实更像是一条鲤鱼，也可能有“鲤鱼跃龙门”的意思），作为芝罘学校校友会的标志。目前，除了在英国设有芝罘学校校友会总部外，校友会还在北美（多伦多）、澳大利亚、新西兰设立有三个分会。芝罘学校校友会的会刊《芝罘》（*The Chefoo Magazine*），创刊于1908年，至今仍在出版。

◎ 2012年7月，芝罘学校校友重游烟台芝罘学校旧址合影

◎ 创刊于1908年的芝罘校友联合会会刊《芝罘》创刊号

Published by the Chefoo Schools Association

THE CHEFOO MAGAZINE

CHEFOO SCHOOLS ASSOCIATION

2012

FEATURED IN THIS ISSUE

George & Dick Kraft

Kangding, western Sichuan province, near the Tibetan border

George Kraft attended the Chefoo School at Shanghai, and his brother Richard joined him at Kuling. Their parents had served as missionaries with the China Inland Mission in western Sichuan province. They were stationed in a small town of Kangding, half the distance between Chengdu and the Tibetan border.

George and Dick joined the Chefoo Schools Association China tour this past July, which concluded at Chengdu. They had made a decision to attempt to visit Kangding, if at all possible, although they were not sure if they could due to political unrest in the area. But they successfully arrived at Kangding by plane and spent an inspiring three days where they had spent some of their childhood. Dick wrote: "We had a spectacular visit to Kangding, including finding our old compound. Almost everything in Kangding is now high rises, but the front wall of the compound and old church are still there, although our home had been destroyed and is now the largest Protestant church in the town. We also took a road trip around the high country to visit places my father likely traveled, and were blown away by the beauty of the high valleys, spectacular mountains, and many Tibetan Buddhist centers. My father's Tibetan (Kham) grammar, prepared in the 1980s, is still being used by up to a 100 students a term at the Chengdu Minority University, and we ran into several young "missionary" couples who now speak good Tibetan thanks to his book. All in all, a great way to end a great trip." You are invited to read about their trip in more detail on page 25.♦

◎ 芝罘学校校友会杂志《芝罘》2012 年号

第一章　荣耀的芝罘学校

芝罘学校有众多的荣耀之处，这不仅仅在于她的悠久历史，也不仅仅在于她的美丽建筑，而在于她在整个中国的沿海地区，成为一种生活方式的标志，在教育的纯粹、彻底和稳定方面，赢得了良好的声誉。

芝罘学校的荣耀很大程度上要归功于一个人，这就是弗兰克·麦卡锡先生。从1895年到1930年期间，他一直担任芝罘学校校长，在他的任内，芝罘学校从一个只有数十名学生、校舍还是由临时建筑代替，发展到有350名学生，拥有三栋坚固建筑，并分别成立了男校、女校以及学前预备学校这样的规模。他领导芝罘学校渡过了极其困难的时期，1895年，中日甲午战争正酣，中国的清政府丢失了对朝鲜的宗主国地位和对中国台湾的主权；1900年，中国爆发义和团运动，在山东、直隶、山西、陕西等省发生义和团袭击外国人和在华传教士的事件；1911年，在烟台爆发了源自中国东北的瘟疫，导致在烟台有超过300人感染死亡；1912年，旨在推翻清王朝统治的辛亥革命爆发之后，中国在这一年建立了共和体制；在此后的整个第一次世界大战期间，芝罘学校没有补充一位教师。在这段异常艰难的时期，弗兰克·麦卡锡先生一直坚持学校正常运行，并不断发展壮大。弗兰克·麦卡锡先生意志坚定，忠于职守，整个学校的教职工和学生们对他都充满了尊敬。

芝罘学校的荣耀还来源于她与中国内地会天然的密切联系。所有芝罘学校的教师都必须自愿接受成为中国内地会成员，这意味着学校教师背景相似，来源整齐，都具有忠诚的信仰信念和统一的人生准则。他们有严明的纪律性，有高尚的审美情趣，有开阔的眼界，拥有勇于接受新事物、新思想的热情。更重要的是，他们对信仰上帝都绝对虔诚，言行举止都遵从于上帝的指示。对于许多学生来说，他们的父母为了献身于中国内地会在中国的事业，是以和家人一定程度上的分离为代价的。正是因为有这样的背景，芝罘学校必须要全面负担对这些孩子抚育培养的责任。

芝罘学校的荣耀还来源于这些学生的伟大的父母。每一个传教士通常都是一个杰出人物，或者具有健康的体魄，或者拥有高尚的思想，或者具有坚韧的意志，或者具有开朗的性格。这些传教士的孩子，往往都继承了他们父辈的这些体魄、意志和性格。在同一个学校中，绝大多数学生都能拥有这些可贵的品质，这必然会形成刻苦学习、珍惜荣誉、善于思考、追求卓越的学校风气。同时，芝罘学校还有一个好的传统，也接收其他传教差会传教士和具有相似家庭背景的孩子入学，大概的比例是：50% 的学生来源于中国内地会传教士家庭，25% 的学生来源于非中国内地会的其他在华传教差会传教士家庭，其余 25% 的孩子来源于在中国从事商业活动或者在政府机构中工作的西方人家庭。这使得学校中学生的来源多样性，许多优秀的学生就是来自第二类家庭，即来自非中国内地会的其他在华传教差会传教士家庭的孩子。

此外，芝罘学校的荣耀还来自学校所处的位置，即山东半岛的这座滨海城市。在这里，冬天虽然也寒冷，夏天虽然也炎热，但绝不是那种刺骨的酷寒和难耐的闷热。这里空气干爽舒适，使人心旷神怡，从来不会出现

◎ 芝罘学校举行的网球男女双打比赛

◎ 男校学生在打网球

在中国南方和中国内陆因闷热而易发的痢疾等疾病。对于体育运动而言，这里的气候尤其适宜。在每年中，我们都能有四个月的时间享受游泳、赛艇和划船的乐趣，我们还开展板球、网球、足球、曲棍球、手球等运动。学校后面的小山，非常适合于散步，学校在烟台办学的60多年时间里，我们尽情享受着这些学校周边的舒适环境，从来没有让我们感到过危险，也没有遇到过什么竞争。只是学校在烟台办学的后期，一些中国孩子从我们这里学会了游泳，因此，在使用海滩和木筏上和我们发生了一些竞争。组织这些体育比赛占去了我们大量的时间和精力，同时也成为我们学校生活中的重要记忆。

芝罘学校的这些荣耀，一定程度上仰仗于这些年来幸运之神对芝罘学校的眷顾和垂怜。1942年，我们被日本人囚禁于烟台的集中营，我们在纪念教堂举办了一系列以“解救之歌”为主题的主日祷告礼仪。我们聆听了很多熟悉的朋友，有年轻人，也有老人，讲述了他们曾经历过的，在与当时环境近似的情况下，他们如何克服困难，度过难关的故事，我们确实感受到，不论什么灾难发生，只要坚定信念，都能顺利度过。我们知道，芝罘学校在60多年历史中的每次危机中，都感受到了信念的力量。在我们的周围，充满了仁慈和爱心。偶尔我们也会辜负自己的使命，偶尔我们也会得不到孩子们的充分理解，偶尔我们也会无法完全满足孩子们的热切需

◎ 预备学校的女孩子在打网球

求，但是我们一直在努力去完成我们的使命。我们常常自我反思，如何可以做得更好，在这一过程中我们建立了学校，我们发展了学校，我们祈祷上帝指引我们、保护我们、支持我们。

毫无疑问，还有许多其他的教会学校也得到了命运的眷顾，但在以下几个方面，芝罘学校得到的眷顾则是独一无二的。

首先，芝罘学校是一所采用全英式教育的学校。虽然也有一些学校的教师在尽力淡化自己学校的英国特点，但不管是美国人，还是德国人，还是斯堪的纳维亚地区的北欧人，都能够明显感受到，并且非常赞赏芝罘学校的这种英国特色和氛围。我们采取英国牛津大学的考试制度，我们在英国维多利亚女王生日那天，也就是 5 月 24 日，我们称之为“英联邦纪念日”当天放假，我们开展在英国流行的板球运动，我们用英国人的严肃态度组织比赛，我们遵从英国人的方式来抗议裁判的不公，我们在学校的祈祷仪式上吟唱英国传统的赞美诗，我们的饮食风格也是英国式而并非美国式的，一种英式的油腻布丁是最值得怀念的甜点。因此从这诸多方面来看，我们都是在中国的唯一一所纯粹的英国式学校。

◎ 1911 年，芝罘学校举行英国国王乔治五世加冕庆祝仪式

其次，与同是教会学校的天津文法学校（Tientsin Grammar School）[①] 和上海美国学校（Shanghai American School）[②] 相比较，芝罘学校是一所唯一的基督教会寄宿制学校。作为一所寄宿制学校，同一般的全日制学校有很大的不同，相比于全日制学校，寄宿制学校会给人留下更为深刻的印象，不管是更好或者更坏。对于芝罘学校的教职工来说，他们的来源比较整齐，背景大体相同，在这里他们不仅仅是老师，同时还是孩子们的看护者，要照顾他们的穿衣吃饭，要为他们安排好一切。所有中国内地会的传教士都担负着把上帝的福音传布到世界各地的使命，这种理念使得芝罘学校为这些孩子们的付出，被认为是必然和当然，并且是那么的深入而持久。

今天，对芝罘学校的感激和怀念被时常提起。1986 年，在加拿大多伦多市，大约有 140 名芝罘学校的老校友再次相聚。也许，即便再过一百年，类似的庆祝活动还将在英国、澳大利亚和新西兰召集重聚[③]。这是一个非常特有的现象。在今天，还有多少近似芝罘学校这样的学校能够召集这么多的校友重聚？当我们在一起，感慨学校的校友来源于世界五大洲，毕业后又散布于五大洲，让我们非常惊讶和自豪的是，在世界各地，在那些和芝罘学校发生过关系的诸多国家和地区，众多的芝罘校友每年依然在一起相聚。这取决于对母校的深切感情和多伦多及其他地区校友会良好的组织工作。但除此之外，这种特殊的联系纽带，还和我们与芝罘学校业已建立的血脉联系和心灵归属密不可分，这种血脉联系和心灵归属深深植根于我们心中，植根于对芝罘学校这些荣耀油然而生的自豪之中。

芝罘学校是中国内地会的一个正式机构。中国内地会的传教士大多是由苦修派、清教徒和福音派成员组成，在芝罘学校也依然是这样。这意味着学校的生活方式通常是简单和朴素的，但在诸多方面依然保持了旺盛的活力。学校虽然在一定程度上欠缺歌剧、舞蹈和现代音乐等教学的开展，收音机广播和电视机也几乎不可能得到，但我们喜欢看书和听音乐，喜欢

①现为天津市第二十中学，是天津最早的英国学堂，位于和平区湖北路、郑州道与重庆道之间，1926年至1928年建立。

②1912年建立，位于上海衡山路。

③芝罘学校在马来西亚的最后一所分校直到2001年才停办，在1990年这部书出版时，芝罘学校还在开办，自然会有源源不断的校友，所以作者才这样说。

户外活动和亲近大自然。老实说，连美术作品我们也是非常缺乏的，但是苦修派、清教徒和福音派成员都是非常善良务实和富有效率的，就像现在在美国的新英格兰地区[①]，我们依然能够经常在电视中看到，他们的表现要远远优秀于那些自我放纵、不知节制的异教徒。

从中国内地会家庭出来的孩子，具有天生的好学精神。他们对于读书的热情使得我们的教学工作相对轻松。相比较于现在我们看到的好多学校，芝罘学校的学生随时都热切地渴望老师给他们传道授业，这成为学校的一种风气和氛围。因为孩子们的拒绝管教而让我们伤脑筋的事情，几乎从来没有发生过。

在芝罘学校创立之前，作为我们先辈的那些西方传教士，在中国已经打下了很好的基础。经过第一次鸦片战争（1840—1842），中国开放了沿海地区，容许从事对外贸易；经过第二次鸦片战争（1856—1860），又开始允许外国人进入中国内陆地区旅行，并在北京成立了外国大使馆，在中国的其他地区，则成立了相应的外国领事馆。这两个事件促进了一个重大变化，在其后的19世纪后40年中，在中国开始出现了大量的外国人，有商人，有传教士，他们在中国长期居住，有些甚至是举家搬迁到中国生活。即使在短暂的义和团运动时期，也没有真正阻止西方势力对中国的深入。在这种背景下，芝罘学校的建立也成为一个现实的需要。

但在最初，许多西方人的这一需求并没有得到满足。即使在初期，有一些孩子随度假休养的父母来烟台生活，也是被孤单地分别安排在自己的家中看护。对于这一现象的弊端，也比较容易被忽略。

钉耙下的蟾蜍，
清楚地知道每一个耙齿的落处；
蟾蜍旁边的蝴蝶，
在一边对蟾蜍喝彩。

这首小诗的意思是：只有那些身临其境、与自身命运切实相关的当事人，才能够真正体会其中的无奈和困境。

①指现在美国东北部的康涅狄格、马萨诸塞、罗得岛、佛蒙特、新罕布什尔、缅因这六州，通常认为这是欧洲清教徒最早在美洲大陆落脚的地方，也是受到欧洲新教思想影响最浓厚的地方。

第二章　从疗养院到芝罘学校

任何一个人，如果了解了在19世纪60年代到70年代时期，那些在中国工作的西方传教士们的工作、生活情况，都会被当时他们因必须忍受的恶劣环境而导致的时常面对各类疾病感到震惊。传教线路的延伸是以遍布于线路附近传教士和其家庭成员的墓地为代价的，在这些墓地所埋葬的人中，有成年人，也有他们的孩子。在中国内地会，在很长时间里，有资质的保健医生只有戴德生一个人。更让人震惊的是，查看他当时的行医记录，他当时提供医疗服务的对象，不仅仅是隶属于自己教会的传教士，还有很多是当时在中国生活的其他外国人。今天我们再来体会他在当时环境下所承担的三项艰巨工作，让我们是那么的感动和敬佩：他是最早进入中国传播福音的福音会传教士；他是中国内地会这一组织的创立者和领导者，这一组织当时虽然规模尚小，但正在快速发展；除了以上两个重要工作，他还要经常性地为别人提供医疗服务。

因此，当他来到烟台的时候，首先想到的，就是要在这里设立一个疗养院，帮助那些患病的传教士早日恢复健康、保健身体。这源于他自己在1879年返回中国的途中，在经过旅途的长途跋涉之后，身患重病，极度虚弱。途经新加坡，当地一位医生甚至怀疑他是否能活着到达香港。在上海期间，他再一次身患重病，医生再次对他建议，如果他不能摆脱长江流域闷热的天气，他的生命将再次受到极大威胁，康复的可能性微乎其微。医生同时向他推荐具有良好气候条件的烟台，就是他最好的避难所。于是中国内地会就安排他前往烟台，虚弱的戴德生几乎是被人抬着上了岸边的一条小船。烟台果然是他的福地。这里的空气和气候不但救了戴德生的命，还为他开辟了另一个事业。在这里居住了较长一段时间后，在1880年，戴德生在给他父母的一封信中写道："一旦你来到了烟台，你将再不会对英国感到满意。”

此后，他多次建议其他传教士也能来烟台分享这里的健康生活。果然不久之后，真有几个新来中国的传教士来到这里，在烟台海湾对面芝罘岛一个位于悬崖边的小渔村中租房居住下来，其目的是学习中国的语言。此外，还有被称为中国内地会先锋传教士的祝名扬（Charles Judd）夫妇。本来他们的宣教地区在遥远的中国中部地区，长期以来，一直被那里夏天闷热难耐的气候所困扰，极大影响了传教工作的开展。很快，祝名扬夫妇和他们的五个孩子都来到了烟台，并立即喜欢上了这里的沙滩和海风。

芝罘学校的历史，就这样开始了，芝罘学校，可以说是上帝在烟台赐予我们的礼物。关于学校的创立起因，戴德生先生的夫人曾经给我们有过这样的描述：

一天，正在休养的戴德生先生和祝名扬先生一起在外面田野里散步，这时有个当地农夫向他们走来，让他们感到非常惊奇的是，这个农夫询问他们是否想购买土地。从内心来讲，他们真想马上就答应下来，只要能买到土地，无论付出什么代价他们都愿意，何况这位农夫所指给他们的这片豆田，还有这么好的位置。

“你们想买土地吗？”这个农夫再问了一次，好像感觉他们是在犹豫。

几乎并没有表现出非常迫切的愿望，他们表示可以考虑。

“那你能买我的吗？”农夫的请求再次使他们感到惊喜。

这个农夫提供给他们的土地，正是他们心中中意的那块，并且价格也绝不是漫天要价，他们很快也意识到了这点。

祝名扬先生后来回忆说：“在当时的烟台，这个价格简直是让人觉得不可思议的便宜。我从来没有意识到一件获利丰厚的生意，可以如此简单地搞定。我们付了钱，然后就办理了土地买卖手续。让人更加满意的是，在这块土地边上，还有一条水渠，有一股清水从旁边流过。不久，这块土地周边土地的主人们也纷纷表示愿意将自己的土地卖给我们，我们用非常划算的价格就把这些土地全部买了下来。当然，现在这些土地的价值远远超过了当时。”

在征求了经费捐助者的意见之后，这片土地被规划用来建设一个中国内地会疗养院。接下来的问题就是如何用尽可能节俭的办法去实现这一目的。在当地，几乎没有现成的石料、砖块、木材等这些建筑材料供应，如果这些东西都从较远的地方购买，那么价格就可能会比较昂贵。

“那就让我们自己开采石料，自己制造砖块。”戴德生先生说。他自己亲自担任了建筑师，祝名扬先生见证了整个过程。在这一过程中，从最初的创意设计开始，到之后的建设，还发生了许多有趣的故事。

戴德生先生和我都没有任何建造房屋的经验。我们雇用了一些工匠从河谷中采集石头，用土地表面的泥土制造出了绝大多数我们需要的砖块，这些工作都实现了我们的愿望。此时发生了一件事，让我们正好利用。有一艘名为“柯瑞丝提安”号（*Christian*）的轮船在烟台海湾受到损坏，这艘船都是由橡木和挪威松木制造的。我们买下了这艘船的大部分残骸，我们用船的甲板作房屋的椽子，用橡木作房屋的大梁。从另一艘名为“艾达”号（*Ada*）轮船的残骸上，又买了一些柚木，用来作房屋的地板。从轮船残骸上买来的船舱，更是得到了充分利用，有许多东西都非常有价值。我们买了许多门、门锁、茶盘，诸如此类任何我们需要的东西，价格是每100磅2美元。我们指导工匠想尽办法把这些旧门压平整，为那些门锁配齐钥匙。最不好处理的就是那些柚木上面有许多洞眼，本来上面有螺栓，但现在早已不知去向。我并不是说这些房子多么精致，但是考虑到我们两人都是新手，压根没有建房的经验，这些房子建造的就已经非常好了。在附近居住的一些西方人，看到我们这么快速就建好的房子，感到非常的惊讶。

我们最早的疗养院就这样诞生了。

戴德生夫人还写道：

这真是一个繁忙的景象：建筑工匠、砖块生产工匠、石匠、木匠，在工地上他们都分别有自己的帐篷，其他几顶帐篷则分别属于祝名扬先生、库塔（Coulthard）先生、戴德生先生和胡特（Hunt）先生。这样对工程认真监督非常有必要，既可以节省经费，还可以避免错误。年轻人把这项工作当成是一次很好的语言学习与锻炼机会，这的确是一次绝好的机会，既可以为教会服务，还可以练习语言。我们也经常利用这个机会，每天给那些雇佣的中国工匠讲解福音。每个星期天，工匠们放假休息，但依然付给一半的报酬，在这一过程中，还专门为他们组织了一两场祈祷仪式。

疗养院建立之后不久，作为附属于这个疗养院的机构，又开始考虑要建立一所学校的问题，以便可以让那些陪同前来休养的传教士们的孩子们也可以得到照顾。但是有趣的是，在几年之后，真是“风水轮流转”，这所原本附属于疗养院的学校却后来居上，得到快速发展，直到有一天，疗养院反而成了学校的附属机构。这所学校的建立，也是一件水到渠成、自然而然发生的事情。在最初，并没有特别宏大的规划，也没有被认为是一件多么重大的事件。在疗养院，本来就有一些孩子随父母前来休养，这些已经到了读书年龄的孩子，因为没有学校，就只能整天在烟台的海滩上玩耍。1881 年，芝罘学校的时代终于到来了。作为一名中国内地会的传教士，埃利斯顿（W. L. Elliston）先生因为长期在山西省的艰苦条件下工作，健康受到很大损害，当时，他正好来到烟台的疗养院，以便恢复健康。而与此同时，戴德生先生正巧也在烟台，鉴于艾利斯顿先生来中国之前本身就是一位有资质的教师，于是戴德生建议他在这里也可以发挥他的专长和天赋，给祝名扬先生的三个孩子授课。就这样，一个专门为祝名扬先生的三个孩

◎ 建造疗养院时制造砖块

子弗雷德（Frederick，中文名祝康宁）、罗斯（Rose）和埃德温（Edwin）创办的学校就创立了，这就是芝罘学校的开端。学校建立之后，壮大的速度非常之快。就在这一年，我们从中国内地会所出版的新闻月刊《中国亿兆》（*China's Millions*）中看到这样的记载：

> 烟台真是一个宜居的健康之所，甚至适合于成为中国内地会的总部所在地。在我们在烟台所从事的诸多工作中，最重要的莫过于为中国内地会传教士的孩子们，以及在中国的外国居民的孩子们所建立的这所学校。我们相信，这一做法，就可以避免去遭受那么多的痛苦和磨难，以及大量的花费，将孩子们从中国送回各自的国家去接受教育。埃利斯顿先生已经开始了这一事业，我们相信，学生的数量，现在虽然只有12个，但是增长的前景是明显的。我们计划还要建立一个药房、一个医院和一个救济所，来医治当地那些吸食鸦片上瘾的病人。在那里，现在还有一些新招募的传教士正在学习中国语言。

安迪（H. J. Alty）先生是在学校创建不久后的1890年，就来到芝罘学校的男校担任老师的，非常荣幸的是，我们能够从他的回忆录中，来了解芝罘学校早期岁月的一些情况。他写道：

> 芝罘学校在1881到1896年间发展最为迅速。从刚开始的12名学生，快速增长到超过100名学生，分别就读于芝罘学校的三个分部，即男校、女校和预备学校。在1886年，首先是男校和女校分开，专门为5到10岁孩子开设的预备学校是在1895年开办的，预备学校位于芝罘学校西面大约3英里，一个称之为通伸路的地方。在这里，有一块土地在此之前，就被中国内地会所购买。到了1894年，已经非常清楚，学校需要更多更好的宿舍，来接纳更多中国内地会人员的孩子们，大概需要拥有接纳200名学生的能力。而现在的情况是，一旦学校出现哪怕只是一个空缺名额，往往就会收到大量的入学申请。

但是，一个学校需要的不仅仅是建筑。一个学校的成功与失败，更取决于师资的优劣，芝罘学校如果仅仅依靠中国内地会的力量，一定会有很多的不足和欠缺。在当时，在中国内地会的成员中，其实也并没有多少人

◎ 剑桥七杰

真正接受过严格的大学教育。著名汉学家费正清（John King Fairbank）①在中国期间，曾经与在中国山西从事宣教任务的中国内地会传教士有过接触，在他的著作《心系中国：五十年的回忆》（又译为《费正清对华回忆录》，*Chinabound：A Fifty Year Memoir*）一书中就曾写道："我意识到，这些来自英国，献身神圣使命的传教士文化程度不高，在文化程度上，他们甚至都不如那些

①费正清（1907—1991），美国汉学家、历史学家，哈佛大学教授，哈佛大学东亚研究中心的创始人。先后求学于威斯康星大学麦迪逊分校及哈佛大学。1929年获罗兹奖学金，赴英国牛津大学求学，研究题目为《19世纪中英关系》。为了撰写博士论文，费正清于1931年夏赴中国调查进修并结识蒋廷黻、胡适、陶孟和、丁文江、梁思成、林徽因、金岳霖、钱端升、周培源等当时中国社会的许多学者名流。在取得牛津大学哲学博士学位后，于1936年回哈佛大学历史系任教。1941年被征召至美国情报协调局（美国战略情报局前身，也就是今天的美国中央情报局CIA），前往华盛顿工作，1942年9月至1943年12月被派往中国，担任美国战略情报局官员并兼美国国务院文化关系司对华关系处文官和美国驻华大使特别助理。1945年10月至1946年7月再度来华，任美国新闻署驻华分署主任。1946年返回哈佛大学任教。1955年在福特基金会支持下主持成立东亚问题研究中心。该研究中心后来还获得洛克菲勒和卡内基基金会的资助，并于1961年更名为东亚研究中心，后于1977年更名为"费正清东亚研究中心"以资纪念。在他直接或间接主持研究中心的几十年里，哈佛大学东亚研究中心成为美国东亚问题研究的学术重镇，其本人也成为美国中国研究学界的领袖人物。主要著作有《美国与中国》（*The United States and China*，American Foreign Policy Library，1948，1958，1971，1979，1989）、《东亚：传统与变革》（*East Asia：Tradition and Transformation*，与赖肖尔和Albert M.Craig合著，1965）、《中国新史》（*China：A New History*，1991）、《剑桥中国史》（*The Cambridge History of China*，与崔瑞德主编，1966）等，被公认为是当代最著名的中国通，国际汉学研究的泰斗。

来自美国的农民。因此，美国的传教团在中国复制了诸多像他们本国一样的学校和大学，但是隶属于英国的那些传教团，他们几乎就没有建立像样的教会大学，因为在这些来自英国的传教士中，本身就没有多少人毕业于这样的学校。”从总体上来讲，这一判断可以说是准确的。当然，这一论断，也忽略了“剑桥七杰”① 以及其他一些特例。但是，在戴德生所招募的传教士中，的确很少会有像“剑桥七杰”那样有学识和文化的人。戴德生也一直在寻找，以便能胜任和提高芝罘学校的教育水准。

当我在1929年第一次进入芝罘学校男校的大教室当教师时，我看到一个大的布告栏，上面写着“芝罘学校男校历任和现任教师名单”，这是多年前整理的一个名录，其中记录着在芝罘学校男校从1881年到1919年间任教的所有老师姓名。在这38年间，共有57名老师在芝罘学校男校任教，他们中的许多人，仅仅任教了一两年时间。在1919年之后，这个名单再没有往后续写，尽管在这个装饰精美的布告栏上还有很大的空间。也许，此后在此任教的老师中，大部分都是临时顶替，暂时承担教学任务。从这张名单中我们高兴地看到，在1887年这一年，出现了弗兰克·麦卡锡（Frank McCarthy）先生的名字，他排在名单的第七位，在他之前的六个人，基本平均在芝罘学校仅仅工作了三年。弗兰克·麦卡锡先生为芝罘学校的发展作出了突出的贡献。在1895年，弗兰克·麦卡锡先生成为芝罘学校的校长，并在这个岗位上服务了长达35年的时间，直到1930年，他才将这一岗位交给了皮特·布鲁斯（Pat Bruce）先生。

在芝罘学校的建校初期，担任学校教师时间较长的，有安迪（H. J. Alty）先生，从1890年一直到1920年；还有埃比尼泽·默里（Ebenezer Murray）先生，

①剑桥七杰（The Cambridge Seven），是指先后毕业于英国剑桥大学的七位毕业生，他们是盖士利（William Cassels，1858—1925）、司安仁（司米德，Stanley Smith，1861—1931）、施达德（Charles Thomas Studd，1860—1931）、亚瑟·端纳（Arthur Polhill-Turner，1862—1935）、宝耀庭（Cecil Polhill-Turner，1860—1938）、章必成（Montague Beauchamp，1860—1939）、何斯德（Dixon Edward Hoste，1861—1946），他们中的大部分人都出生于富有家庭，受到戴德生的影响，先后加入中国内地会成为传教士，并于1885年前往中国。在中国内地会早期开拓中作出了杰出贡献。他们帮助中国内地会从一个默默无闻的小差会成为当时中国最有影响的基督教组织之一，在他们的感召下，许多新人加入内地会。1885年，当他们到达中国时，内地会有163名传教士；到1890年则增加了一倍，到1900年则达到800人，占当时在中国境内活动的全部新教传教士的三分之一。

他担任学校教师是从1888年到1914年。在这一段时间就学于芝罘学校的学生，在他们回忆母校生活时，总是会提到以上两位老师。埃比尼泽·默里先生还有一个特别的天赋，就是善于绘画。此外，还有雷金纳德·哈里斯（Reginald Harris）先生，他毕业于剑桥大学塞尔文学院（Selwyn College），于1913年来到芝罘学校任教，在此后，长期担任科学和数学课程的教学，直到1945年，他在芝罘学校的最后一年教师生涯，就是在潍县集中营中度过的。在很多年中，雷金纳德·哈里斯先生一直担任学校的副校长，特别在弗兰克·麦卡锡先生和皮特·布鲁斯先生休假期间，他还不止一次代理校长职务。雷金纳德·哈里斯先生在学校中的作用，就像《圣经·出埃及记》① 第26节中所描述的“为帐幕那面的板作五闩，又为帐幕后面的板作五闩。板腰间的中闩要从这一头通到那一头。板要用金子包裹，又要作板上的金环套闩，闩也要用金子包裹。要照着在山上指示你的样式立起帐幕”。雷金纳德·哈里斯先生就是那金子包裹的中闩，在他服务芝罘学校的32年时间里，为学校的稳定和持续发展作出了不可替代的贡献。另一个像雷金纳德·哈里斯先生那样的学校中坚力量是玛格丽特·派尔（Margaret Pyle）女士，她于1910年来到芝罘学校担任教师，此后一直在学校服务，直到1951年，也就是芝罘学校从中国大陆撤出为止。玛格丽特·派尔终身未婚，这么多年来一直留在芝罘学校服务，也并非她最初的期待，对她来说，这是一个不幸变故所导致的现实。她曾经与一位同是中国内地会传教士的鲍曼（Bowman）先生订婚，期待着两人结婚后，能一起在中国内地开始他们的宣教事业。但不幸的是，鲍曼先生在一次抢救落水的中国人时，不幸遇难。于是玛格丽特·派尔女士就把自己嫁给了芝罘学校。她坚韧的品格和顽强的毅力，时常感染着学校的学生和教职员工。在芝罘学校后期坚持在中国内地办学期间，玛格丽特·派尔女士涉足特殊教育领域，采取一对一的教学模式，专门教授那些语言困难和有残障的孩子，取得良好的成绩，甚至在1951年她回到英国后，还继续从事特殊教育方面的工作。

在芝罘学校的教师中还有一位值得提及的老师，得到学生们的尊敬而被常常怀念，他就是哈罗德·李（Harold A. H. Lea）。哈罗德·李和他的

①《出埃及记》是《摩西五经》里面的第二本，也是《圣经》66卷中的第二本，它属于《圣经》的一部分，讲述摩西如何带领以色列先民走出埃及的故事。

妻子 1906 年来到中国后，直接进入芝罘学校从教。哈罗德·李先生在学校中教授数学和拉丁语，不但在课堂上，就是在课外，他也对学生倾注了大量心血。在他的组织下，学校开始了每年的“海洛与利安德”（Hero and Leander）游泳比赛①。不但训练男生游泳队，也训练女生游泳队。甚至在长距离的游泳训练中，他亲自陪伴女生游泳。女生如果不能独立游完四分之一英里，就不能参加游泳队的训练。我记得这一要求在男生游泳队中基本没有什么问题，几乎每个成员都能完成这项任务。此外，哈罗德·李先生对学校的板球活动也非常有热情，他还鼓励在学校开展国际象棋的比赛。值得一提的是，哈罗德·李先生和另一位学校老师阿瑟·泰勒（Arthur Taylor）还因为好开玩笑而闻名，经常和学校其他老师开玩笑。

在第一次世界大战期间，哈罗德·李先生参加了志愿者组织，陪同作为非战斗部队的中国劳工队伍前往法国，并升迁至上尉军衔。这样，他和他的妻子就不得不从中国内地会中退出。这段时期对他的妻子来说是一段非常艰难的时期，因为没有了收入，每天在孩子上学之后，他的妻子就要在附近诊所担任护士来补贴家用。

战争结束后，哈罗德·李先生被任命为烟台港的港口船长②。此后，他成为圣经公会传教士协会（Bible Churchman's Missionary Society）的秘书，还担任过多年的地区教堂的牧师。他的妻子在 1906 年来到中国的航船上，感染了严重的肺病，船上的医生判断她最多只能存活六个月。但实践证明医生的判断是错误的，她一直活到 84 岁。她在学校的任务，主要是在女校教授音乐。

①海洛与利安德是希腊神话中的一对著名恋人。海洛是爱神阿弗洛狄忒的女祭师，住在欧洲一侧色雷斯的塞斯托斯；利安德住在海峡对面的亚洲一侧的阿比多斯。这条海峡，希腊人称之为赫勒海峡，即现在的达达尼尔海峡。爱神节那天，利安德在阿弗洛狄忒的神庙里遇见了海洛，两人一见钟情。但他们不能结婚，因为海洛已经发誓严守贞操。为了与海洛幽会，利安德每夜都会泅渡三四英里宽的赫勒海峡。而为了给情人指引方向，海洛总要在她住的高塔上点亮一盏灯。一个暴风雨之夜，狂风吹熄了海洛点燃的灯。利安德在黑暗中与巨浪搏斗，但终因找不到海岸的方向而淹死在海里。黎明时分，海洛看见利安德的尸体漂浮在高塔下的海面上，她不胜悲痛，跳进大海，随自己的爱人而去。这里是指长距离的游泳运动。

②最初，船东们担心其长期不回公司所在地港口的船只失去监管，遂将经验丰富的船长、轮机长派驻在其所属的船常去的港口，对其到港的船只进行监管与安排供应、修理，当时俗称为港口船长。但现在随着通讯的发达以及船舶定位的准确性，港口船长已经很少见了。

第三章 芝罘学校琐事

在中国，照顾养育一个外国孩子真是一件非常困难的事情。这其中，有身体健康方面的问题，还有思想观念方面的问题。在 1915 年，霍华德·斯图克（J. Howard Stooke）先生就曾说："对于一个六七岁的、生活在中国内陆城市的外国孩子来说，在他成长的过程中，所看到或是听到的，有些是他本来不该听到或看到的东西，除去中国孩子外，他没有自己的同伴，在这个年龄，本来应该由他们的父母悉心来教导他们，但他们的父母都忙于自己的工作而无暇顾及，我们该怎么办？对这些孩子我们应该做些什么？我认为，他们不能在中国内地长期生活，他们的父母应该忍受分离的痛苦，将他们送回自己的国家去。"

另一名家长也说："中国保姆对待孩子，要么是一味地溺爱，孩子想干什么都行，要么是毫无耐心对孩子施加惩罚。特别对于外国人的孩子，他们常常对孩子们言听计从，孩子们极易变得任性和骄横。孩子们学习汉语比学习英语还容易，他们很容易就听到脏话或不好的信息，也很容易就受到低级庸俗思想的影响。同时，孩子们对于疾病还会非常的主观，经常对于合理正确的治疗有很大的抵触情绪。"

芝罘学校的建立，就是为了解决这些问题。学校的孩子大多年龄在 6 到 17 岁之间，大部分孩子在每年都能至少和他们的父母团聚 1 个月或者 6 个星期。在其他的时间，家长们得到学校的保证，这也是这些家长最为希望和关心的，那就是学校将给予这些孩子健康成长的环境，接受知识的教育和精神意志的训练。因此，自 1879 年开始，戴德生先生就开始着手，用一种低调的、朴实无华的方式，这不但是戴德生先生个人的特点，也是中国内地会的特点，开始了疗养院和学校的规划。虽然每一天都有很多琐碎的小事，但这些工作都是非常有意义的。

虽然学校肇始于埃利斯顿先生教授祝名扬先生的孩子们，但在不到一年的时间里，学校就招收了 14 个男孩和女孩，一座新的教学楼也开始建设。在 1883 年，芝罘学校就分设了男校和女校，男孩和女孩开始分别管理。在那些日子里，中国内地会疗养院和当地的外国人社区之间交往密切，位于烟台这座城市中心的外国人社区主要是由一些外国商人构成，就位于港口和烟台山附近，在烟台山还建有英国领事馆和信号塔。在关于芝罘学校早期历史的回忆录中曾提到："在（从学校）前往教堂做星期日礼拜的途中，要经过大片麦田，以及两旁长着高高的高粱的田地"，"周围有一条小河，在天热的时候就常常跳进去游泳；下雨时，在有些泥泞路段，还铺着木板以防湿鞋"，经常听说一些淘气的孩子，为了逃避教堂的礼拜活动，就偷偷躲到高粱地里。逐渐地，越来越多的外国人家庭在周围建房居住，道路、码头状况也得到改善，可以满足人力车通行。因此，从学校步行前往教堂或者商店，也不再那么艰难了。

在 1884 年，柏理生（Arnold Bryson）先生来到芝罘学校读书。60 年之后，当芝罘学校的师生被囚禁在潍县集中营时，他当时作为基督教伦敦会（London Missionary Society）的成员①，也被关押在那里。在他描述当时情况的回忆录中，他把这乐观地称之为"芝罘学校的再次团聚"。柏理生在 1945 年的芝罘学校建校纪念日当天的演讲中，他鼓励我们："要超越眼下的环境，快乐地迎接胜利。"在当时的潍县集中营，还有一位芝罘学校的老校友詹姆斯·西尔弗索恩（James Silverthorne）先生也被关押在那里，詹姆斯·西尔弗索恩先生当时是居住在烟台的一位商人，他也参加了我们这次"芝罘学校的再次团聚"的活动。

1886 年，埃比尼泽·默里先生结束了校长的任期，将学校交给了诺瑞斯（H. L. Norris）先生，他在学校担任了仅仅 3 年校长之后，因为一次悲剧，因公殉职。对于这次悲剧，哈曼（E. B. Harman）小姐在 1930 年芝罘学校召开的建校 50 周年庆祝活动中曾描述：

① 伦敦会，全称为英国基督教新教伦敦传道会，属于基督教新教宗派公理宗（Congregationalists），建立于1795年。1977年，伦敦会与英联邦传道会（Commonwealth Missionary Society）及英国长老会差传委员会（Foreign Missions Committee of the Presbyterian Church of England）合并为世界传道会（Council for World Mission），总部位于英国伦敦。伦敦会在中国的活动始于1807年，当时苏格兰传教士马礼逊（Robert Morrison）到广州传播福音。

那是一个8月的炎热夜晚，孩子们正坐在教室里，教室的门窗大开，以便最大限度地让海风能够吹进教室，以驱走白天的闷热。忽然，有一条疯狗闯了进来，向孩子们冲去。孩子们因为恐惧而大声尖叫，纷纷站到课桌上，躲避疯狗满是泡沫的大嘴。这条疯狗忽然又调转方向，冲向走廊的另一头，那是孩子们的寝室，当时里面正好有几个年龄小一点的孩子，正准备上床睡觉。诺瑞斯先生意识到极大的危险，紧追在疯狗之后去驱赶。这条畜生转身就向他扑来，咬到了他的手指。直到这条疯狗被打死，诺瑞斯先生才离开教学楼去疗养院找医生医治。伤口并不是特别严重，从外观上看也就像是一般的擦伤。医生用酒精给伤口消了毒，因为没有想到有多严重，也就没有采取什么特殊措施。但是，大概在三周之后，诺瑞斯先生感到了明显的不适，精神恍惚而有些错乱。

狂犬病！人们这才意识到。不久，诺瑞斯先生不幸离世，他是为了孩子们献出了自己的生命。

在此事发生之前，诺瑞斯先生还曾经做过一个报告，在这个报告中，他还提到：

去年6月，我们收到了许多入学申请，要求今年招收新生不少于28名。这样看来，如果完成这样的任务，我们必须要扩大我们的学生宿舍面积。根据我们的计划，学校的新教学楼还包括一个木工房。我还希望能有一个小的五金车间，里面配备车床，可以制作一些简单工具，甚至木质的雕花部件等。我还希望我们能够马上提供完整的适合于9到15岁之间孩子的六年学制完整课程等等。在杜思韦特（Douthwaite）博士的帮助下，我希望我们能够很快开出自然科学这门课程，对于孩子们来说，在最后两年的学习中，这是一门非常重要的课程。为了实现这一目的，配备各种教学仪器是非常必要的，我希望我们能立即开始收集，如果指望学校可怜的收费，来完成我所希望的这些东西，那简直是毫无希望的。我非常希望能收到像显微镜、望远镜、磁力蓄电池、化学仪器、地质学图表、植物学图表，以及那些能说明或展示声、光、热等现象的仪器等礼物。

学校的图书室藏书也逐渐丰富，当时差不多已经超过200册图书了。在孩子们离开学校之前，老师们急切地想给他们更多的知识，特别是对优秀文学作品的爱好和品味。

在那个时候，学校常常被冠以一个不太符合事实的名称“基督教新教学院”。

称其为“学院”，我猜想可能是因为这是一所寄宿制的学校。“基督教新教”则是说明了另一个事实，在那个时候，在中国开办的招收非中国学生的学校，仅仅是在上海由耶稣会士创办的一所学校。到 1908 年，就开始经常使用“中国内地会学校”这个名称，其实在 1896 年开工建设的芝罘学校男校教学楼的奠基石上，就出现了这一名称，虽然这时“基督教新教学院”这一名称并没有完全废止。在我到学校的时候，我曾建议，要进一步明确芝罘学校的男校、女校、预备学校，对外只是芝罘学校的三个部分，而并不是独立的三所学校。这一观点，在 1934 年实行联合教育制度之后，进一步促进了芝罘学校的统一和完整。在 1947 年我们搬迁到牯岭（庐山）后，学校中的大部分老师都强烈呼吁“芝罘学校”才是这所学校最合适的名称，并最终得到了大家的认可。在这里，芝罘不再仅仅代表一个地名，而是一种教育方式，一种虽然在不同地方办学但可以移植的教育方式。因此，我和我的同事们高兴地看到，今天，这种芝罘学校的教育方式已经成功地移植到了马来西亚、菲律宾的马尼拉以及日本的北海道。

但是在芝罘学校初创的日子里，也就是在 20 世纪之前，这种芝罘学校教育方式就产生了。学校不提倡过分野心的夸夸其谈，也不鼓励不切实际的好高骛远。我们明确学校的办学方针是：“有用的而不是装饰性的教育，更注意培养学生的实际操作能力，而不是他们的专业技术水平。”后来我们稍稍提高了这一标准，希望学校的大部分毕业生在牛津考试中能够通过大学联考，这就意味着他们可以进入英国的大学进行深造。在学校的第一个 15 年中，我们高兴地看到，芝罘学校的毕业生通过英国大学师范资格考试的成功率，比英国本土的学校还高出了一半。

芝罘学校建立的初期发生的两个小插曲，可以说明学校的这种教育方针所取得的效果。

有一个孩子，跟随他的父母在湖北的老河口时，正赶上那里爆发白朗起义①，他在船上，看到当时城中杀人放火等各种惨相。这给他的心灵造成

① 民国初年，为反对袁世凯北洋政府的残暴统治，河南省宝丰县绿林头目白朗（1873—1914），于1912年发动的农民起义。他提出“打富济贫”的口号，起义队伍快速壮大，曾辗转于河南、安徽、陕西、甘肃、湖北五省，其中在1914年3月7日一举攻克湖北老河口。此后，白朗决定西走陕、甘，夺取四川为根据地。但在甘肃境内部队遭遇重大损失，于是决定沿原来路线折回河南家乡。但遭遇北洋军队追击堵截，白朗一路苦战，伤亡惨重，及回到河南鲁山、宝丰一带，已溃不成军。8月初，白朗率领数百人在鲁山石庄与官军搏战，负伤身亡，部队溃散，起义失败。

极大的创伤和恐惧，他的妈妈认为孩子再无法离开自己，因而她也再不能前往中国内地从事宣教事业了。但是当这个孩子来到芝罘学校，很快就和学校的其他孩子们打成一片，愉悦地和同学们在教室和操场玩耍，校园平静的生活，很快消除了他内心的恐惧，心灵得到痊愈。

还有一个八岁的孩子，出生在离这里很远的甘肃，第一次来到大海边，在芝罘学校这所大家庭中，和小伙伴们无拘无束快乐嬉戏，让他兴奋不已。

对于预备学校，曾经有人这样描述："学校的正对面就是大海，夏天，孩子们很方便就在海边嬉戏。他们表现得是那么的快乐，在学校的小船'水

◎ 预备学校的学生们从海边仓库中抬木板去海边

◎ 预备学校学生在海边礁石上玩耍

上婴儿号’上，他们可以学习划船；在固定在海面的平底船‘水上甲壳虫号’上，他们可以学习潜水；或者他们还可以练习长距离的游泳，一般是四分之一英里的距离，为学校在每年9月举行的运动会做准备。”

芝罘学校的师生还经常在学校后面的小山上散步。在小河沟里，可以采到一种称为“老奶奶”的小花和紫罗兰。在离学校不远的第二海水浴场，可以寻找一种称为“猫眼”的石头。在芝罘学校还可以玩足球、板球，师生的生活还是丰富多彩的，这也是他们的幸运。在烟台，当地的土壤条件非常好，只要平整出一块平地，就可以当网球场。而在大海对面的天津，要首先把地面的土壤弄碎，再在上面覆上一层硬土，才能适合网球场地的需要。对于板球运动，我们只要在平地上钉上经过磨光处理的三柱门就是板球场，为保护板球球板和缓解板球对球板的快速撞击，我们还在击球板上涂抹了一层沥青，但是我们的球场之外则崎岖不平，杂草丛生。在这里，大海好像就完全属于我们自己，在夏天的早晨，在早饭之前，孩子们就可以在海里游泳锻炼身体。我真的不知道，我们的后辈是否还有这样的精神和毅力，来经受这样的锻炼。

在1881年1月，当祝名扬先生的三个孩子离开他们租住的家庭旅馆来疗养院上课之后，在烟台的外国人社区居住的坎贝尔（Campdell）家的孩子，以及居住在毓璜顶的雷音百（Leyenberger）家的孩子，就一起来上课了。如此说来，在那个时候，芝罘学校的招生对象就已经不限于中国内地会家庭的范围了，正像戴德生先生在初期规划的那样，芝罘学校的学生也可以是来源于其他教会家庭的孩子，也可以是来源于其他外国商人家庭的孩子。最初学校的校舍是专门建的一座建筑，在当时也是疗养院的一部分，此后这座建筑被分成了四个单元，由四个家庭使用。其中的一个单元在1931年至1942年之间，是由我、我的妻子以及我们的孩子来使用。建设这所房子所使用的木材，就像我在前面所描述的，就是用来盖疗养院最早那批房子的木材，也来源于那艘沉没搁浅的“艾达号”轮船，上面满是窟窿，本来是用来穿螺栓来加固船板的。

芝罘学校创建之后不久，就准备接受一批来自上海的孩子，这样，新的学生宿舍就必须要有所计划。根据一些早期学生回忆文章的记录，在学校初创的某一天，“我们在早上很早起床，去观看一颗巨大的彗星”。我认为这一定不会是哈雷彗星，因为这一回忆录来源于祝名扬先生的孩子祝康宁（Frederick Judd）的亲笔记录，他大概是在 1891 年就离开了学校。在此之后的一个记录告诉我们，在 1910 年，麦卡锡夫人曾带着一群孩子在男校的屋顶上观看哈雷彗星。在那一群男孩子中间，就有傅路德（Carrington Goodrich）①，他后来成为美国哥伦比亚大学的中国文化教授。

每年的 12 月，学校都要通知老师组织学生去竹林寺采集槲寄生来做圣诞节的装饰②，除了满足自己需要，还要求我们负责装饰女校的大门。到了 20 世纪 30 年代，居住在竹林寺附近的村民开始意识到我们这些奇怪的外国人有这一习惯，要在每年的冬天采集槲寄生，因此我们就再不能无偿获取了，需要去花钱购买，以便用来作为圣诞节的装饰品。

◎ 竹林寺（1）

◎ 竹林寺（2）

① 傅路德，美国著名汉学家，哥伦比亚大学教授，1977年获得被称之为汉学界诺贝尔奖的“儒莲奖”，曾任专门研究中国文化与汉学的哥伦比亚大学“丁龙讲座”教授、美国东方学会会长等，著有《明代名人传记辞典》《中华民族简史》等。

② 槲寄生，即冬青，被英国德鲁伊视为圣物。圣诞节期间，站在槲寄生下的人不能拒绝亲吻；互为敌人的人在槲寄生下相遇要互相拥抱并停战一天。传说圣诞那天站在槲寄生下的女孩可以得到幸福。

在那时候，学校还经常组织学生去海边的一处悬崖边野餐。我记得还有一条水渠流经烟台的外国人社区，这是居住在那里的商人们花钱开凿的，专门用于外国人社区生活之用。在20世纪30年代，我们还经常去驻在海湾的美国海军那里借一些容器，那时美国海军已将烟台作为他们的夏季基地，就像英国皇家海军将威海卫作为他们的基地一样。我们还常玩一种称为“犬追兔戏（paper chase）”的撒纸追踪游戏；长跑运动是从学校跑到一个寺庙，这个寺庙的真正名字称为“黑龙寺”，离学校有3英里远。途中要经过宁海州的城门，跑过一个山谷，再跑到小山顶。学校后面的许多小山顶，都被我们自己起了非常有趣和滑稽的名字，比如“亚当的头”“夏娃的头”等，并且这样的称呼在我们中间保留了40多年。

◎ 1914年的宁海州城门

在芝罘学校早期入学的学生中，有不少都成为著名人物，比如古保罗（Paul Goforth）[①]、来自潍县的马特尔（Mateer）[②]，还有艾达·普罗伊特（Ida Pruitt，她后来成为组建北京协和医学院的关键人物）、金辅仁（George King）[③]。金辅仁曾在苏格兰教会从事医疗服务，非常优秀，后来作为中国

① 此人后来成为东亚史专家。

② 可能此处是指狄乐播（Mateer Robert M，1853—1921）的孩子，狄乐播是北美长老会牧师，原名马蒂尔·罗伯特·姆，是北美长老会著名传教士狄考文之弟。狄乐播1881年来华，在潍县乐道院传教近40年，并于1883年创建广文中学，曾著有《太平洋传道录》。

③ 又名金义来，曾在兰州设立波顿纪念医院，是基督教新教最早进入陕西、甘肃的传教士。

内地会成员在甘肃服务，不幸在黄河落水身亡。金辅仁的孩子在 30 年代也成为芝罘学校的学生。其他在 19 世纪 90 年代在芝罘学校中名气最大的学生，就是“剑桥七杰”的孩子们，其中司安仁（司米德，Stanley Smith）、亚瑟·端纳（Arthur Polhill-Turner）、宝耀庭（Cecil Polhill-Turner）兄弟、何斯德（Dixon Edward Hoste）的孩子们都曾在芝罘学校学习。

1886 年发表在《教务杂志》（*The Chinese Recorder*）[①] 上的一篇文章中，就对芝罘学校的成就赞誉有加。在这篇文章中还记载：“学校由两个部分组成，分别是男校和女校，男孩和女孩在男校和女校中完全分开管理。此外，在去年，为专门教育年龄更小一些孩子所设立的预备学校，也正在建设中，

◎ 男校学生在雪中玩耍（1911）

◎ 学生们在山坡上滑雪橇

① 《教务杂志》（*The Chinese Recorder and Missionary Journal*，简称*The Chinese Recorder*，*CR*），是西方宣教士在19—20世纪在动荡中国出版的持续时间最长的英文刊物，自1867年出版至1941年，因太平洋战争爆发才停刊，几乎无间断地记录了在70多年间各教会传教士在中国宣教的情形，以及他们对于中国的观察和认识，被称为西方传教士在中国信息交流全记录。此刊物创办之初是为提供来华传教士一个交换讯息的平台，以协助彼此对中国文化的了解与工作推行；然因其纪录翔实，辅以许多手绘图片与照片、精密统计数字等，成为超过半个多世纪以来西方了解中国的重要窗口，更是研究中国近代史不可或缺的重要史料。

这个预备学校的招收对象主要是亚欧混血血统的孩子。”此外，作者在这篇文章中，还对另一所主要招收亚欧混血血统女孩子的学校表示不解，这所学校是由夏兰德夫人（Mrs. Sharland）建立的，离中国内地会学校不是很远。作者对学校的描述也不是完全准确，我们学校经常受到一些人的指责，因为他们所提出的入学申请被我们所拒绝，芝罘学校从来不招收中国人或亚欧混血血统的孩子入学。

◎ 女校学生在雪中玩耍

◎ 男校学生在雪中玩耍

芝罘学校的生活方式主要是根据这里的气候所决定的，要适应这里寒冷的冬季（有时这里的寒冷可以使海面结冰，并深入大海 1 英里多）和炎热的夏季的自然条件。从学校创立最初的日子开始，学校的活动安排就和这里的气候相一致。在冬天，我们使用雪橇外出，我们还发明了一种冬天所穿的特制的鞋子，并给它取了一个非常夸张的名字“狗拉跑”，它的外面是猪皮，里面则是带毛的狗皮。这里的冬季还是比较寒冷，好在寒冷持续的时间不算长。在中国人的概念中，冬天有“九九”之说，也就是说冬天从开始到结束是 81 天，以 9 天为 1 期，每一个 9 天都有它特有的气候特征，在第 9 个 9 天，就是“九九”，就可以在河边看到树上的绿色了，民谣称之为“九九河边看柳”。这个时期，每年大概要到 3 月 12 日左右。冬天好像是忽然就让位给了夏天，这里的春天非常短暂，几乎没有注意到它的到来它就离开了。当南风从中国海[①]刮过来的时候，它给中国沿海地区包括山东半岛的南部地区带来了充沛的降雨，但是芝罘学校是在山东半岛的北部海滨，刮过来的风就是热的干风，有的时候也非常猛烈，经常一连刮三天，学校的房子几乎都要被它吹倒。天气越来越干热，好像是在考验我们的意志，在干热的南风里，我们的脾气好

① 中国海，这里是指东海和南海。

◎ 大浪中的烟台海滨

像也越来越暴躁，气氛好像也紧张起来。直到 3 月底，我们才能迎来降雨。这雨来得真是太及时了。种在地里的冬小麦，一般 12 月就开始发芽，然后一直蛰伏在冬天的寒风中，久久渴盼到这场喜雨，终于又焕发出了生机。这场喜雨，正像《圣经·旧约》中所描述的[①]，使得田地焕发生机，万物都开始茁壮成长。这种又炎热又清爽的天气一直能持续到每年的 8 月底，终于在我们希望暴风雨早点结束的时候，炎热的夏季结束了。然后秋天就来了，在几个周的阳光灿烂之后，晚上越来越凉，大约在 11 月底的时候，大雾就开始经常聚集升起。在圣诞节之前，基本都不会下雪，但是常常发生天气骤变的事情。我记得有一次是在 11 月的一天，当时我们正在中午温暖的阳光下进行野餐，忽然就刮起强劲的西北风，在当天晚上，据说在烟台港有多人落水身亡。

芝罘学校的创办就是这样。学校在招生人数上的增长速度非常快，只要是能够利用的空间，很快就被填满了，这进一步证明戴德生先生当初创建学校的决定是多么英明。当然，这个时期空中环球旅行的时代还远没有到来，在中国和欧洲之间长距离的旅行，一般都是通过海路，通过半岛东方轮船公司（P&O）或者其他轮船公司的远洋轮船[②]，从上海到达伦敦大概需要四周时间。此外，西伯利亚铁路也可以使用，从 20 世纪早期直到第一次世界大战和俄国革命爆发，这条铁路给我们提供了极大的方便。但之后，

① 《圣经·旧约》约伯记（Job）第29章："他们仰望我如仰望雨，又张开口如切慕春雨。"

② 半岛东方轮船公司，英文全称：Peninsular and Oriental Steam Navigation Company，London，俗称铁行轮船公司或大英轮船公司，简称P&O，是一家总部位于英国伦敦的航运公司，成立于1837年。当年公司获得英国政府特许，经营英国至印度的航线，此后逐渐开通东亚航线，是较早经营欧洲至中国海上航运的公司。1843年，公司就在香港上环设立办事处，并因其办事处有铁骑楼而被取名铁行。1845年首次开辟了上海和香港之间的航线，并于19世纪50年代后期拓展航点至《南京条约》及《天津条约》开放的其他商埠。现在上海外滩有座铁行大厦，就是当时它在上海设立的办事处。此外，现在的香港汇丰银行，也是1864年由半岛东方轮船公司发起成立。现在半岛东方轮船公司依然是世界最大的邮轮公司和主要的航运、港口公司之一。

这条线路不可能再使用，或者至少不方便去使用。因此，这所开办于中国最适宜于人类居住之地的寄宿制学校的出现，对许多传教士和西方商人来说意义重大。芝罘学校所收取的费用非常公道，虽然从非中国内地会成员的传教士家庭收取的要稍多一点，当然从西方商人家庭中收取的就还要多一点。于是，偶然就能从那些西方商人口中听到一些怨言，抱怨是他们在为中国内地会传教士的孩子接受教育而付出额外补贴。个别时候，那些来源于非传教士家庭的孩子们会把一些坏习惯带到学校，甚至还发生过一些打斗事件。但是，从总体来看，绝大多数家长依然还是讲道理的，绝大多数孩子也能对芝罘学校管理中严肃的纪律和严格的要求做到遵守和适应。

我们从一本大约 19 世纪 90 年代的回忆录中看到："那个时候，学校没有其他的奖励，只有游泳比赛的奖章，比赛的距离是从学校游到烟台的外国人社区，大约有 1.5 英里，因此被认为是一件重大的事项；一般的日子里，如果没有老师陪同，我们被禁止外出；即使男孩子们和他们的姐妹们见面，一周也只允许 15 分钟；也没有学校建校纪念日和其他诸类的假期，仅仅在每个周六放半天假。"

在那个时期的芝罘学校学生中，有一位学生叫苏柯仁（Arthur de Carle Sowerby）[①]，他后来成为著名的记者、科学史和自然史专家。那时他已经 21 岁了，在加拿大他曾经是一个牛仔、牧场主和猎人。在芝罘学校，他在用泥土捏鸟类和动物模型方面的天赋，给人们留下了深刻的印象。在 1912 年，他得到英国和瑞典政府的高度赞誉，表彰他的英雄主义和外交能力，因为在山西，他解救了多名浸礼会传教士，这些传教士受到当地革命党和保皇党之间斗争的牵连，而这场革命，最终结束了大清帝国皇帝对国家的

① 苏柯仁，英国浸礼会著名传教士苏道味之子，生于山西太原。1905—1916年间，他经常前往山西、陕西、东北三省以及蒙古等地采集自然标本。第一次世界大战结束以后，他卜居上海，除为不列颠博物馆在华采集标本之外，1923年创办中国科学和艺术杂志（*The China Journal of Science and Arts*，后改为*The China Journal*）。他曾几次连任皇家亚洲学会北中国支会的干事和会长。主要著作有：《一个博物学家在中国的笔记》（*A Naturalist's Notebook in China*，*1925*）、《博物学家在满洲》（*The Naturalist in Manchuria*.vol.5，1922—1923）、《在中蒙边境狩猎与科学研究》（*Sport and Science on the Sino-mongolian Frontier*，*1918*）、《华北的鸟兽》（*Fur and Feather in North China*，*1914*）、《博物学家海滨休假记》（*A Naturalist's Holiday by the Sea*）、《渔猎者杂记》（*A Sportsman's Miscellany*）、《博物笔记：上海花园动植物指南》（*Nature Notes*：*A Guide to the Fauna and Flora of a Shanghai Garden*，*1939*）等著作。

◎ 苏柯仁

统治。此外，在芝罘学校的早期历史上，其他著名的学生还有阿里斯特·格利特（Allister Groshart），后来他成为加拿大参议员，肯尼斯·泰勒（Kenneth Taylor），他日后成为加拿大战时物物价局（Wartime Price Board）① 的主席，后来他还担任过在渥太华的加拿大财政部副部长。

我们的学校称之为"芝罘学校"，的确是个不太准确的名称。但是即使称呼为中国内地会学校，也比称为"烟台学校"要好。其实，"烟台"才是这个充满活力的中国海滨城市的真正名称，现在这座城市大约已经有100万居民，位于山东半岛的北部海滨。在近100年来，在那个称为"对外开埠和西方列强入侵"的时代，西方国家的确更乐意看到中国成为一个由于内部矛盾冲突、中央政府软弱、西方列强侵略等原因而导致的积贫积弱的国家。在这里，这些西方人尽力地去追求各式各样的甚至近乎矛盾的各种利益和目的，一方面他们传播基督教的福音，另一方面却在赚取最大的商业利润，因此受到中国人的普遍反感。而西方人认为这是在帮助中国转变，中国就像世界其他地方一样，在被动地顺应世界潮流。

中国人称之为"烟台"的这个地方，字面意思是"冒烟的平台"，来源于附近一座用来发出信号的烽火台，它可以给人们发出海盗来入侵的信号，主要是针对日本人，最早开始于明代（大约在15世纪），那时日本海

① 这是加拿大政府在1939年设立的政府部门，隶属于劳动部，其目的在于平抑物价，实现社会公平，保证普通群众的生活水平，在它的努力下，在1941—1945年二战期间，加拿大物价仅仅上涨了2.8%。

盗经常骚扰中国沿海地区。因此，为了抵御海盗，一座称为“奇山所”的方形的四周有城墙庇护的市镇建了起来，这就是烟台最初的雏形，其目的在于保护周围海滨地区居民的安全。但对于近代因海洋而生的西方入侵者来说，他们对这个地方最感兴趣的，则仅仅是能成为一个锚地。在这一地区，在一年中的某些时候，西北风非常强劲，对海上航行轮船构成极大危险，而环绕这里海湾的芝罘岛，几乎完全将海湾包围，为在其中停泊的轮船提供了绝好的保护。从芝罘岛往东，还有一连串的岛屿，在芝罘岛与陆地之间，有一条沙堤相连，根据中国的传说，这是中国的第一个皇帝秦始皇所修筑，在他征服和统一了割据一方的诸侯国，建立秦王朝之后，他第一次巡游就到了这里的海边。因此，对于来自西方的轮船来说，芝罘岛与陆地环绕所形成的这一港湾，就是轮船避风最好的锚地。早在 1793 年，乔治·马嘎尔尼勋爵（Lord George Macartney）所率领的装备有 60 门大炮的英国皇家海军“狮子号”（HMS *Lion*），在前往天津途中，就曾在这里抛锚停驻[①]。该船

① 乔治·马嘎尔尼（1733—1806），英国18世纪著名政治家和外交家。1792年9月，英国政府任命马嘎尔尼为特使，以祝贺乾隆皇帝八十大寿为名出使中国，这是西欧各国政府首次向中国派出正式使节，也是中西外交史上一件大事。次年8月5日（清乾隆五十八年六月二十三日），英国使团乘坐装备有60门大炮的“狮子”号战舰和两艘英国东印度公司提供的随行船只抵达天津，然后离开大沽赴北京。9月13日，使团抵达热河，向中国政府代表和珅递交了国书，在拜见礼仪问题上发生激烈争执。最终双方达成协议，英国作为独立国家，其使节行单膝下跪礼，不必叩头。次日，乾隆皇帝正式接见使团，马嘎尔尼代表英国政府向其提出签订正式条约，开放宁波、舟山、天津、广州之中一地或数地为贸易口岸；允许英国商人比照俄国之例在北京设一仓库以收贮发卖货物，在北京设立常设使馆；允许英国在舟山附近一岛屿修建设施，用以存货及商人居住；允许选择广州城附近一处地方作英商居留地，并允许澳门英商自由出入广东；允许英国商船出入广州与澳门水道并能减免货物课税；允许广东及其他贸易港公表税率，不得随意乱收杂费；允许英国圣公会教士到中国传教等7项要求。乾隆皇帝以无此先例为由拒绝了英国的要求，认为中国作为天朝上国，不需要外国的商品即可自给自足，双方不存在平等贸易的基本条件。9月21日，使团回到北京。10月7日，和珅向使团交呈了乾隆皇帝的回信和回礼后，使团离开北京。在游历了东部中国的杭州、广州等地后，于1794年3月17日离开中国。使团随行画师W.亚历山大用西方的写实手法绘制的中国风土人情，为后人能得以较真切地一窥摄影技术尚未诞生的乾隆年间的盛世气象，留下了弥足珍贵的画面。在此期间，马嘎尔尼使团在北京、天津、东南沿海做了大量的调查，甚至包括我国的民歌和植物种类。在详细而深入了解中国之后，马嘎尔尼这趟“失败”的中国之行，让他对中国有了一番经典的判断和论述：“中华帝国只是一艘破旧不堪的旧船，只是幸运地有了几位谨慎的船长才使它在近150年期间没有沉没。它那巨大的躯壳使周围的邻国见了害怕。假如来了个无能之辈掌舵，那就不会再有纪律和安全了。”他断言，这艘船“将不会立刻沉没。它将像一个残骸那样到处漂流，然后在岸上撞得粉碎”，“它将永远不能修复”。但是马嘎尔尼不主张对中国发动战争，认为那样将会影响英国的商贸收入。

的航海日志记载，当时抛锚的地方称为芝罘（Chefu），这来源于锚地附近的一个小渔村的名字，尽管这个小渔村非常不起眼，只是一个仅仅几十户渔民居住的村落。

◎ 烟台全景

◎ 20 世纪 30 年代的烟台海滨（由东南向西北看）

◎ 20 世纪 30 年代的烟台海滨（由东向西看）

◎ 20 世纪 30 年代的烟台海滨（由西向东看）

◎ 马嘎尔尼

◎ 反映马嘎尔尼觐见乾隆皇帝的图画

◎ 马嘎尔尼随行画师笔下的中国

此后，对于外国航海家来说，就将这个港湾称之为芝罘湾，之后西方传教士和商人逐渐在周围聚集，形成一个居住区，就把这个居住区也称之为芝罘。那座岩石组成的小山，即烟台山，就成为居住区的核心区域，在1858年的《天津条约》和1860年的《北京条约》签订之后，被外国领事馆、传教士和商人们的建筑所占据。1876年所签订的《芝罘条约》（即《烟台条约》），是由中国、英国和法国的代表，在此地一个称之为“玉皇庙”的地方签订的，这座玉皇庙坐落在一座小山顶上，所以这座小山也被称之为毓璜顶。在这里，美国基督教北美长老会传教团建立了一所医院和招收中国男孩子的学校，也就是在那里，从1942年的11月开始，芝罘学校师生被日本侵略者集中关押。玉皇庙占据了整个小山的山顶，映衬着城市西边的天空，轮廓线非常的漂亮。

◎ 毓璜顶，后面就是玉皇庙

早在戴德生先生来到烟台的1879年之前很长时间，就已有许多西方传教士来到了这里并在此定居，其中最有影响的，包括倪维思（J. L. Nevius）博士、郭显德（H. Corbett）博士、海雅西（J. B. Hartwell）博士等，这些受人尊敬的先生以及他们的家庭，都一直和芝罘学校保持着密切而友好的关系。在烟台，从来没有存在过真正的租界，也从来没有一块地方明确是由外国人居住，或者由外国机构来行使地方管理权。在烟台的外国人居住区，有一个非官方的“公共利益委员会”（General Purposes Committee）的机构，在一些公共事务方面，比如道路、沟渠、街灯甚至治安等方面，发挥一些组织筹划方面的作用。这个委员会后来演变为一个国际委员会，其中包括

◎ 菲尔斯先生

六名中国代表和六名外国代表组成。这个委员会并没有权利通过强制征税来筹集资金，而是通过每个年度对居民资产的评估，作为自愿捐资的基础，同时，它还对居住区内的每一位男性成员收取一种用作调查的税。菲尔斯（A. H. Faers）先生，作为在烟台的中国内地会传教士的负责人，多年来，一直是这个国际委员会的主要负责人。在这个委员会的领导下，道路建设、电灯维护、消防防范、沟渠整治、垃圾收集等这些公共事务得到一定的重视，但这些事务的开展，是在比较晚的时候才真正开始的。

外国人居住区以烟台山为中心，向东扩展的范围是：沿着一条很好的休闲道路（我们称之为海岸街，the Bund），从芝罘俱乐部（Chefoo Club）和圣安德鲁教堂（St Andrew）向东大约 1 英里。与海岸街平行，地势较高的地方，还有一条穿过高粱地的小路，崎岖难行。在 20 世纪初期，人抬的轿子逐渐让位给了黄包车，常见在路上穿行。烟台山下原来的轮船锚地，由于修建了防波堤，以后又建设了挡浪坝，更加成为一个安全的港口。在这里，商业迅速繁荣，大量出口绒绣、抽纱制品、发网、苹果和花生。因

◎ 1936 年的芝罘俱乐部

◎ 圣安德鲁教堂

此在近50年间，烟台成为一个欣欣向荣的繁华港口。从这里，是水路运输前往天津、大连、威海卫和上海的汇聚点和补给站，在20世纪30年代，从这里向西还修筑了一条机动车公路，有公共班车可以前往蓬莱、黄县（今龙口）、莱州和济南。

我们的学校位于一个称之为“东海滩”的地方，在很多方面芝罘学校都可以自给自足。除了学校的三栋教学楼，学校还有一个商业部，这里是我们的财务管理中心和杂货店，从这购买商品可以享受批发价。在校园里还有一个木工房，负责平日的维修，在秋天安装防风窗和取暖的火炉，以及在春天安装防蚊虫的纱窗。此外，如果需要，这里还可以制作譬如木偶剧《潘趣与朱迪》（Punch and Judy）的道具①。学校还有一个很大的洗衣房，特别是在夏天，经常更换衣物是非常必要的，试想一下，在这里往往有超过350人生活，也许每周就需要清洗5000件衣物。学校还有自己的面包房，总是忙忙碌碌。至于缝纫衣物、修鞋补鞋和修剪头发，我们一般是从外面邀请专门的师傅。

从这些琐碎小事上，我们可以了解芝罘学校是如何从一个小小的学堂，成为一个规模庞大并且欣欣向荣的小社会的。

① 《潘趣与朱迪》是英国家喻户晓的传统滑稽木偶剧，该剧从17世纪一直风靡至今。在剧中，潘趣和朱迪是一对夫妇，他们俩经常大呼小叫，有时甚至互相殴打对方。丈夫潘趣是一个长着鹰钩鼻、驼背、性情古怪，爱惹是生非的家伙，每天就喜欢策划各种阴谋诡计。当他的阴谋得逞时，他就会大摇大摆地炫耀自己。《潘趣与朱迪》没有严格固定的剧情，而是时刻都充满了即兴式的互动，就像小时候，爸爸、爷爷在为你一对一讲故事那样亲切，因此，尤其受到孩子们的喜爱。据记载，《潘趣与朱迪》是1662年5月9日在伦敦的考文特花园第一次上演，于是这一天也变成了潘趣先生的生日。在伦敦，每年5月都有为他而设的诞辰礼节日，地点在考文特花园旁的圣保罗教堂前。为了纪念他，考文特花园也有以潘趣和朱迪命名的酒吧和餐厅。

第四章　麦卡锡校长时代（上）

对弗兰克·麦卡锡校长多年来对芝罘学校贡献的客观评价，是非常困难的。我在他的领导下工作只有不到两年时间，但是我和他在英国的见面，要更早，且不止一次。在我还是学生的时候，我在伦敦参加了十字军圣经班（Crusader's Bible Class），圣经班每个星期天活动，在很长时间，这个圣经班是由马克·博瑟姆（Mark Botham）和费雷德·伊斯顿（Fred Easton）来担任组织者，他们两人的父母都是中国内地会传教士，同时他们两人都出生在中国。费雷德·伊斯顿还曾就读于芝罘学校，而马克·博瑟姆则毕业于英格兰的百德福（Bedford）文法学校。在我的印象中，马克·博瑟姆和费雷德·伊斯顿曾不止一次地邀请弗兰克·麦卡锡来圣经班给我们做讲座。他们对于这位芝罘学校校长所表现出的极度尊敬给我留下深刻印象。我记得当时的弗兰克·麦卡锡是一个大个子、非常魁梧结实的人，黑色的胡子，言行举止从来不慌不忙。我还依稀能记得他戴帽子的时候表现出的那种特有的绅士动作：用两只手，稳稳地，非常水平地把帽子戴在头上。

后来，我也成为芝罘学校教师中的一员，当时学校还有好几个像我这样的年轻教师，比如斯坦利·霍顿（Stanley Houghton）、内维尔·顿卡（J. N. Duncan）和爱德华（Edwards）。我们常常给麦卡锡校长一些新奇有趣的建议，对于我们的这些建议，他的回答总是：“以前从来没有这样做过。”我记得有一次，斯坦利·霍顿坐在教师休息室的钢琴边，借用《浮士德》中《士兵合唱》（Soldiers' Chorus from Faust）的曲调，边弹钢琴，边大声唱歌来表达自己的失落和沮丧：

> 不，不，以前从没这么做过，
> 从来没做过，从来没做过，
> 这以前从来没做过。

◎ 麦卡锡夫妇

当然，在麦卡锡校长的领导下，学校面貌也发生了很大的变化，包括在早期新创建了一所分校、学校规模大大扩大、新建了多座教学楼、统一了办学方向和教学方式的认识、组建了一支有能力讲团结的教师队伍等等。就像我在第一章中已经讲到的，在麦卡锡校长任内，领导学校度过了多次危机：比如1895年的中日甲午战争，1900年的义和团运动，1911年爆发的瘟疫，1912年的政治混乱，此前一年中国爆发革命，结束了延续2000多年的封建王朝统治，从而成为一个共和国；还有从1914年到1918年延续多年的第一次世界大战，在战争期间，许多从芝罘学校毕业的学生也拿起武器成为战士；在芝罘学校，对教师的补充也并不是很及时和充分；在20世纪前后那段困难的年月里，新的中国中央政府又宣称，强烈反对西方各国在19世纪通过瓜分势力范围和控制国家海关，而强加在中国身上的不平等地位；等等。这些背景都使得芝罘学校处境艰难，经历了这么多年的风雨磨炼，难怪麦卡锡校长不会轻易同意我们这些年轻人的新理论，以免“打烂这条船”。

一些男学生习惯称呼麦卡锡校长为“痛风”（Gout），这也许来源于他走路时幅度颇大、来回晃动的姿态。此外，他还有另外一个绰号“愤怒”（Ires），这一绰号可能是在早期学生中比较流行，这主要源于他的坚守原则，对违反纪律行为的不容忍。

麦卡锡时代的芝罘学校情况，我们通过埃比尼泽·默里（Ebenezew Murray）的视角，可以有一些更深入的了解：

在中国，没有比在烟台更好的地方来建一所学校了。烟台地处沿海，交通便利，与天津（16小时）和上海（40小时）几乎每天都有船舶往来。多家轮船公司都开辟了往返于这些地方的航线，并且对学校师生还有特别的折扣。学生们的健康状况非常良好。没有痢疾骚扰，气候舒适宜人，大海美丽宽广，沙滩细腻平缓。足球、板球、游泳，以及其他一些体育活动，都让人非常开心。几乎所有的男孩子和绝大多数女孩子，都练就了一身善于游泳的本领，事实上他们也几乎不大可能获得不了这样的能力，在一年中的几乎 4 个月时间，每天早上他们都能享受到游泳的快乐。总而言之，在芝罘学校，就能培养出让父母感到骄傲的孩子。

说到弗兰克·麦卡锡在芝罘学校发展方面的成就，不应该忘记麦卡锡夫人对他的影响。麦卡锡夫人是一个非常仁慈的人，对学生们就像妈妈一样，很多新近入学的孩子，因为远离自己父母而欠缺的呵护，因为有她的细心照料，从她身上获得了安慰和满足。很多从学校毕业的学生都有这样的深刻记忆，当他们生病的时候，得到了校长夫人的悉心照料。我至今还记得，在一个阳光灿烂的日子，在学校的板球场，当时她刚刚听说我已经订婚，并正在准备婚事。她主动过来和我说话："现在，你有双倍的责任要照顾好你自己，你应该戴一顶硬边的防晒帽。"这真是一个奇怪的建议，硬边的防晒帽当时早已不流行了，更适宜我们需要的是卡其布的棉布帽子。第二年冬天，麦卡锡夫人看到我没有毛皮的帽子，她特意做了一顶送给我，让我真是非常高兴。这是一顶灰褐色的毛皮帽子，比一般的毛皮帽子轻便。我非常喜欢戴，戴了几乎整整 25 年。

大约在 1898 年前后，共有 29 个男女学生参加了英国师范学院（College of Preceptors）的入学考试，其中的 24 名学生成绩为一等，其余学生也全部顺利通过考试。这也就是说，芝罘学校毕业学生中，有许多都从事教学工作。但是当时也有人强调："无论是谁如果想在这里从事教师职业，同时还需要有强壮的体魄。情绪易紧张的人不能够忍受山东的气候。"这里所说的，可能是指在每年初夏时期的强劲南风，它的确会让人感到有些紧张。

值得注意的是，麦卡锡先生对传教士家庭的孩子投入了更多的关心，因为他本人就来源于传教士家庭。他的父亲，约翰·麦卡锡（John McCarthy）先生，从 1866 年开始就成为中国内地会成员，是中国内地会的早期元老，也是戴德生先生的亲密朋友和坚定支持者。在 1877 年 1 月到 8 月之间，他还徒步穿越中国，从汉口出发，一直走到缅甸北部的城市八莫（Bhamo）。

在弗兰克·麦卡锡先生担任校长的 1895 年，对中国来说则是一个不祥之年。这年，欧洲国家正在讨论如何瓜分中国。我记得在当时男校的教师休息室的书橱里，就有一本书名类似于这样的书，这本书就出版于 1895 年。在 19 世纪 80 年代的非洲，根本没有考虑非洲人民的意愿，就被分割为多个国家，于是在 90 年代，在欧洲一个公开的观点就是希望也将中国如法炮制。沙俄将触角已经伸向了中国东北，德国重点在山东，法国则看重云南和中国西南，美国和英国则反对这种将中国瓜分为“势力范围”的做法。英国的目的在于逼迫中国打开国门，允许自由贸易，但是如果其他国家获得势力范围，决不能将它排除在外；并且它表明明确态度，如果它要求势力范围，就是整个中国的长江流域，这几乎占中国国土面积的 4/5。然而，只有一个国家准备以战争的方式实现这一目的，这个国家就是日本，它的目的是索取中国的台湾和其他一些岛屿，同时还要求中国放弃对朝鲜的宗主权。因此在 1895 年，日本正式占领了中国台湾和朝鲜，虽然在 15 年前，它就一直在索取对朝鲜的宗主权。也就在这一年，日本派军队登陆山东，并于当年的 1 月 29 日，占领了位于烟台以东大约 50 英里的海防要塞——威海卫。

在这个冬天的寒风中，溃败的中国军队沿着从威海卫到烟台的大路陆续撤退到烟台，许多人身上有伤，极度疲乏，漫无纪律，毫无约束。安迪（H. J. Alty）先生对这一事件曾经有这样的描述：

> 当时受命率军队驻扎在烟台的中国最高长官是宋将军。杜思韦特（Douthwaite）医生当时是代表中国内地会处理烟台方面事务的负责人，他同宋将军个人，以及他的家人之间，都保持有密切的个人关系。甲午战争中国战败之后，杜思韦特医生发现宋将军对即将可能到来的危机几乎没有任何的准备，于是就将国际慈善机构红十字会的一些情况介绍给他。同时，杜思韦特医生也表示愿意以个人的名义给宋将军提供帮助，可以将一些伤员安排在烟台中国内地会疗养院的医院治疗。宋将军对在危机时刻能得到他的帮助，替自己分忧解愁的行为，表示了极大的感谢。
>
> 为了配合杜思韦特医生的工作，18 个中国人得到命令来承担抬担架的任务。但是据说只有 6 个人准时按要求前来报到，其余 12 个人都被某个大人物差使前去抬轿子了。在内地会疗养院的东面腾出了一排房子，作为杜思韦特医生负责的“接收站”，而疗养院的医院，则专门用来收治那些真正需要住院治疗，特别是需要手术治疗的伤员。同时，

疗养院的医院还采购了大量的药品。芝罘学校这时正好是假期，有一些学校老师也自愿前来帮助杜思韦特医生。

在日本侵略军对威海卫海岸堡垒发动攻击之后，疗养院医院就开始接受第一批伤员，这批伤员是在2月3日到达烟台的，他们在路上走了6天。在4日以及之后的几天，伤员大量到达，以后每天不断，一直持续到3月24日。大约有160人在这里得到医治。其中除4人因伤势过重死亡外，其他人经过治疗都得到了很好的康复。

在那个寒冷的季节里，伤兵们在温暖的中国内地会疗养院里，接受到专业的医疗救治，以及可口的食物供应和基督徒的悉心照料，这些都产生了良好的示范效果。外国人居住区的女士们为医院制作了许多卷成筒状的绷带，停泊在港湾里的一些西方国家军舰上的军医也提供了医疗服务，当地的中国官员提供资金和布料，中国基督徒提供床褥铺盖，提供热茶。传教士和外国人居住区的男士们则帮着包扎伤口。

这场战争对芝罘学校的影响是什么呢？来自上海的一则消息记载：

由于山东半岛正在进行的这场战争的影响，我们将芝罘学校的开学日期延迟到5月5日。

在另外一条资料中也记载：

日本军队在威海卫战争中投入重兵，仅登陆作战就有2000多人。当时的天气非常的严寒，以至于整个烟台港湾都被海冰覆盖，结冰面积从岸边一直延伸到海中达1海里，被迫停泊在远处的军舰和岸上都无法联系。

这些军舰估计都属于英国皇家海军。几年之后在一个类似的让人焦躁不安的时刻①，有一名来自英国皇家海军一艘轻型巡洋舰的水手就被安排在芝罘学校男校的宿舍，负责用信号灯和军舰保持信息联系。在一些资料中我们还看到有这样的记载：

3个逃跑的士兵已经在烟台被杀了头。一天之后，芝罘学校师生收到从英国领事馆传来的信息，要求他们做好随时撤往外国人居

① 此处是指义和团运动。

住区的准备。就在杜思韦特医生看这条通知的时候，有个近500人的到处搞破坏的队伍，从学校医院旁边通过，但学校却没有遭到他们的袭击。这很可能就是因为杜思韦特医生在几年前所做的那件事。有报告说，当地的将军也被杀了，或者是逃跑了，但他们除了逃跑，还能做什么呢？对于医治中国伤兵的善举，杜思韦特医生被当地将军多次感谢，并被颁发了一块荣誉牌匾，高高悬挂在学校医院的入口处。后来，清王朝的光绪皇帝还专门为杜思韦特医生授予了一枚双龙勋章。

对于扩大男校规模的计划，此时也开始着手操作。一名中国内地会的传教士荣晃熙（Archibald Orr-Ewing）先生给杜思韦特医生写了一封信："上帝教导我要将一事放在心上，那就是我应该承担一座教学楼的全部费用。"这座建筑的费用共计15000英镑，这在当时是一笔巨款。这笔捐献，仅仅是荣晃熙先生多次类似捐献中的一次。整座建筑由库伯（E. J. Cooper）先生设计，它面向大海的正面造型大气壮观。教学楼的建设因为中日甲午战争受到了一些延误。但是，多达1600工时的石料的提供和运输是由宋将军的部队所完成的，作为对在战争时期杜思韦特医生所给予的帮助的感谢。大尺寸的木料必须在上海采购，一家中国的轮船公司负责运输，这家公司不仅仅负责运到烟台，而且还运抵教学楼施工的现场，这也是源于对杜思韦特医生在战争期间对中国伤兵所给予的照料而表示的敬意。

很快，在1896年6月15日，新教学楼的奠基石就被安放，上面镌刻着：

到如今耶和华都帮助我们①
被放置的这块奠基石
是为了纪念
我们对上帝的忠诚
与此相联系
中国内地会学校
建立于公元1881年
为了教育传教士们的孩子

① 源自《圣经·旧约全书·撒母耳记》第7章第12节（原文：Hitherto Hath The Load Helped Us）。

耶和华必预备①

1896 年 6 月 15 日

从那以后，每年的 6 月 15 日，就被看作是芝罘学校的建校纪念日（Foundation Day）。在这一天，学校会组织一些活动来表示庆祝，其中既有传统的活动，也有新安排的活动。在前一天的下午，会组织划船比赛，当天晚上，则是全体师生参加的庆祝晚宴。第二天早上，是一场板球比赛，由学校队对阵一支临时由教师、来学校的学生家长和外国人居住区内的西方人共同组成的队伍。然后是建校纪念日的祈祷仪式。下午，则是一个传统的下午茶聚会，有很多来自各方面的朋友参加。然后是网球比赛，最后就是晚宴。就在第一次庆祝学校的建校纪念日的那一年，祝康宁医生作为一名中国内地会的传教士来到中国并留在学校工作，他是祝名扬的孩子，也是 1881 年学校开办时最早的 3 个学生之一。

◎ 祝康宁医生

在为男校建设新教学楼的时候，扩充女校教学楼的计划也被提上议事日程，女校新教学楼于 1898 年 1 月正式完工启用。在男校的教学楼里，设计了 1 个大的中心教室，在中心教室的侧面，还安排了 3 个稍小的教室，在中心教室和那 3 个教室之间，都用可移动的隔板分开，如果把隔板都移开，4 个教室就会成为一个整体的大空间。这一设计，弥补了学校没有礼堂的遗憾，

① 源自《圣经·旧约全书·创世纪》第22章第14节。根据《创世纪》记载，以色列人始祖亚伯拉罕蒙耶和华神应允，将来的子孙必多如繁星海沙。在他年纪老迈时，终于得一儿子，名为以撒。然而神要试验亚伯拉罕的信心，吩咐亚伯拉罕携同爱子以撒往摩利亚山去，并把儿子献为燔祭。亚伯拉罕听从神的吩咐，带同儿子往神指示的目的地。到了目的地，亚伯拉罕筑好坛，就把儿子以撒捆绑置于坛上。亚伯拉罕正准备伸手拿刀把儿子献为祭物时，神的使者从天上向亚伯拉罕呼叫，嘱咐他千万不可加害自己的儿子。耶和华神亦因此事，知道亚伯拉罕对他敬畏的心。天使的话说完，亚伯拉罕举目观看，发现一头公羊两角扣于稠密的小树之中，遂以公羊取代其子献为燔祭。此后，亚伯拉罕给那地方起名叫“耶和华以勒”，意即“耶和华必预备（自己的燔祭）”（原文：The Load Will Provide）。

在此之前，整个学校的全体活动没有合适的场所。在此之后的30多年时间里，星期天的祈祷仪式、音乐会和一些演讲，就都在男校的这间大教室中进行了。

在弗兰克·麦卡锡担任校长的初期，另一件重大决策就是把预备学校从内地会疗养院迁移到了通伸村，通伸村在疗养院以西大约3英里的地方。在那里原来就有一座属于内地会的建筑，这座建筑一定有什么特别之处，因为它有一个别称“大理石宫殿”。在此后的四年期间，预备学校的那些幼小的孩子们一定程度上和疗养院及芝罘学校相分离，单独在那儿生活。但是在20世纪初期，在芝罘学校附近，正巧有一座家庭旅馆要出售。这座家庭旅馆面向大海，建筑宏大，更重要的是它和芝罘学校紧邻。再一次，我们的愿望实现了，这似乎是有上帝相助，才让我们得以成功购买。这座家庭旅馆采取公开拍卖的方式，芝罘学校的最主要竞价者，好像就是烟台的罗马天主教会。拍卖会开始后，随着其他拍卖品逐渐成交，时间也逐渐过去。这时，拍卖会的许多参与者陆续开始出去吃午饭，就在他们缺席的时候，这座家庭旅馆突然开始开拍，中国内地会的代表几乎没有遇到多少价格上的竞争，就将这座建筑拍卖成功，价格也在他们所估计的合理价格之内。就这样，预备学校终于又被搬了回来，再次和芝罘学校合为一体。但是这座建筑本来就是只为在夏季来烟台度假的家庭设计的，因此在冬天让它保持足够的温暖非常困难。因此对那些曾经在这里生活过的预备学校学生来说，在他们的回忆中，“冻疮”常常被他们提及。

1900年，义和团运动在中国爆发，波及烟台。也是在这一年，中国北方地区在经历了两年的干旱之后，春雨依然没有降临，饥荒的威胁在进一步扩散。在这两年来，义和团的支持者们（“义和团”的中文意思就是正义、和谐）在整个中国北方地区逐渐煽动起一股反对基督教、反对洋人的浪潮。中国的农民们虽然并不知道来自遥远的西方国家的势力正在侵占中国及周围国家的领土和主权：缅甸被英国夺去，印度支那被法国夺去，远在中国新疆的伊犁被俄国夺去。但是他们在眼前就能看到，外国人不断深入内地，外国人开矿山、建铁路破坏了他们祖先的坟墓，所建教堂高高的钟楼破坏了他们家园的风水。他们对眼前这一切感到恐惧，他们憎恨他们所怀疑的这一切，而没有及时降临的春雨，被认为就是天谴神怨的一个明证。

就这样，声势浩大的义和团运动爆发了，他们到处袭击中国基督徒和西方传教士。具有煽动性的传单在城市和乡村广为散发，特别在中国的北方。

出现在北京西城的一张传单上就这样写着：

> 在北京，一些义和团成员在半夜忽然看到神灵下凡……然后听到一个可怕的声音告诉他们：这一切的混乱都来源于那些外国魔鬼，在他们传教的所有地方，他们树立电线杆，修建铁路……只有义和团采取行动才能带来平安……要将这些外国魔鬼铲除。上天的意志就是要砍断那些电线，掀翻那些铁路，将这些外国魔鬼斩尽杀绝……上天长时间不下雨的原因，都是因为这些魔鬼作祟。①

更要命的是，义和团运动得到当时清王朝慈禧皇太后的支持和鼓励，这在实际上等同于向整个世界宣战。在1899年11月慈禧皇太后的一份上谕中宣称：

> 现在，已经没有机会和可能由中央政府去召开会议来恢复和平……我们拥有如此大的国家，如此宽广的疆域，延展至几万里，如此丰富的自然资源，几亿的子民，如果你们中的每一个人都能证明自己对皇帝的忠诚和对国家的热爱，那还有什么理由惧怕侵略者？让我们每个人努力去阻止粗鲁的侵略者对我们祖先的家园和陵墓的破坏和劫掠。我的这些命令，让我的子民们都能知晓。②

义和团运动最早在山东爆发，很快就向周边的直隶、山西、陕西等北方省份扩散。这场运动没有进一步扩散至全国的原因，很大程度上得益于

---

① 英文原文如此，似是描述揭帖的大体意思，可能源自当时流行的一份义和团口号："神助拳，义和团，只因鬼子闹中原；劝奉教，自信天，不信神，忘祖先；男无伦，女行奸，鬼孩俱是子母产；如不信，仔细观，鬼子眼珠俱发蓝；天无雨，地焦旱，全是教堂止住天；神发怒，仙发怨，一同下山把道传；非是邪，非白莲，念咒语，法真言；升黄表，敬香烟，请下各洞诸神仙；仙出洞，神下山，附着人体把拳传；兵法艺，都学全，要平鬼子不费难；拆铁道，拔线杆，紧急毁坏大轮船；大法国，心胆寒，英美德俄尽消然；洋鬼子，尽除完，大清一统靖江山。"

② 英文原文大意如此，查阅相关文献，在《义和团档案史料》上册第37—38页中，收录在当年的11月21日，慈禧太后颁布了一道密诏，其中记载："现在时事日艰，各国虎视眈眈，争先入我堂奥。以中国目下财力兵力而论，断无衅自我开之理。惟是事变之来实逼处此。万一强敌凭陵，胁我以万不能允之事，亦惟有理直气壮，敌忾同仇，胜败情形，非所逆计也。近来各省督抚，每遇中外交涉重大事件，往往预梗一和字于胸中，遂至临时毫无准备。此等锢习，实为辜恩负国之尤。兹特严行申谕：嗣后倘遇万不得已之事，非战不能结局者，如业经宣战，万无即行议和之理。各省督抚必须同心协力，不分畛域，督饬将士杀敌致果。和之一字，不但不可出于口，并且不可存诸心。以中国地大物博、幅员数万里、人丁数万万，苟能各矢忠君爱国之诚，又何强敌之可惧。正不必化干戈为玉帛，专恃折冲樽俎也。"似乎这就是本书中英文记载的来源。

中国官员队伍的理智，他们意识到，义和团运动兴起的靠山，即最高的中央统治者发疯了。幸运的是，曾担任过中国西北地区陕甘总督的陶模①，可以称得上是一位理智和忠诚的官员，因为被认为是外国人的朋友，丧失了立场，当时已被罢黜在家。虽然如此，他依然写信给他曾经管辖地区的各地地方官员，特别是那些有外国人居住的地区，要求对这些外国人提供保护。也许正是因为他的那些信，救了我父母和其他许多传教士的性命，他们当时正在甘肃。

当时在芝罘学校的外国人，包括男女老少所有人，总共有 250 人，更多的外国人是居住在以烟台山为中心的外国人居住区，这两个地方，是烟台外国人最集中的区域，极易成为义和团攻击的目标。在这段时间，学校的孩子们在每晚睡觉的时候，都预备好了一个装满必要换洗衣物的大枕套，收拾妥当后放在床头（相似的紧张氛围，也发生在此后的军阀混战时期以及日本人侵略山东的 1937 年）。在那个夏天，从芝罘学校发出的一封信中就有这样的记载："每天晚上，学校都专门安排有值班放哨的人。"在一个嘈杂的晚上，伴随着在城中做苦力的中国人要求提高工资的喧闹声，恐怖的气氛再次提升，似乎义和团的队伍已经开进了烟台。但是，据后来验证，这个消息是误传，之后并没有发生什么骚乱。

总体来说烟台还是平静的，但是心中的恐惧并没有消失。学校中孩子们的父母、朋友们，以及学校的教职工，心中都明白，危险就在眼前。中国内地会的许多教区，这时都失去了联系，得不到他们的任何信息，这极容易让人想到最坏的可能。在义和团运动平息之后得知，学校中共有 9 个孩子的父母在这次事件中被杀。烟台受到义和团势力所威胁的时间，大概只持续了一周。

但是在北京，义和团对西方国家大使馆的围攻和袭击，则持续了 55 天，大约从 5 月 24 日开始（这天正好是维多利亚女王的生日），一直持续到 7 月 14 日。那天，前来解救使馆的联军先头部队攻破东城门，进入北京，解了使馆之围。在天津的外国人居住区里，在那里有几百个妇女和孩子，也被围攻和袭击，从 6 月 15 日一直持续到 7 月 14 日。在那段日子里，吉

① 陶模（1835—1902），浙江秀水（今嘉兴）人，自幼家庭贫寒，以务实、清廉、干练知名，历任迪化州知州、新疆巡抚，1896年调任陕甘总督，后又任两广总督。

姆·沃兹（Jim Watts），一名芝罘学校男校毕业生，做出了一件我们一定不能忘记的丰功伟绩。其事迹在傅勒铭（Peter Fleming）《围攻北京》（*The Siege of Peking*）一书中有详细记载。

> 在6月20日，一名年轻的英国士兵吉姆·沃兹，主动表示自愿骑马前往大沽（Daku），去告诉那里的联军部队关于他们在天津受到围攻的信息，当时的天津各处几乎已经音信断绝。好在他擅长骑马，并且对路况也很熟悉。吉姆·沃兹在当天晚上出发，为他提供支持的，还有一支由3个哥萨克士兵和一匹替换的马组成的护卫队。他们连续在马鞍上驰骋了12个小时。一路上他们冲过许多村庄……吉姆·沃兹的坐骑被射杀……在6月21日早晨，他们终于到达大沽，将天津外国人居住区被攻击和包围的消息告诉了那里的海军指挥官。根据这一消息，专门组建了一支远征队，前往天津执行解救任务。为了表彰吉姆·沃兹的英勇行为……英国政府特别授予他三级圣米迦勒及圣乔治勋章（Companion of the Order of St Michael and St George）①。

唐纳德·厄文（Donald Irwin）在1903—1919年间曾在芝罘学校就读，在30年代，他的孩子又来到芝罘学校就读，他告诉过我们一个故事，在义和团运动时期，他们一家人和亨利·卢斯（Henry Luce）一家人，是如何登上一艘由当时的山东巡抚袁世凯所派遣的中国军舰，从登州前往朝鲜避难的。1912年，中华民国成立之初，因为孙逸仙先生的让位，袁世凯成为中华民国大总统。三年之后，袁世凯却宣布自己登基称帝，但是中国人民并没有接受他的自封，几个月后他凄凉死去。

在义和团事件中，大约有250名西方传教士被杀，其中包括50多名孩子，在这些遇难人员中，58人属于中国内地会，还有21名中国内地会传教士的孩子。我记得，30年之后，勒特丽（Lutley）夫人告诉我们一个她、她的丈夫和她的孩子共同经历的一次恐怖遭遇，她告诉我们，义和团迫使她必须

① 最卓越的圣米迦勒及圣乔治勋章（The Most Distinguished Order of Saint Michael and Saint George），简称圣米迦勒及圣乔治勋章（Order of St Michael and St George），是英国荣誉制度中的一种骑士勋章，于1818年4月28日由威尔斯亲王乔治（即后来的乔治四世）设立。本勋章分为三等，依等第如下：爵级大十字勋章/一等勋爵士（Knight/Dame Grand Cross，GCMG）、爵级司令勋章/二等勋爵士（Knight/Dame Commander，KCMG/DCMG）、三等勋章/三等勋爵士（Companion，CMG）.本勋章一般授予对英联邦或外交事务作出贡献的人士。

在孩子和丈夫之间选择一个人去死。

在1900年那个令人恐怖的夏天，像类似这样的故事一定是经常能传到芝罘学校，关于分布在中国内地的那些朋友和他们家人的消息，经常要么没有任何消息，要么就是一些传言，这使得芝罘学校的教职工和孩子们一直生活在焦躁和恐惧之中。当这场灾难过去之后，中国内地会决定，对于伤亡的那些传教士，教会不提供赔偿，即使教会提供赔偿，也不会有人接受那些用失去生命和受到伤害换来的赔偿，这毕竟不是中国内地会的错误。教会的献身精神就是芝罘学校存在的基础和背景。在那些恐怖和不确定的日子里，麦卡锡先生想试探一下城中中国人的态度和可能采取的行动。因此，他曾冒险独自一人在烟台的外国人居住区和中国人居住区散步，我不知道当时他是身着中国人的衣服还是欧洲人的衣服，但是他高大的身材无疑非常明显就是一个外国人。在他身后100码左右，有一个中国基督徒自愿跟随着他，以防万一。最后，所幸他们两人都毫发无损平安归来。

在1906年，学校因为组织学生参加英国国内师范院校考试而停课，而没有选择组织学生参加每年由牛津大学地方考试委员会的代表所安排的入学考试。得到补救的措施是学校组织学生参加了一个近似的考试，这是由剑桥大学委员会组织的考试，因为这些考试总是在冬天举行，而这时，正是芝罘学校的冬天长假时间。牛津联考要求学生在新加坡、中国香港，以及包括烟台在内的一些中心地区举行，在我来到芝罘学校以后，进一步要求在考试时间上，烟台也要和其他地区保持一致，都要求在同一天的同一个时间进行，以防止作弊行为的发生，如果考试不能同时进行，就有可能发生比如身在新加坡的人通过电报，将考试题目传到其他考试中心这样的事情。

鉴于芝罘学校在牛津联考中良好的信誉，在1945年芝罘学校在潍县期间，牛津考试委员会赋予我们一个特别允许，允许我们自己命题组织考试。这对我们来说是一份莫大的奖赏和荣誉，让我们非常高兴。

同时，因为芝罘学校在办学方针上坚持英国的维多利亚传统，芝罘学校一直保持着重视体育锻炼和频繁开展各项体育比赛的校风。每个周一、周三和周五，学生们都要组织起来到操场参加体育锻炼。在夏天是板球，在冬天则是足球。在后期，曲棍球也被引入成为学校的体育比赛项目，通常是在春天作为备选项目。但是因为学校的操场太硬，石头太多，对于英式橄榄球，则是不太合适的。在我担任学校教师的时候，学生们不但习惯于称每周这三天的体育锻炼和比赛是“必修”的，并且还是“强制性”的，这个词却是我不愿听到的。

◎ 20 世纪 20 年代，男校学生进行队列训练

◎ 女校学生进行队列训练

◎ 预备学校的孩子们进行队列训练（1908）

准备球门的立柱、板球击球板、足球以及用白粉划边线、标记球手的位置等等这些事情，都是由中国人老秦安排，他是学校的一名老校工，在所有校工中最能干，给我们很多帮助。辫子，作为清朝统治者的标志，在1911年爆发革命后，随着清朝统治者的被推翻，在全国范围内已经逐渐被摈弃。但是对很多上了岁数的中国老年男人来说，习惯了辫子，不愿意轻易剪掉，辫子似乎已经成为他们生活的一部分，老秦就是这么一个人。我们依然可以看到他的辫子，当然不是垂落在身后，而是盘在他的头顶，几乎完全被他头上戴的瓜皮帽所遮盖。实际上在不久之后，因为年龄关系，

◎ 20世纪20年代的女校曲棍球队

◎ 男校板球队（1913）

老秦就从学校离开回到他的家乡去养老了。因此在 1942 年的一个晚上，当我再次在烟台街头见到老秦时，感到非常惊讶。当时我正在和学校的保安人员巡视学校，在遇到一些特殊情况的时候，我们都有这样的安排以防发生什么意外。我和他热情打招呼，询问为什么他没有在老家而跑到这里。他告诉我："在乡下，日子基本没法过了，在白天，日本人的巡逻队经常来村子，我们要供应他们吃喝，到了晚上，国民党的散兵游勇就来了，又要我们提供他们吃喝。我们简直应接不暇，无力去承担这些要求。"老秦的遭遇，可以说就是成千上万中国人在当时遭受日本侵略后的鲜明写照。

◎ 男校举行的板球比赛

◎ 孩子们和他们的宠物

除了组织学生参加各种体育比赛，一些学生还从玩具中得到很多乐趣。在校园中，是禁止饲养宠物狗的，主要是对诺瑞斯先生因狂犬病去世心有余悸。但是可以养小兔子，那个散发出难闻味道的地方，通常称为兔子圈，就位于学校校园的西入口附近。在冬天，兔子们就被关在兔舍中，但在复活节那天，则允许它们跑出来呼吸新鲜空气和晒晒太阳，让它们在男校的操场上活动活动。

在男校的操场上，经常举办一些临时性的体育比赛。最初这个操场只是光秃秃的泥地，但在20年代，用沥青将操场做了覆盖。在这儿你经常可以看到学生们在玩一种类似儿童抓俘虏的游戏，气氛非常热烈；此外还有一种学生们自己发明的，称之为“发臭气”的游戏，如果你被“臭气”三次命中，你就要受到同伙的惩罚。在校园中还有一个地方被称之为“庇护所”，它位于新的教学楼下面，这是为了让学生们在下雨的时候，也能有个玩游戏的场所而准备的，但我们很少受到下雨的骚扰。

◎ 男校的新教学楼下雨的时候，孩子们可以在称为“庇护所”的下面玩耍

附　芝罘校友之歌

作词：高登 · 马丁
作曲：斯坦利 · 霍顿

让我们为母校歌唱
她屹立在中国的海滨
在这里佑护我们成长
传授我们知识和力量

波涛教会了我们游泳的本领
大海让我们学会了赛艇
山峦邀请我们去散步
北风让我们呼吸顺畅

在这里追求心中的光明
古典和当代的文明汇聚于此
为了实现心中的理想
我们不惧黑暗道路布满坎坷

那光明和理想的源泉
我们深信就在这里
凝聚心中的勇气和力量
都是得自这里的教诲

第五章　麦卡锡校长时代（下）

当查看20世纪初期芝罘学校档案资料的时候，人们会发现，当时的芝罘学校情况和30年之后芝罘学校的现状并没有多少太大的差别。当然在师生的服饰方面，还是有一些明显的差别。我们可以看到一张有意思的照片，鲍康宁（F. W. Baller）①穿着中式的服装和孩子们一起打板球。“伊顿式”的衣领也出现在这时的旧照片上②，甚至也出现了几乎完全“伊顿式”的服装。“伊顿式”的衣领在整个20世纪一定都非常流行，因为我曾经收到一名芝罘学校学生写给我的信，他直到1931年才离开芝罘学校，在信中他说：“谢天谢地，‘伊顿式’的衣领终于消失了，在衣服上设计这样僵硬的领子，真是一件让人生厌的事情。”30年代之后，在芝罘学校中依然有一些老教师认为，戴防晒帽是必须的。在一些反映芝罘学校师生在上海重聚情景的照片上，我们依然可以看到有许多人穿着晚礼服，黑色的领带，甚至白色的领带和燕尾服。我们在学校的日常生活中，并没有保持那样的标准服饰。

---

① 鲍康宁，中国内地会早期著名传教士，1876年受中国内地会派遣进入陕西，是近代最早进入陕西的基督教差会传教士，同时他还翻译了中文著作《好逑传》，参与翻译了中文《圣经和合本》，主编了《汉英大辞典》等。

② 这里指伊顿公学（Eton College）。伊顿公学坐落在离伦敦20英里的温莎小镇，是英国最著名的贵族中学。伊顿公学历史悠久，由亨利六世于1440年创办，以“精英摇篮”、“绅士文化”闻名世界，也素以管理严格著称，学生成绩大都十分优异，被公认是英国最好的中学，是英国王室、政界、经济界精英的培训之地。这里曾造就过20位英国首相，培养出诗人雪莱、经济学家凯恩斯，也是现在的英国王子威廉和哈里的母校。在其每年250名左右的毕业生中，70余名进入牛津、剑桥，70%进入世界名校。此外，伊顿公学还以古老传统和非常特别的校服而闻名，为不同职位、不同等级、不同荣誉的获得者设计了不同着装。伊顿的校服类似绅士的黑色燕尾服、白色衬衫、圆领扣、黑色的马甲、长裤和皮鞋等。“伊顿式”校服成为许多英式学校模仿的标准。

当时的生活很多人都觉得非常艰苦，那是当然，只有那些表现优异的孩子们才可以得到一点奖赏，那也是仅仅得到一点小钱去购买“周日小吃”。学校的糖果食品店在每周三和周六的晚饭后开门，非常划算的价格是半镑的碎饼干大约只要 7 分钱。

这一时期，芝罘学校曾创造了一个长泳记录。我不知道在此之前是否有人达到过这个记录，但至少在我担任芝罘学校教师期间，再没有人打破过这一纪录。在 1909 年 8 月 20 日这天，有两个男生从芝罘岛一口气游到了芝罘学校门前的沙滩。两地之间的直线距离至少有 5 英里，但在海中不可能一直沿直线游，算上其中的偏差，实际游泳距离至少有 6 英里。来自烟台城里的两位商人，为这两名成功者颁发了奖杯。这只是他们参与学校活动的其中一件事，烟台城中的商人经常和学校联合举办这样的活动，来体现对学校的关心和友善。

在比赛当天，首先，学校所有的赛艇都先被和记洋行（Cornabe, Eckford & Co.）的大型水上摩托艇拖到了学校对面的芝罘岛[①]，和记洋行慷慨地借给学校他们的摩托艇来帮助完成这次比赛。在大约下午 3 点钟，有六个男生从离芝罘岛海岸不远的摩托艇上跳入海中，来挑战这个记录。每一个挑战者的身旁都有一艘坐满孩子们的赛艇，他们一方面热烈地鼓励挑战者，给他们摇旗呐喊，加油助威，同时也时刻保护他的安全。幸运的是，当时的海面没有路过轮船，比赛没有受到干扰。开始时一切顺利，没有出现任何意外，但不久，有一个挑战者就放弃了。对于每个长泳选手来说，时间过得真是太慢了，又一名挑战者逐渐体力不支，远远落在后面，最后被他的啦啦队拉上了赛艇。剩下的四名挑战者依然还在水中拼命划水，奋勇向前，已经游了有 3 英里，这时，又有两个挑战者再也无法继续坚持，不得不放弃挑战。现在只剩两个挑战者了，人们都在焦急观望，他们能坚

① 和记洋行是英国人在烟台最早开办的商贸企业，也是烟台被辟为通商口岸之后，最早涉足烟台的外国商家之一。由詹姆士·威廉斯（James Wilson）和康纳德（Cornabe）两人创办于清同治三年（1864）。业务范围为海上航运业、汽车运输（含出租）业以及棉纱、手工艺品、花生等土特产品进出口领域，后期还拥有一家大型缫丝厂，在大连和青岛都设有分支机构，特别在航运方面，初期烟台海上航运主要为英、德、法三国船只控制，其中英国势力最大，而和记洋行则是英国轮船公司中最大的企业。后来和记洋行改组为茂记洋行，势力进一步壮大，直到太平洋战争爆发，被日军查封。

◎ 水上摩托艇拖着赛艇前往比赛地点

持完成剩下的2英里距离吗？

这时那艘摩托艇在干什么呢？虽然现在它已经不是主角，但也没有闲着，它还在周围巡逻，并给那些挑战者提供必要的帮助，作为一个补给站，给他们提供热咖啡。依然在水中的那些挑战者，也需要补充能量。他们虽然身体外面湿漉漉的，但还是希望在他们的身体里面也能是湿漉漉和热乎乎，因此，在摩托艇的船舷边上安置了一条绳索，那些挑战者可以一只手扶着绳索，另一只手拿着咖啡杯喝咖啡来补充能量。

两位挑战者在大海中已经游了近三个小时了，可离海岸还是有一段距离，但是他们依然在坚持，就在天快要黑的时候，一名挑战者忽然发现海水只有3英尺深了，这说明，他马上就到岸边了，另一名挑战者就在他不远的身后。最终，在第一位挑战者到达终点几分钟之后，另一位挑战者也到达了岸边。这两位成功的挑战者，就是汉斯·福卡（Hans Foucar）和加德纳·泰勒（Gardiner Taylor）。

这一场精彩的比赛，在后来发表于《芝罘校友联合会杂志》上的一篇文章中进行了场景再现式的描述。在这篇报道中记载："挑战者从芝罘岛出发，一直连续游了3小时25分钟。"但是我怀疑这一时间记载的准确性，因为根据文章记载，这场游泳比赛是在下午3点才开始的，结束时"天快黑了"，在8月的烟台，肯定要等到8点或者更晚天才能黑。另外根据我的经验，我试验过一次3英里距离的游泳测试，这让我相信，一般情况下学生们需要一小时来游完1英里的距离，虽然汉斯·福卡和加德纳·泰勒不是一般水平的男生，他们在男生中是体格格外健壮者，但在3小时25分钟的时间里要游完近6英里的距离，似乎还是不大可能。

弗兰克·麦卡锡先生也可能曾带领学生们去野外露营，但我并不确定在什么地方和具体情况，我猜想可能就是在芝罘学校的东边，附近有一个水塘。因为在那里正好可以举行一个扔鞋子的仪式，就像再现《圣经·诗篇》中的一个场景："摩押是我的沐浴盆，我要向以东抛鞋。非利士啊，你还能因我欢呼吗？"①

桑顿·怀尔德（Thornton Wilder）②，是一位非常杰出的芝罘学校校友，在那个时候，他和他的几个弟弟正好在芝罘学校读书。他们的爸爸是当时的美国驻上海总领事。桑顿·怀尔德于1912年离开芝罘学校，在北京停留一年后，回到加利福尼亚读书。据记载，他在芝罘学校的时候，发生了一件对他来说有点悲惨的事，有一次，学校组织学生和校友进行一场板球比赛，在他接第一个球的时候，就被迎面飞来的球击中面部。但是他并不气馁，敢于向这项极富挑战性和英国特色的运动挑战，最终练就了精湛技术，甚至被选入学校代表队。一个更加传奇的故事是，他在参加足球比赛时，通常是守门员，每当球在远处，远离危险区域的时候，他就拿出贺拉斯（Horace）的《颂歌》（Odes）来阅读③。这些传奇和让人敬佩的故事，也预示着他以后所取得的重大成就。

大约就在同一时间，另一名芝罘校友约翰·海斯（John. W. Hayes），作为美国俄亥俄州的罗德奖学金④获得者（Rhodes Scholar）进入牛津大学深

① 出自《圣经·诗篇》第60章第8节，本章讲述了大卫与敌国征战，遇到抵抗和失败。他向神祷告，求神帮助除去敌人的阻挠。大卫相信上帝必定会帮助他得胜，同时坚信神才是拥有万国的，只有通过上帝的帮助，才能在世上得胜。

② 桑顿·怀尔德，美国现代著名剧作家和小说家，其地位与尤金·奥尼尔、亚瑟·米勒和田纳西·威廉斯齐名，与他们并称为美国现代四大剧作家。

③ 贺拉斯，公元前1世纪的罗马著名抒情诗人，他的《颂歌》和《讽刺作品》等，对英国诗歌产生了重要影响。

④ 罗德奖学金，也译为罗兹奖学金或罗氏奖学金，是英国大学历史最长并且也是声誉最高的奖学金，是塞西尔·罗兹先生自1902年创设的奖学金，每年一度，奖励学术和品格优秀的学生，获得者将在牛津大学学习两到三年。罗德奖学金是一个世界性的奖学金，每年都在13个国家选取85名优秀大学生去英国牛津大学攻读。这一奖学金的数目随着学习科目类别而不同，每年大约可得到40000美元左右。

造，他此后成为牛津大学默顿学院（Merton College）赛艇队的队长，我们曾通信交流他在芝罘学校生活的感想。非常有意思的是，当芝罘学校在庐山时期，我们非常荣幸地得到了一把他在默顿学院赛艇队当队长时使用的桨，我们把它非常显眼地高高挂在学校的体育比赛荣誉墙上。他曾经给我写信回忆他在芝罘学校时期的经历，印象深刻的是丰盛的早餐和晚餐，而相对简单的午餐，这好像对一个赛艇桨手来说很有必要；还有在匆忙的一天开始之前，常常在早餐的时候招待客人的传统。关于约翰·海斯更多有趣的故事，我们将在描述芝罘学校人员被囚禁于潍县时期的那一章节中，进一步介绍。

在这一时期的男校，有一个辩论协会非常活跃，记忆深刻的是有一次他们争论查理一世被砍头到底是对还是错。我们观摩了另一场辩论，当时的辩论会主席就是来自潍县的亨利·卢斯，这次辩论的主题是被称为“欧洲丝织工”土耳其[①]在欧洲的去留问题。

芝罘学校也经常举办讲座，给学生们带来一些关于遥远地方的信息，扩充他们的眼界，以及他们未曾经历过的生活方式方面的知识。因此，在其中一个学期的计划表上，我们看到安排的讲座有：“在中国北方旅行”、“纽约游记”（使用幻灯片）、由生活在烟台外国人居住区的一位西方商人讲授的“飞鱼”“前往新西兰”，以及邀请位于毓璜顶的北美长老会传教团的传教士艾伯特（P. R. Abbot）所作的“亚伯拉罕·林肯”的讲座等等。

在麦卡锡校长的时代，最常被芝罘学校的老校友们回忆起来的学校老师，就是埃比尼泽·默里（Ebenezer Murray）和安迪（H. J. Alty）。有一位芝罘校友回忆：“我们最需要的老师，就是埃比尼泽·默里先生。他聪明博学，纪律严明，待人和蔼，很有艺术家的气质，对于悦耳的音乐以及其他各种美好的事物，有一种天然的热情。但是，他也是一个非常感性的、典型的苏格兰人，有迷人的略带忧郁的蓝色眼睛，红褐色的皮肤，像神学家那种硕大的、充满智慧的大额头。”这就是那个在1906年教孩子们唱赞美诗《全能而伟大的上帝》的埃比尼泽·默里先生。

另一个芝罘校友回忆：“安迪先生是我终生难忘的老师，他教授拉丁

① 土耳其在历史上是丝绸之路上的重要国家，同时自身气候条件也很适合桑树种植和蚕业生产，其养蚕业已有1500多年的历史，因此在古代，土耳其是欧洲丝绸的最主要来源地。

文和数学，还是我们的体育教练，他充满热情，热爱教育工作，更热爱我们。即使在我们惹他生气的时候，他表现得还是那么仁慈和富有美德。我现在非常后悔当时我是那么的淘气和缺乏礼貌，经常模仿他的一些特别的动作，和同学们打闹取乐。”其他人对安迪先生也有近似的描述，还特别提到，学生们经常开他的玩 笑，模仿他的某些动作在教室中打闹。

我们也看到一些关于回忆阿瑟·泰勒（Arthur Taylor）先生的文章，他是一个机灵的、年轻的（至少在我遇见他的时候）、精力充沛的、充满阳光的人。“他甚至有些喜欢卖弄，他很乐意看到我们的天真和无知，这样他就有理由来教导我们了，非常有意思，就像是我们的大哥哥。同时，他对我们每人语言中的方言，也常表现出浓厚的兴趣。”所有认识阿瑟·泰勒先生的人，都绝不会忘记他的那种幽默和诙谐。阿瑟·泰勒夫人也是一位优秀的老师，她有一副悦耳的嗓音，甚至说话也悦耳动听。她还有一个天赋就是讲授数学，有很多女学生现在依然记得她是如何给她们讲解关于代数和联立方程的奥妙的。

哈罗德·李（Harold A. H. Lea）先生在芝罘学校从教多年，是学校一位老资格的教师，后来，他的儿子和孙子也相继成为芝罘学校的学生。一位校友曾这样回忆他：“哈罗德·李最让我感到钦佩的是，他在学校老师中更加经验丰富和成熟老练。得到他的表扬可不容易，从内心来说，他几乎不可能和我们这些顽皮的孩子打成一片，他可能更愿意和成人在一起。”在第一次世界大战期间，哈罗德·李担负了一件特殊的使命，就是率领中国的劳工队伍前往法国服务。哈罗德·李夫人则是一名优秀的演说家，她曾带领一群女学生成立了一个“实验剧场”，排演话剧《威尼斯商人》，并在节日演出，引起巨大轰动。演出那天，观众几乎将剧场都挤爆了。

我们还常常看到关于“蛋糕大赛”（Cake Matches）的回忆。“在每个学年中，没有哪一场比赛比它更加动人心弦和让人热情高涨的了。”这是一场六人制的英式足球比赛，比赛双方分别是“快乐的巡游者”（Jolly Rovers）队和“战争之箭”（War Arrows）队。这场比赛和两队名称的由来，现在已经无人知晓。两只球队并不是由校方组织的，而是由学生们自发形成，并且保持了持久的稳定，拥有各自忠诚的支持者和球队精神。年轻一点的学生们都期待着有一天他们长大后，能参加这两支只能由高年级学生组成的球队。两支球队之间小规模的比赛可能也是经常举行，一般还有赌注。

但是到了每年春天，他们就会在“蛋糕大赛”中相会。我们看到过那个“蛋糕”，这个蛋糕由学校教师或者城里西方商人的太太们捐献，从照片上看高达三层，的确值得进行一场比赛来争夺。对“蛋糕大赛”的疯狂一直持续到20世纪，在此之后，影响则逐渐式微，因为从那时起，芝罘学校正式组织了相关的体育活动和比赛，“蛋糕大赛”慢慢就失去了它的吸引力。多年以后，那些当年的学生们带着怀旧的心态回顾“蛋糕大赛”，依然对它的自发产生和非官方组织这些特点很是怀念。

有一位芝罘校友就曾回忆：

你还记得“快乐的巡游者”和“战争之箭”这两支球队吗？还记得各自的球队室和从对方那儿赢来的战利品吗？这两支球队只有四年级以上的学生才能参加，但在那之前，很多低年级学生就已经有了自己倾心的球队，并希望成为球队潜在的成员。在我低年级的时候，就是“战争之箭”队的铁杆粉丝，但是当我到了四年级的时候，我改变了想法，成为“快乐的巡游者”队的一员。当“战争之箭”队知道这件事之后，我被带到“战争之箭”队的队室，受到了一次好好的教训。在我六年级的时候，我就成为“快乐的巡游者”队的队长。事实上，我是“快乐的巡游者”队最后的一任队长，在我当队长期间，“快乐的巡游者”队就解散了。

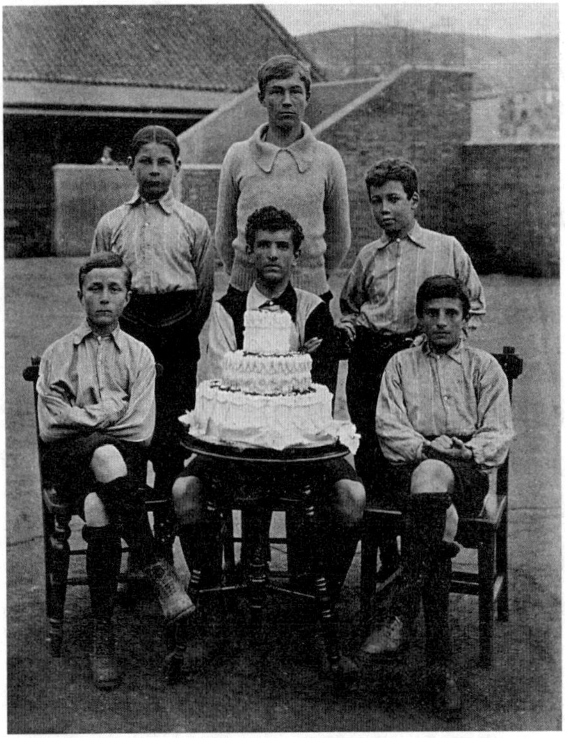

◎ 1910年，在蛋糕大赛中获胜的足球队

在我的记忆中，我们都非常期待“战争之箭”队组织活动的那天，那是个星期四。他们高举着他们的队旗，跑到宁海州的城门上展示自己的力量。“快乐的巡游者”队就在他们回来的大路上的某个

地方设埋伏，然后就是两队之间的一场混战，而混战的目的，就是为了抢夺他们的队旗。我记得其中的一条规则就是两队的队长并不参与混战，在最后他们要作为见证人和裁判。在这个待定的时候是允许两队“打群架”的，当然其结果必然是大路上的交通为之混乱和堵塞。混战进行一定时间之后，就响起一声口哨，所有的人都必须立即停止一切行动，原地保持不动，这是双方约定的规则。这时双方的队长开始清点结果，数各自有多少具“尸体”，其实就是有多少对方人员被自己的队友压在地上。其中有一次的混战我记得非常清楚，我对阵埃德蒙多·普维尼诺（Edmondo Polverino，还记得吗，他的父亲在芝罘俱乐部附近经营一家理发店，位置就在从海岸街转到城里的路口，在那有很多美好回忆），他比我强壮多了，不一会儿我就被他压倒在地。但在那个时候，我们队有一个大力士叫约翰·赫伯特（John Herbert），他并不在现场和对方一对一的较量，而是看到哪一个“快乐的巡游者”队的队员处于下风，就过去帮忙，把“战争之箭”队的队员都压倒在地。他发现我被普维尼诺压在地上时，赶过来给我帮忙，一起把普维尼诺的双手反剪在后，压倒在一块斜坡地上。然后我骑在普维尼诺的背上，让他动弹不得。

在1902年，发生了一场悲剧，有19个学生和一位老师，因为食用冷冻鸡肉而染病。最终有13个孩子因食物中毒而死亡，很可能就是肉毒杆菌中毒。当时，麦卡锡先生正在休假，不在芝罘学校，埃比尼泽·默里先生代理他的职务。

值得庆幸的是，芝罘学校有自己的医院（位置就在疗养院后面的山坡上，与疗养院隔条小路）和医生护士等人员。霍格（A. Hogg）医生作为校医为芝罘学校服务达25年，直到1928年才退休。接任者是迪克森（J. R. Dickson）医生，他作为北美

◎ 芝罘学校医院

◎ 足球比赛

长老会传教团的成员在中国服务多年，同时还是三个女孩子的父亲，他的这三个孩子都在芝罘学校读书。还有一位校医就是祝名扬的儿子祝康宁（Frederick Judd）医生，他是芝罘学校最早的学生之一，既是学校的执行校长，也担任校医职责。他的接任者是来自新西兰的霍伊（A. N. Howie）医生，即使在芝罘学校师生被日本侵略者监禁时期，也是学校校医。当战争结束芝罘学校复校的时候，对我们来说幸运的是罗勃·彼尔斯（Rob Pearce）女士成为我们的校医，由她来照顾我们的健康。彼尔斯医生在工作之余，还利用她的工作之便，开展一些遗传学方面的研究，这样我们大家自然就成为她不用付费进行交叉实验的“试验品”了。

1915 年，罗达·安格文（Rhoda Angwin）小姐在为芝罘学校服务 22 年之后退休，她主要在男校的服装部门工作。她的谨慎小心，甚至近乎刻板固执的性格和作风，让男学生们又是敬畏又是爱戴，并成为长久深刻的记忆。干净、整洁、讲究卫生这些要求，对绝大多数男孩子来讲，与他们的天性是相违背的，但是罗达·安格文小姐在每天检查卫生时，不厌其烦地天天给他们灌输这一思想，她得到了那个时代每个男孩子永远的怀念和尊敬。

◎ 1906 年，学校足球队与威海卫足球队比赛合影

在那些年里，麦卡锡先生家庭人丁兴旺。最大的孩子是个女孩，叫爱娃（Eva），后来也

◎ 1912 年，学校足球队与美国海军足球队比赛合影

成为学校的荣誉义务员工，她是一个非常聪明并且个性鲜明的女孩子，甚至有时候，她的严厉让学校的女学生感到畏惧。但作为一个老师来讲，这不见得是个坏事。后来，她因为有另外的工作要去加拿大而不得不离开学校时，我们都对她依依不舍。爱娃有五个兄弟，他们五兄弟对运动和体育比赛都有一种天赋。有一次发生了一件非常有意思的事情，我们在球场上，看到麦卡锡的一个孩子和另一个队的一个孩子发生了争执，不得不让作为裁判的麦卡锡先生评判，麦卡锡先生左右为难，这真是一件非常好玩的事。

足球比赛在一年中要举行多次，主要对手是位于毓璜顶的一所学校的中国学生。非常明显，比赛双方的实力水平相差悬殊，中国孩子们发现，他们面对的芝罘学校球队的 11 名球员，真是太厉害了，根本无力还击，更无法超越。就在中国发生革命的 1911 年，有一张非常有意思的照片，照片上毓璜顶学校的中国学生足球队随便站在一起，穿着西式的长筒靴，下面的文字描

◎ 1913 年，学校足球队合影

◎ 1920 年，学校足球队与校友足球队比赛合影

述竟然是“最厉害的毓璜顶足球队”。在整个 30 年代，这样的比赛就没有再听说过，我也不知道是什么原因。也许，在 20 年代中期，中国出现了一股强烈的仇视洋人的浪潮，在这种背景下，这样的友谊比赛就自然不可能再举办了。

在 1908 年的 1 月 29 日，一个非常重要的新组织成立了。在这一日的两周之前，一些在伦敦的老芝罘学校校友被邀请在伦敦的中国内地会总部重聚。对于这次重逢，他们感到异常兴奋，同时更希望能有一个长久的规划。于是就在这一天的芝罘学校，一些男校的校友受到埃利斯顿（E. S. Elliston）先生的邀请来到他家，筹划组织成立芝罘学校校友联合会。女校友们也受到邀请派出代表，第一届委员会就在穆蒂特（W. D. Mudditt）夫妇家中召开，制定了联合会章程，任命了负责人，大家推举穆蒂特先生为会长，埃利斯顿先生为财务主管，莉莉·帕里（Lily Parry）为女生会秘书，兰德尔（A. B. Randle）为秘书长。就在同一年，联合会的会刊《芝罘》出版了，直到现在已经连续出版了近 80 年，为广大校友传递芝罘学校在不同地区辗转办学的新闻，保持校友和学校的密切联系以及校友之间的联系。我们要好好感谢这么多年来，坚持芝罘校友联合会充满活力运作和保持会刊持续出版的那些功臣们。根据研究，我们发现《芝罘》会刊最早的主编是胡特（H. W. Hunt），他是一个企业家，性格幽默诙谐，品格高尚。在那些年，在穆蒂特先生的热情领导和无私帮助下，设在英国的芝罘学校校友联合会活动频繁，组织活跃，保持良好的状态。

从此以后，芝罘学校每年的新闻都能被校友知晓，在冬天和夏天定期组织校友聚会，聚会的地点一般都选在中国内地会成员或芝罘校友在乡下的别墅，经常是在英国贝德福（Bedford）的霍伯里大厅（Howbury Hall），这里是“剑桥七杰”之一宝耀庭（Cecil Polhill-Turner）兄弟的产业。

芝罘学校校友联合会成立后，很快就将它的分支机构扩展到了上海、东北以及加拿大和美国。同时，还吸收了一些荣誉会员，所谓荣誉会员，就是本人并不是芝罘学校的校友，但是是某个校友的朋友。我的父亲和母亲就是这样的荣誉会员。因此，我和我兄弟就有机会经常参加校友会在英国纽因顿（Newington Green）举行的校友聚会，因为我们家就住在校友会的隔壁。因此，很早我就对芝罘学校有所了解，并且认识了芝罘学校的那些老前辈，如鲍勃（Bob）、亚瑟·帕里（Arthur Parry）、库尔哈德（Coulthards）、汤姆金森（Tomkinsons）等等。我还记得有一次还遇到了从中国回到英国的三位来自布鲁姆霍尔（Broomhal）的美丽女孩：她们是凯蒂·伊斯顿（Katie Easton）以及海尔德（Hayward）夫人（她曾是女校的负责人）的两个女儿，还有威尔森（Wilson）一大家人。即使因为不是正式会员，似乎受到了一些轻视，但依然让我感到非常有意义。在校友联合会，甚至曾经在学校任教的老师，也总是被认为不是真正的芝罘校友，因为他们认为，没有在学校真正做过学生，对母校的感受就会不一样。在 1913 年，我发现在芝罘校友联合会的荣誉成员名单中，出现了弗兰克·麦卡锡先生和他夫人的名字，毕竟麦卡锡在芝罘学校已经担任了 18 年的校长。

1911 年是一个非常让人焦灼的年份。首先在这年，烟台爆发了肺鼠疫；其次，因为爆发了辛亥革命，结束了清王朝的统治，建立了中华民国，很多事情变得不确定而滋生恐惧。在年初的 1 月 20 日，麦卡锡先生听到外国人居住区的一位医生讲，肺鼠疫已经在东北蔓延，并已经传染到烟台，因为学校当时正在放假，他建议麦卡锡校长，还在外地没有返校的学生暂时不要回到烟台。但在当时，很多学生已经在上海集结，遂即通知他们就留在了上海。但其中的 27 个预备学校的小学生从上海出发，由涂丁格（Trudinger）小姐和昂文（Unwin）小姐带领，前往镇江接受教育。其他学生则在上海的中国内地会基地内，在海沃德（Hayward）夫人和哈罗德·李先生的带领下开始上课。这并不是最后一次由上海的中国内地会总部工作人员来担当教育芝罘学校学生们的职责，他们对这项工作投入了巨大的耐心和关注。

这时，在烟台的芝罘学校，40 个预备学校的小学生从他们的学校搬出，被集中安置在男校，整个校园也变成了一个预防瘟疫的堡垒，任何人不允许出入。除去一扇大门，其余所有的大门全部上锁。仅仅有三个学校的服务人员包括 1 名邮差可以出入，这也意味着，只有那些心甘情愿被限制在校园内的服务人员，才留了下来。这对他们来说是太困难了，因为马上就是中国的春节，这个时候每个人都盼着能回家看看。但是，正是因为有了这些举措，芝罘学校被认为是在整个烟台地区防疫工作做得最好的地方。“我们尽了最大的努力，只要我们的服务人员能够听从命令，芝罘学校的师生应该是相对安全的。”

在烟台，这场瘟疫造成 357 人死亡，包括两名罗马天主教护士，她们是被传染了肺鼠疫。到这年的 3 月 17 日，烟台和东北的死亡率终于开始大幅下降，到了 3 月 23 日，在焦急中等待了六周之后，麦卡锡先生电报通知所有的芝罘学校学生，可以返回芝罘学校了。

即使发生了如此大的干扰，所有在当年夏天参加牛津联考的学生，都通过了考试，其中 10 人的成绩还获得了优秀。

1921 年，在烟台地区也爆发了一次与此近似的瘟疫，但是这次只持续了十天，有报告称，这次在烟台地区也导致了 30 人死亡。一个位于芝罘岛和崆峒岛（灯塔岛）之间最大的岛屿，我们称之为肯塔基（Kentucky）岛，就被用来作为瘟疫传染者的隔离区。

◎ 1914 年，男校师生合影，第三排左数第六为麦卡锡校长

1911 年发生的第二件惊天大事，就是爆发了辛亥革命，这场革命对中国社会的影响是巨大而深远的。革命最初是在 10 月爆发于武汉地区，此后，双十节，也就是 10 月 10

◎ 1916 年，麦卡锡校长与男校优秀毕业生合影

日这一天，成为中国的一个节日。在中国的其他地方，实际上也没有发生什么大的战斗，皇帝被罢黜，中华民国建立，开始是孙逸仙，然后是袁世凯，相继成为大总统，只是发生了不大的一些骚乱。

中华民国的建立，开始时被西方教会寄予厚望。因为孙逸仙是一位基督徒，在新政府中有近一半掌握权力的官员也是基督徒。在汉口，革命者所发布的第一份宣言就是宣布宗教自由。革命之后成立的新政府，也的确在发布的宣言中说：

> 国会开会时需要祷告，为新成立的政府、新选举的总统和新制定的共和国宪法祝福，政府应该被授权施政，要保持国家和平，要有良好道德的人选进政府，政府应该建立在坚定的基础之上。收到这个电报，要通知各自省的基督教教堂，将 4 月 27 日安排为国家祈祷日。让大家都参加。

但是中国的问题是复杂的，不久国家陷入分裂，军阀们为了自己的私利开始争斗。这种局面，直到 30 年代早期，在蒋介石的强力征服之后，国家才呈现出统一的局面。

受到了全国政治形势的影响，烟台在这一时期也陷于混乱。在 1912 年，芝罘学校所雇佣的中国校工开始罢工，只有男校校工的负责人老常除外，这要求他要有一定的勇气。

在那些年里，芝罘学校最杰出的体育健将是伊万（R. Evans），他曾经创造了几项体育记录，其中一些记录保持了 25 年才被打破。1912 年，烟台港在港口入口处建造了一座挡浪坝，这使得烟台港的设施进一步完备。在芝罘学校还打了一口深水井，以确保学校能够有充足干净的用水。

在麦卡锡先生担任校长的那段时间里，在男校发生了多起体罚学生的事件。即使麦卡锡自己的孩子违反了纪律，也一样遭到体罚。在 20 世纪 20 年代，很多人还记得乔治·安德鲁（Deorge Andrew）经常手里拿着教鞭，准备随时处罚那些违反纪律的孩子。到了我来学校任教的时候，体罚现象就很少了，虽然我不能确定，我的同事们是如何来对待那些在教室里发生的“犯罪行为”的。

我记得在我到芝罘学校任教的第一个学期，有一次我发现有两个高年级的学生在熄灯命令之后离开自己的床铺，跑到阁楼去玩耍。因此我用教鞭把每个人抽打了一教鞭，然后命令他们上床睡觉，他们当时都只是穿着夏天的睡衣。我用这种手段来惩罚学生，是因为我当时太年轻，缺乏智慧和方法。从此之后，我再没有抽打过任何人。我听到在学校有一个传闻，在学校创立的初期，有一位老师，他习惯性地体罚学生，甚至对每次吃饭或参加活动时最晚到达的三个学生，都要用教鞭抽打以示惩罚。据说他曾经召集学生们列队，问他们：“你们中有多少曾经受到过我的抽打？”学生们举起的手就像树林一样。他又问：“没有受到过我抽打的把手举起来。”只有一只手举了起来，这是一个新来的学生。“没关系”，他对这个新到的学生说：“今天晚上之前我就给你补上。”我不能想象，当芝罘学校在江西牯岭办学的时代，当时的学生能够想象出芝罘学校早期是这样残酷。

在 20 世纪的二三十年代，每一个学生都有一张卡片，由老师记录该学生曾经违反纪律的不良行为。每学期中每隔 4 周的那个星期六是一个大假期，学生全天放假，但是那些“犯罪分子”例外。“犯罪分子”就是指那些违反纪律达到一定程度的学生。这些学生必须留在他们的课桌前继续学习，而其他孩子则可以在校园尽情玩耍。我不记得什么时候这一规定被正式撤销，

◎ 学生们在周围山上郊游（1916）

◎ 孩子们在山顶的古塔处玩耍

◎ 学生们爬到山顶合影

但到40年代，这样的处罚就很少使用了。在这些规定的假日里，特别在冬天，是一个去周围的小山爬山散步的很好的季节；而在夏天，则是沿着海岸划船。烟台的最高点，位于城市南部，我们称之为“小尖顶”。在那里，有一个寺庙，里面的道士是一个认真的花匠。我记得，寺庙的院子里摆满了盆栽的倒挂金钟。在寺庙大门口的上方，镌刻有几个汉字，意思非常神秘：“必有我师。”我曾经询问过这句话的意思，道格拉斯·罗伯特森（Douglas Robertson），他在1934年曾设计建造了芝罘学校的新教学楼，他告诉我：“孔子曾经说过：当我和两个人一起走路，其中必有一个人可以给我指导。从好人身上，我学习如何去做；从坏人身上，我学习如何去避免做。”[①] 在寺庙的大殿里，有三尊塑像，分别是老子、孔子和佛陀。当这三尊塑像在一起的时候，其中一定有一个是任何一个中国人的老师。在那些规定的假日里，我们经常来“小尖顶”游玩。

在20世纪20年代，乔治·安德鲁是学校的一位老师，他曾经也是从芝罘学校毕业的。1929年，他被中国华洋义赈救灾总会（International

① 以上是英文原作的直译。这句话出自《论语·述而》，原文是：“三人行，必有我师焉。择其善者而从之，其不善者而改之。”意思是：三个人同行，其中必定有我的老师。我选择他善的方面向他学习，看到他不善的方面就对照自己改正。

Famine Relief Commission）[①] 派遣前往甘肃，监督那里的赈灾工作。在那里，他有责任和权力使用和分发超过 50 万美元的资金。后来他又被派往西安，当时那里的干旱和蝗虫使得灾害异常严重。据说，就赈灾工作，安德鲁先生所得到的信任和感激在整个中国无人能和他相比。他所采取的方式，是监督成百上千的中国劳工开展工赈活动，从社会作用上来讲，当然比给芝罘学校低年级的孩子们讲授英国文学要有意义得多。在 1929 年的甘肃地区，依然还没有从 1921 年所发生的地震中完全恢复，安德鲁先生将那场地震称之为“有史料记载以来，最严重的一次地震”。

在安德鲁先生完成这项伟大工作回来的时候，他给芝罘学校师生做了一场报告，介绍了这场灾荒的严重程度，以及中国华洋义赈救灾总会力尽所能开展的赈灾工作。他在报告会最后所讲的那句让人心酸的话，长久让人不能忘怀：“请给我吃一顿你们每天都在吃的面包。”

在后来的战争时期，安德鲁先生在重庆的英国大使馆服务，战后，在马来西亚的教育管理部门任职。

宗教教育也是学校的教学内容之一，这方面的内容体现在很多方面。早晨的祷告是由校长带领的，晚上的祷告则由每天的值班老师带领。每个星期天有两场仪式：一场在教堂举行，通常是在圣安德鲁教堂或外国人居住区烟台山的联合教堂；另一场在学校举行，在 1924 年之前，是在男校的大教室，之后就改在了学校新建的纪念堂（Memorial Hall）。在星期天的下午，男女学生们就都分别安排去他们的老师家中，这样无疑各自的活动就各式各样了。在很多年里，斯图基（H. Stooke）先生所组织的“星期天教室”活动给人们留下了深刻的印象。但是大约在 1918 年前后，在男学生们中间，自发地形成了一个组织，称之为“高年级基督教《圣经》班”。我们很容易就看出这个组织背后的目的，这就是那些坚持基督徒标准的孩子们希望在学习《圣经》时，能从不同的方面得到其他孩子的交流指导。这个学习

① 中国华洋义赈救灾总会，简称“华洋义赈会”，是民国时期专门赈济中国天灾的最大的民间性国际赈灾机构，成立于1921年，解散于1949年。该会是由美国传教士主导，中外人士联合组成的以在中国开展慈善事业、从事赈灾、倡导并推动农村各项合作事业及社会公共事务为主要工作的社会团体。20世纪前期，该会最早提出“防灾重于救灾”的理论，最早把西方互助合作思想与中国农村的实际相结合，开创了中国历史上在广大农村地区进行大规模合作实践之先河，对中国防灾理论与合作事业的发展产生过重大而深远的影响。

◎ 外国人居住区的联合教堂

班存在了很长时间，后来被学校的老师取消。因为逐渐在学生中出现了一种倾向，那就是在那些高年级学生中，如果有谁没有参加这个学习班，他就被认为是没有希望和前途，更不能成为优秀的人。这个学习班的取消，被认为是学校老师思想解放的一个标志。

学生们除了接受学校老师的指导，偶然举办的儿童特殊服务机构（CSSM）的活动[①]，也让他们受益良多。在我还是个孩子在伦敦生活的时候，我就经常参加他们组织的活动。有好几年，我都参加了由儿童特殊服务机构所组织的夏令营。正是因为这些经历，让我学到了许多如何给孩子们讲授《圣经》等诸如此类的知识。我还曾是夏令营的报纸《帐篷和帐篷桩电讯报》（*Tent and Tentpeg Teegraph*）的编辑和主要作者。在1989年，我高兴

◎ 孩子们的漫画：踢足球、打篮球

① 儿童特殊服务机构（CSSM，Children's Special Service Mission），这是1867年创办于英国伦敦的一个宗教机构，其目的主要是在课余时间，为孩子们组织《圣经》学习班，灌输基督教思想，所谓："以致他们能建立个人对基督耶稣的信心，在言语和行为上愿意委身于基督，无论在教会或社会上都能活出有生命见识的人。"近似于一些周日学校（Sundav School）。后来改名为国际读经会（Scripture Union），目前在全球近150个国家和地区有分支机构。

◎ 冬天的比赛项目：1930—1931 年的学校 11 人足球队

地得知《帐篷和帐篷桩电讯报》每年依然在出版。当我在牛津大学读书的时候，我就领导了好几个这样的组织，在我来到芝罘学校之后，在学校老师中依然建立了这样的组织。自从 19 世纪 80 年代以来，芝罘学校的学生们就已经养成了每天阅读《圣经》的习惯，基本就是采取国际读经会(Scripture Union）那样的方式。因此，在芝罘学校设立这样的读经班组织并不是一件困难的事情，一般采取的方式，都是在沙滩上组织这样的自愿活动，设置一个讲坛，树立一面儿童特殊服务机构（CSSM）的旗帜作为标志。老师和孩子们就在这里坐在一起，讨论学习《圣经》的感想，交流思想和体会。组织和安排儿童特殊服务机构的这些活动的，都是临时的志愿者，而不是学校指定的教师，校外的志愿服务活动也都不是强制任务，而是自愿的自发行动。

中国内地会的清教教会传统，意味着对戏剧表演的不屑一顾，但并不加以禁止。我总是很喜欢演戏，并且认为表演对教育有很好的辅助作用。因此我也经常用英语或拉丁语写一些小剧本，并且指导学生在舞台上演出。我自认为我所创排的剧目，在学校每年 7 月份的演出季展演中是最精致和受到欢迎的，比之前的表演都要好。我记得在那时，还经常表演一些经典剧目的章节，比如《科利奥兰纳斯》①《暴风雨》②《威尼斯商人》③等。我坚持认为，如果莎士比亚的这些经典剧目不能在舞台上表演，我们就无法真正让学生们了解莎士比亚，并且看剧目是一种更简单的方法。

在1928年，斯坦利·霍顿（Stanley Houghton）和爱娃·麦卡锡（Eva Macarthy）开始编辑出版《芝罘人》（*The Chefusian*）杂志，这本杂志在芝罘学校编辑，也就在烟台印刷，最初是一年三期，后来固定为一年二期。斯坦利·霍顿先生就是第一任编辑，这本杂志一直连续出版，直到1942年我们被驱赶至集中营才中断。这本杂志对芝罘学校的校园文化生活，是一个重要的补充，我不知道现在是否还可以在哪里找到一套完整的杂志。第一期杂志的封面设计，表现的是芝罘岛和作为外国人居住区的烟台山，这是伊内兹·法尔小姐的大作。

《芝罘人》杂志并不是芝罘学校出版的第一本杂志，早在1887年，学生们就编辑了一本称为《黑暗之光》（*Lux in Tenebris*）的杂志，但是它没有持续很长时间。在20世纪20年代，也短期出现过一本杂志《磁石》（*The Magnet*）。

那时候，每个学年有四个学期，每个学期的开始，分别是2月1日，4月22日（大概时间）、8月1日和10月1日。

在那些年里，烟台中国内地会的疗养院规模也逐渐扩大，修建了一些漂亮的新建筑，还修建了一个专门为芝罘学校服务的医院以及医生的住房。这些房子不但外观漂亮，内部设计也非常舒适科学。它们是用当地所产的

① 《科利奥兰纳斯》（*Coriolanus*）是莎士比亚晚年撰写的一部罗马历史悲剧，讲述了罗马共和国的英雄马歇斯（被称为科利奥兰纳斯），因性格多疑、脾气暴躁，得罪了公众而被逐出罗马的悲剧。作者以英雄与群众的关系为主线，揭示出人性的弱点。

② 《暴风雨》（*The Tempest*）是莎士比亚的另一部悲喜剧，最早出现在1610—1611年之间，也被认为是莎士比亚最后一部独自完成的戏剧，其悲喜剧的性质，被称为“传奇剧”。讲述了米兰公爵普洛斯彼罗由于闭门读书不理国事而被弟弟篡权，和女儿一起被放逐海上。因得到好心人的帮助，他们侥幸存活，流落到一座荒岛。普洛斯彼罗依靠书中学到的强大魔法，解救了岛上受苦的精灵，并借助精灵的力量呼风唤雨，引仇人前来，令他们悔悟、认错。最后，普洛斯彼罗以博大的胸怀宽恕了仇敌，还为女儿找到了意中人，大家离开海岛回归米兰。

③ 《威尼斯商人》（*The Merchant of Venic*）是莎士比亚早期的重要作品，是一部具有极大讽刺性的喜剧，大约作于1596—1597年。剧本的主题是歌颂仁爱、友谊和爱情，同时也反映了资本主义早期商业资产阶级与高利贷者之间的矛盾，表现了作者对资产阶级社会中金钱、法律和宗教等问题的人文主义思想。这部剧作的一个重要文学成就，就是塑造了夏洛克这一唯利是图、冷酷无情的高利贷者的典型形象。

◎ 中国内地会疗养院

◎ 芝罘学校纪念堂（外部）

◎ 芝罘学校纪念堂（内部）

一种砖红色的石块建造，有些石块裸露在外，但大部分建筑的外墙则是用石灰抹平或者用拉毛粉饰。我无法全部知道是谁设计和建造了那些1915年竣工的建筑，但是在1924年竣工的纪念堂，则是工程师道格拉斯·罗伯特森设计建造的。同时，罗伯特森先生还是中国内地会上海总部新大楼的设计师，当时中国内地会的上海总部从虹口（Hongkew）搬迁到新闸路（Sinza Road）。当芝罘学校扩大规模，将男校、女校和预备学校整合为一体的时候，罗伯特森先生也为学校设计了一些新的建筑。这些建筑最明显的标志就是没有那么多的繁杂装饰，而是线条简洁流畅，外观朴素大方，非常吻合建筑本身的功能。能够体现这些特点最具代表性的建筑，就是学校的纪念堂，这座纪念堂是学校非常需要的，同时也是此后使用效率最高的建筑。

在1924年之前，芝罘学校的星期天祈祷仪式和音乐会、讲座等大型活动都是在男校的大教室中举行，我们现在几乎都不能想象，在这样一个有限空间中，为了保持整个活动的整齐和有序，每次活动前都要做大量的布置工作，因为每次仅仅是必须到场的学生就有 100 多人，还要为受邀前来的客人准备位置，这个地方实在是太小了。

在 1907—1922 年间，在学校任教的阿瑟·泰勒（Arthur Taylor）先生，开始有一个为学校建造一座礼堂的想法，这一想法，源自在一战之后每个星期天学校所举行的祈祷仪式。在这个仪式上，都要悼念由于第一次世界大战而去世的那些芝罘学校校友，为了祈祷，阿瑟·泰勒先生就试图修建一座建筑。于是，阿瑟·泰勒先生以他个人的能力，开始从一些芝罘校友和芝罘学校的朋友那里募集建设资金。终于，在 1924 年 4 月 4 日，一座为了纪念 34 名在第一次世界大战中去世的芝罘学校校友而建设的礼堂竣工投入使用，这座礼堂就被命名为纪念堂（Memorial Hall）。这座纪念堂可宽松设置 400 个座位，在每年演出季的时候，除了布置舞台之外，最大还可以容纳 500 人来观看演出。祝康宁（Frederick Judd）医生，也是芝罘学校最早的 3 名学生之一，后来成为学校的校医，一段时间还担任过学校的校长，就是这次纪念堂启用仪式的主席。

在第一次世界大战时期，有超过 200 名芝罘学校的男女校友参战服务，其中牺牲 34 人；有多人获得各种表彰，其中有 7 人荣获军功十字勋章，3 人获得军功勋章，3 人获得法国军功十字勋章，2 人在战报中得到表扬，2 人获得杰出服务勋章，1 人获得大英帝国勋章。在 1916 年，当时的英国国王乔治五世还曾为此专门致信给芝罘学校，表达对芝罘学校爱国举动的褒奖。

在 1929 年的演出季活动中，非常特别的是，举行了一个异乎寻常但非常重要的仪式，那就是由英国皇家溺水者营救会（Royal Humane Society）授予芝罘学校男校教师爱德华兹（Edwards）先生荣誉证书，以表彰他在营救溺水者工作中的优异成绩。爱德华兹先生曾经有一次乘坐一艘名为“协同丸 21”的轮船从大连返回烟台时，忽然听到一声惊呼：“有人落水了！”轮船于是逐渐停了下来，往回开去寻找落水者。这时可以看到一名男子的头在水中，爱德华兹先生毫不犹豫跳入水中，向处于危险中的落水者游去。就在同时，从轮船上也放下一条小艇前去救援，就在落水者已经失去意识、爱德华兹先生也精疲力竭之时，两人都被安全救上小艇，送到轮船甲板。通过人工呼吸，那位不小心落水者终于平安脱险，恢复了呼吸。

英国皇家溺水者营救会的褒奖证书是由英国女王陛下的代表、烟台的英国领事布理嘉（R. S. Pratt）先生，以及英国皇家海军泰坦尼安舰（*Titania*）舰长洛哈特（Lockhart）先生一起颁授的。洛哈特舰长的祖母就是雒魏林（William Lockhart）医生的妻子①，而雒魏林医生则是第一个来到中国服务的传教士医生，也是戴德生先生的好友之一。现在在上海有一座横跨苏州河的桥，习惯就称之为"圣凯瑟琳桥"（St. Catherine's Bridge），就是为了纪念她而命名的，她受到很多人的爱戴，被称之为"圣者"。

证书中的褒奖内容是这样的：

1929 年 4 月 16 日，英国皇家溺水者营救会在协会办公室，英国伦敦特拉法尔加广场（Trafalgar Square）4 号召开理事会议②。

詹姆士·布莱克伍德（James H. Blackwood）先生出席并主持。

理事会议一致同意，授予西里尔·爱德华兹（Cyril G. Edwards）先生英国皇家溺水者营救会荣誉褒奖证书，以此表彰他在 1928 年 7 月 29 日，在中国烟台外海，营救了一位生命处于危险境地的日本人，因为他的努力，一条生命得以挽救。

签字：

会长：爱德华（P. Edward）

主席：詹姆士·布莱克伍德

秘书：克劳顿（F. A. C. Claughton）

证书中的"会长爱德华"，就是当时的威尔士亲王，也就是后来的英

① 雒魏林（1811—1896），基督教英国伦敦会传教士，是历史上第一个将新教传入北京的西方传教士。1843年12月，雒魏林抵达上海，以行医治病方式开始传教工作，擅长眼科治疗。1844年在上海老城南门外开设上海第一家西式医院——中国医馆（今上海仁济医院前身）。1848年3月8日，他与麦都思、慕维廉等三人违反规定到青浦传教，并碰撞了一名围观的船夫，而酿成"青浦教案"。1860年，英国在北京设立公使馆，雒魏林前去担任使馆医生，并在英国使馆旁边设立了一个诊所，以方便接触中国人，被认为这就是北京协和医院的前身。1863年，伦敦会派艾约瑟（Joseph Edkins，1823—1905）来到北京和雒魏林一起负责北京工作，同年在西城设立传教机构，这就是缸瓦市教会的起源，是北京现存最早的基督教会。1863年后，雒魏返回英国后，著有《在华行医传教二十年》等著作。

② 特拉法尔加广场，是为纪念著名的特拉法尔加港海战而修建的广场，坐落于伦敦市中心，距离伦敦城、王宫、闹市区、白厅大街都不远，是英国伦敦最著名的一个广场，也是英国人举行政治集会和示威游行的主要地方。

国国王爱德华八世[1]。

1922年，科林·马绍尔（Colin Marshall）获得了香港大学入学考试的第一名，他最早就是从芝罘学校男校毕业的，然后又去上海继续深造。同时，他还获得了和平纪念奖学金，可以支持他前往牛津大学完成三年的学习。非常荣幸的是，科林·马绍尔后来还成为我的校友，也进入牛津大学圣约翰学院学习，同时，我们一起成为学院八人单桨赛艇队的队友，并一起在1926年的夏季赛季八人赛艇比赛中取得了不俗的成绩。

在20世纪20年代，中国的中央政府非常懦弱，各地的军阀才是实际的统治者。由军队的将军们控制着地方税收，尽最大努力去扩充自己的地盘以增加收入。有一些军阀还能保持地方的平静，比如阎锡山，作为“模范统治者”控制了山西很多年，还有一位信奉基督教的将军冯玉祥，有一段时间，他控制的部队鼓励商业贸易，并允许在自己管辖的地方自由通行。但是对于大部分军阀及其军队，都是令人恐惧和憎恨的。在1929年，烟台就受到地方军阀刘珍年和张宗昌之间战争的殃及。张宗昌是一个非常魁梧粗陋的人，有一个绰号“四不知将军”，意思是他不知道四件事，因为据说，他不知道自己有多少钱，不知道自己有多少军队，不知道自己有多少妻子，不知道自己有多少孩子。

这两个军阀的混战区域，包括烟台、宁海（今烟台牟平区）和福山（今烟台福山区），我记得刘珍年号称追随中央政府，他的部队服装颜色是蓝色的。因此，当刘珍年的部队取得胜利，占领烟台之后，就要求烟台街头两边的墙上刷上蓝色。但是当张宗昌的队伍占据了上风，占领烟台后，又要求将那些蓝色除去。这种情况像波浪一样，来来回回反复三次。有一次，理查德森（Richardson）先生的一个孩子从外面捡了一个被遗弃的手榴弹玩，结果发生爆炸，导致了他的死亡。最后，张宗昌被打败，刘珍年成为胜利者，并统治烟台达两年时间。

就在这一时期，蒋介石逐渐掌握了对中国的控制权，其手段是更多通过谈判和妥协，辅之以武力征服，之后，他逐渐取代了那些大大小小的军阀，

---

① 爱德华八世（1894—1972），即温莎公爵，自1936年1月20日其父驾崩至1936年12月11日主动让位，他当了不到一年的英国国王。爱德华八世是唯一一个自愿退位的英国君主。二战期间，他作为英国军事代表常驻法国，在被指控为同情纳粹后，到巴哈马担任总督，战后，退休度过余生。

统一了中国。我们听说有命令要将刘珍年的部队从烟台调走，当时人们非常害怕和紧张，因为在通常情况下，撤离的军队往往会乘乱打劫。在芝罘学校，也特意安排了一名英国皇家海军的军人做警卫，他随时和停泊在港湾的英国皇家海军轻型巡洋舰萨福克号（HMS *Suffolk*）保持联络。芝罘学校师生则得到指令，如果有意外情况发生，所有人员就要前往港口避难。我们约定，如果烟台山的外国人居住区响起汽笛声，大家就要出发，所有的学生们都做好准备，将必要的换洗衣物装在一个大枕套里，随时准备出发。

这天我正好在男校值班，大约在下午 6 点钟，忽然传来一声巨大的爆炸声。爆炸声是从港口防波堤方向传来的，同时天空中还升起一大团橙色的烟尘，不时还传来几声较小的爆炸声。停留在港口的各种船只，这时都开始争先恐后往外面的海湾开，几乎所有船上的汽笛都在鸣响，这时所有的电话不是无法接通就是忙音。我们商量半天，最终还是决定不要带着我们的学生去港口，因为那儿好像就是混乱中心。

过了一会儿，有消息传来，原来是码头边的一个军火库不知因为什么原因发生爆炸，但至少不是故意预谋。我依然记得那个晚上，当安顿好学生们上床休息后，我凝望着海湾，死一样寂静的大海上，漂浮着拥挤的舢板，正值满月，明亮的月光洒在海面和那些舢板上，泛着银色的光芒，在西边，橙色的烟尘还没有完全散去，映衬着海面的舢板呈现出金黄的颜色。

芝罘学校麦卡锡校长时代的结束正值其时。在 1930 年 8 月 19 日的《北华捷报》（*North China Herald*）上[①]，刊登了一篇文章，内容如下：

---

①《北华捷报》是上海第一家英文报刊，是由英国商人亨利·奚安门（Henry Shearman）于1850年8月3日在上海英租界创办的周刊，逢周六出版，每期对开一张4版。自1859年起，《北华捷报》被英国驻沪领事馆指定为公署文告发布机关，得到上海工部局的资助和优先刊载工部局文告和付费广告的特权，因而在一定程度上也反映英国政府的观点，被视为“英国官报”（Official British Organ）。1856年后，北华捷报馆开始增出英文广告日刊《每日航运新闻》（*Daily Shipping News*），后更名为《每日航运与商业新闻》（*Daily Shipping News and Commerecial News*，一译《航务商业日报》）。1864年7月1日，北华捷报馆将《每日航运与商业新闻》改为综合性日报独立出版。这时，该报馆组织改组为字林洋行，因而当时的中国人也将这份“*North China Daily News*”的英文日报译作“字林西报”。《字林西报》因其报道面广、信息及时、内容丰富而受到中外人士的重视，社会影响日渐增强，该报1951年3月终刊，是上海出版时间最长、影响最大的英文报纸，也是近代中国历史最长、影响最大的英文报纸。《字林西报》创刊后，《北华捷报》反而成为《字林西报》的星期附刊继续出版，其地位与影响力日益下降，1867年4月8日后增加商情并易名为《北华捷报与市场报道》（*North China Herald and Market Report*），一直出版到1941年12月停刊。

在服务芝罘学校的35年期间，麦卡锡夫妇赢得了来自方方面面的深深爱戴和尊敬。在芝罘学校的孩子们心中，有幸得到麦卡锡夫妇的教导，是他们心中永不磨灭的记忆，作为一所拥有良好声誉学校的领导者，麦卡锡夫妇在中国也将被人们长久记忆。

在烟台，雷金纳德·哈里斯（Reginald Harris）先生，作为芝罘学校的副校长，主持了对麦卡锡校长的欢送会。时任英国驻烟台领事的布理嘉先生，在欢送会上发表了一个感人的致辞。他承认，在他初到烟台时，对芝罘学校是带有偏见的，但随着之后他对学校的逐渐了解，改变了他的偏见，他发现，芝罘学校就是和在英国本土的一流学校相比较，也可以说毫不逊色。接着，他宣读了一封来自北京的英国公使蓝浦生爵士（Sir Miles Lampson）的贺信，其中写道：

特别对于那些在中国生活的英国父母们来说（这样的家庭在中国并不是少数），来评价芝罘学校所发挥的卓越作用并不是一件非常容易的事，这些父母们负担不起送他们的孩子回英国接受教育而必须付出的各种代价……因此在这里，我衷心祝愿麦卡锡先生退休之后，能好好享受他该得的快乐，祝贺他在工作期间所取得的成绩，我可以想象到，他为此付出了艰苦的努力，能在一所学校保持如此良好的英国教育传统，的确不是一件容易的工作。对他35年来作为芝罘学校校长，在学校中所营造出的这种传统和氛围，表示我由衷的敬意。

就这样，麦卡锡夫妇卸下了领导芝罘学校的重担，将这份责任传递给了布鲁斯夫妇。

◎ 1930年，弗兰克·麦卡锡先生欢迎布鲁斯先生来到学校

第六章　学校的船

学校的船，给了我们非常多的快乐。这些船不但要求结实，同时还必须适合于海上航行。我真希望自己能够知道，学校的那些给了我们那么多快乐的船是在什么地方、怎样制造出来的。

芝罘学校有三条大船，分别命名为“黛芬妮”号（*Daphne*）[①]、“赫克托”号（*Hector*）[②]、“尼普顿”号（*Neptune*）[③]，它们都是四桨船，船体有隔层，有近 20 英尺长。因此在每条船上，除了乘客，还必须得有四名桨手和一名舵手。这几条船的样子就像弓一样，船首和船尾高高翘离水面，四名桨手坐在船的中间，相比较这个位置离水面最近，这样更助于桨手方便划船。那些桨手都是善于航海的老手，虽然坐在离水面最近的地方，但那些波浪绝对不会让他们感觉恐惧。在我到芝罘学校任教的时候，那是 20 世纪 30 年代，“黛芬妮”号开始显得有些苍老了。如果要举行比赛，我们一般使用另外两条新船“英雄”号（*Hero*）和“领导者”号（*Leader*）。这两条新船是 1915 年由曼川（Manchan）先生送给学校的，曼川先生当时服务于在上海设立的江南机器制造总局（Kiangnan Arsenal）[④]，他的妻子珍妮·韦尔（Jeanie Weir），就是芝罘学校的毕业生。这两条船要比学校最早的那三

① 希腊神话中化作月桂树的女神。

② 《荷马史诗·伊利亚特》中的一勇士。

③ 罗马神话中的海神。

④ 江南机器制造总局，简称“江南制造局”或“江南制造总局”，又称作“上海机器局”，成立于1865年，由曾国藩、李鸿章亲自规划建设，是清朝洋务运动中成立的军事生产机构，为晚清中国最重要的军工厂，也是清政府洋务派开设的规模最大的近代军事企业，是现在江南造船厂的前身。江南机器制造总局开办之后不断扩充，先后建有十几个分厂，雇用工兵2800人，能够制造枪炮、弹药、轮船、机器，还设有翻译馆、广方言馆等文化教育机构。它的出现及后来的崛起，开创了我国近代化军事及民族工业甚至诸项文化事业之先河。

条船轻许多，但设计水平一般。这两条新船的横截面几乎就是明显的V字形，但学校原先的那三条大船，横截面则是底部更宽大、吃水更浅的U字形。同时，因为这两条新船的船舷离水面更高，这样桨手在划桨时，持桨的双手位置就要高过自己的腰部，相比较来说就要吃力很多。

除了这五条须配备四支桨的船，芝罘学校还有一些轻便的小艇，这些小艇非常实用，特别当学生们在海中练习游泳时，负责指导和保证安全的老师就是划着这样的小艇，灵活地在学生们周围巡视。我们分别给这些小艇起了这些名字："三叶草"号、"蓟花"号（一种苏格兰的国花）、"多里"号（*Dorrie*）和"卡姆"号（*Cam*），后来我们又有了"海豚"号、"卡斯托耳"号（*Castor*）和"波鲁克斯"号（*Pollux*）[①]。每年，这些小艇都要被重新刷漆，如果必要，还要请城里的木匠来做一些维修。这位木匠师傅后来还专门为我们制作了木偶剧《潘趣与朱迪》的道具，做这些道具他没有收取一分钱，他说这都是为了孩子们能更加快乐。

我一直非常重视视觉感受，因

◎ 罗斯小姐和马丁先生为学校的新船"海豚"号进行命名仪式

◎ 学校的老校工陈清义

① 卡斯托耳和波鲁克斯，古希腊罗马神话中的孪生神灵，两人合体又称狄俄斯库里（Dioscuri）。他们援救遇难船员，受人们祭献牺牲而赐予顺风。他们的母亲是勒达，父亲是众神之王宙斯。后来宙斯把他们置于天空，成为双子星座。

此我特别邀请这位木匠师傅为我们的船刻上了各自的标志，在“波鲁克斯”号上雕刻了一个拳击手，在“卡斯托耳”号上雕刻了一个骑马的人，而芝罘学校的吉祥物，就是那条鲛鱼的图案则刻在了“海豚”号上。这样，对于学校的老校工陈清义来说就容易多了，我们这些船名的发音对他来讲，实在是太困难了，但是如果用这些雕刻在船身上的图案来区别这些船，他就会很容易理解。比如“刻有骑马人的那条船”，或者“刻有一条鱼的那条船”等等。

陈清义在芝罘学校服务了大约40年，在冬天，他的任务是照看教室里的燃煤火炉；在夏天，他和其他校工一起，要将那些船从存放的仓库抬到海里。每年在赛艇比赛的季节，他会因此受到额外的奖励，一般都是用一张很有喜气的红纸包上两块银元。在20世纪30年代，他曾提出一个要求，希望受洗成为一个坚定的基督徒。这对我来说是一件非常高兴的事，自己很有一种成就感。但在学校被日本侵略者监禁之后，就和他失去了联系，也不知道他最后怎么样了。我衷心地祝愿，在为学校服务那么多年后，他能有足够的积蓄，在他祖祖辈辈居住的小山村安度晚年。

芝罘学校的许多学生都有属于自己的帆布划艇，这样的划艇大部分都是孩子们自己动手制作的。

内维尔·顿卡（J. N. Duncan）先生有一个较大的帆船，命名为“法螺”号（Triton），我也买了一条二手的帆船，用希腊神话中海神涅柔斯（Nereus）的女儿西蒂斯（Thetis）的名字来命名它，这是一艘8英尺长的小艇，在船底的中心位置有一个铁质的垂直升降板。这艘小艇的设计并不是很好，但依然给我带来许多快乐。在学校的新教学楼里，在我给学生们上课的时候，就可以向外眺望大海，并且在心中盘算：“今天下午的天气状况可能不错，应该适宜于去海里玩帆船。”在1937年的新年那天，阳光灿烂，海面没有波浪，只有南风缓缓吹过。于是我悄悄把“西蒂斯”号推到海里，怕受到别人的劝阻，都没有招呼校工来给我帮忙。那次我玩得非常开心，更主要的原因是，在这个季节，根本就不是玩帆船的时候。

我还从学校一名走读学生的父亲那里，买了一条二手的单人双桨赛艇，还带有专用的滑座。这条赛艇我一般只在海面非常平静的情况下才使用，因此使用的次数并不是很多。

在1942年，我们的那些船大多都被日本人没收，看着他们使用那些船，我们心里真是非常难受。万幸的是他们给我们留下了两条船，这样，至少当学生们在练习游泳时，学校还有船来照看他们。

◎ 赛艇在比赛地点集结

我记得在某个夏日，也许是1940年，当我们的船都放在沙滩上，准备下海使用时，传来一个消息，据说有一个仇视外国人的组织正在集合，准备要来烧毁我们的船和存放船的库房。我感到非常紧张，但是陈清义不相信这个传言，劝说我不要太紧张。实践证明他是对的，并没有那样可怕的事情发生。

◎ 赛艇比赛（1）

在每年赛艇比赛正式开始之前的一段时间，要先选出第一批选手，然后再选出第二批选手，以这为标志，意味着赛艇比赛开始进入操作程序了。这时，我的工作也就开始了，我们要尽可能从所选出的每批选手中，各分出两组势均力敌的队伍，在男学生中选出两批四组，在女学生中也要选出两组。在分组的过程中，我们要使这一过程变得非常有趣，一组是“英雄”队，另一组是“领导者”队，通过这样的活动，也可以锻炼学生们的团体精神和顽强意志。

◎ 赛艇比赛（2）

赛艇对我而言，是芝罘学校一种特殊的和非常有意义的教育方式。在辽阔的大海上，会给人一种对未知的人生道路进行探索的欲望和冲动，

◎ 赛艇训练（1）

◎ 赛艇训练（2）

◎ 赛艇训练（3）

远离单调的教室和老师枯燥的讲授，面对风浪的自然力量，摆脱了平时对个人的束缚或者传统习惯的要求，要独立去处理大自然的挑战。这一方面给了我们充分的自由，但在另一方面，也对我们提出了更高的要求。更重要的是，赛艇是一项集体运动，甚至比足球比赛或者板球比赛对团队精神的要求更高。划桨时桨手之间相互协调，达成一致的步调和频率是非常重要的。只有所有的选手在共同目标指引下，保持高度步调一致，才能取得更好的成绩，这也是这项运动最迷人之处。

在下午的4点15分到5点30分之间，我要先带着两组男选手去训练，然后在男生们吃过晚饭后，我还要带着另外两组男选手去训练。有时候，在这两次的轮班训练之间，我还有幸被邀

◎ 赛艇训练（4）

◎ 赛艇训练（5）

◎ 1940 年，赛艇比赛结束后各队合影（1）

请指导两组女选手训练。因此在这些时候，对我来说，可以充分享受辽阔的大海和新鲜的空气。女选手的训练最初是由海宽厚（Marjory Broomhall）负责的，后来则由伊娜·露西娅（Ina Lucia）和玛撒·菲利普（Martha Philips）来负责。

每年 5 月和 6 月的天气非常多变，这两个月也是我们最主要的赛艇赛季。在这个季节，通常只刮南风，因为一般南风都是在离海岸较远的地方才生成，因而在近海不会形成波浪。当然偶尔也会刮一阵北风，但在这个季节，北风一般都不会很强劲。我总是感觉，我们学校的那三条大船，即"黛芬妮"号、"赫克托"号和"尼普顿"号，真是为我们作出了重大贡献，这当然取决于它们精巧的设计和安全的性能。用它们带着学生们去游玩，也是个不错的选择。我甚至想和它们一起去环游世界。

芝罘学校能建在海边，对我们来说这真是太幸运了。每年的 6 月 14 日，也就是学校建校纪念日的前一天，就是举行赛艇比赛的日子。在当天晚上，被选入 4 支队伍的 20 名男学生通常都会来我家，在我家阳台上，享用一顿专门为比赛准备的晚宴。我不记得我们是用什么招待他们的，但我记得晚餐后的甜点就是草莓。我妻子通常会制作两只经过冷冻的大蛋糕，样子就像两条小船，用红色装饰的就是"领导者"号，用蓝色装饰的就是"英雄"号，

◎ 1940 年，赛艇比赛结束后各队合影（2）

◎ 1940 年，赛艇比赛结束后各队合影（3）

每条船上分别放上四支筷子，用来表示船桨，每个孩子都要将自己在船上相对位置的蛋糕吃掉，当然还有舵手，一声令下，大家一起吃个干干净净。在晚饭之后，我们还会唱着小夜曲到女校去巡游，然后再到海边去游泳。虽然从理论上来说，作为教练，我应该回避这些活动。每当这时，平静的海面上，随着微波闪耀着迷人的磷光，真是太美了。

赛艇比赛是在持续六周的训练之后掀起的最高潮。在这六周中，选手们每天都要参加训练，逐渐选出最优秀的四名成员，有些人被选中，有些人被淘汰，整个过程扣人心弦，热血沸腾。当一个体重较轻的学生最初被选中担任舵手，跟随小组训练了好几周之后却被淘汰，而被另一个体重一样较轻、但更加灵巧的孩子顶替，这种失望将是刻骨铭心甚至异常愤怒的。

但是团队将很快调整好状态，其中作为领队的那名桨手，将被授予一个特别的标志以显示荣誉，这就是要戴上一顶帽子，这是一顶装饰有一圈粉红色花边的白色帽子，我相信，这一定被认为是最高奖赏，在学生们心目中有极高荣誉。授予这顶帽子的简短仪式是在存放赛艇的库房前举行的，往往是由一位优雅的学校女教师或者被邀请的学生家长来颁授，这一仪式在下午举行，也标志着赛艇比赛即将正式开始。在这之后，全部小组成员上船，并缓缓将赛艇划到比赛的起点。一般这时候，我就在比赛的起点线上，组织各赛艇队在起点线上做好准备。“方向正前方，准备好了吗？”接着就是一声发令枪响。比赛开始了！

经常在这时候，我坐在一艘摩托艇上，这是从瑞尔顿（Railtons）家或者茂记洋行借来的。因为只有这样，我才可以在起点监督他们出发后，赶快赶到终点等候他们，并监督证明是谁取得最后胜利。在岸上，围满了看热闹的观众，有些热心的观众还划着船近距离观战，紧随比赛选手呐喊助

◎ 1912 年，比赛中获得第一名的赛艇队合影

◎ 1920 年，比赛中获得第一名的赛艇队合影

威。我现在依然记得我来到学校后的第一次赛艇比赛，那是在 1929 年。海宽厚老师对我要求，要使用一条大船来监督比赛，她冲我喊：“我们要有严格的‘规矩’！”其中“规矩”一词，她是用中文喊出来的。这是我第一次听到这两个非常重要汉字的中文发音。在中文意思中，“规”的意思就是圆规，可以用来画圆圈的工具；“矩”是指木匠用来画直角的一种工具，这两个字合在一起就构成一个词，它的意思就是“一个既成的习惯”或者“一个正确的做事方法”。任何“规矩”都是带有神秘色彩的东西，不能被怀疑，不能被超越，更不能被改变。

◎ 1921 年，女校赛艇队合影

◎ 女校赛艇队在赛艇上合影

女生们的规矩就是那些没有参加赛艇训练的高年级女生们，在赛艇比赛的当天，只能由那些参加了赛艇训练的女生们陪着划船出海。就这样，不论是在岸上还是在海面上，到处都是情绪高涨、兴高采烈的观众。

在比赛顺序上，女生的赛艇比赛排在第二，最后就是高年级男生们的比赛。在我的记忆中，这一天总是会天公作美，晴朗的天空，灿烂的阳光，平静的海面。半英里的比赛距离差不多需要四五分钟来完成，当然，这一切都是在大批岸上或是海上坐在船上的观众瞪大眼睛的注视下完成的。因此，整个下午的比赛给整个学校以及前来观战的所有家长都带来了极大的快乐，大家乐此不疲，积极讨论。这些家长一般都选择夏天来烟台度假，这样也可以顺便看望自己的孩子。因为赛艇比赛的第二天，就是芝罘学校的建校纪念日，这样，每年学校建校纪念日的系列活动，也就在这样热烈、欢乐的气氛中开场了。

在夏季放假期间，这些船都要被存放在各自的库房里。赛艇比赛季节结束后，男学生们就要开始他们3英里的长距离游泳训练了。为了保证学生们的安全，每次都要有一条大船随行，船上的老师准备有专门的毯子，以及装在热水瓶中的热咖啡，每一个练习长泳的学生旁边还备有一条小艇，艇上也有人时刻保证他的安全，并为他提供帮助。每天早晨，都有学生在芝罘俱乐部旁边的海滩上，沿着海水浴场跑步锻炼。

在我的记忆中，我还做过一件让大家都不太满意的事，因为我质疑，学校组织的赛艇比赛距离，没有宣称的所谓半英里长。于是在此后的一个夏日，我认识了一个供职于烟台海关的英国人，他具体负责港口灯塔的管理以及中国海岸线的调查。于是我请他来测量比赛的海上实际距离，从一块作为起点的礁石向西半英里到底应该在哪里。他帮了我这个忙，事实证明，他所测出的半英里距离，要比习惯和传统上所认为的比赛终点长出许多。从此以后，学生们就跟着我，遵照实际的半英里距离开始锻炼。第一个在我的见证下完成3英里长距离游泳的学生是大卫·达林顿（David Darlington），他后来成为中国内地会派驻缅甸的传教士，现在则是英国伦敦圣保罗大教堂的受俸牧师（Prebendary）①。

① 受俸牧师，是指持有教堂俸禄的英国圣公会牧师。

◎ 预备学校门前海边的海冰

在我负责芝罘学校赛艇俱乐部的时候，作为荣誉的那顶帽子，已经不限于仅仅授予第一名，甚至给获得第三、第四名的小组队员也都授予。我个人认为这种方式会大大降低这一荣誉的含金量，应该是只有那些最优秀的高年级赛艇团队才能够得到这种荣誉奖赏。在1929年我组织的第一个赛艇比赛季，最终赢得第一名的赛艇队队长是比尔·泰勒（Bill Tyler），我印象中保持优异成绩时间最长的赛艇队，也是由我训练的赛艇队，组成人员是杰克·戴维斯（Jock Davies）、比尔·泰勒、高登·汉纳（Gordon Hanna）和罗宾·布莱尔（Robin Blair）。天哪！我忘记了谁是舵手了！

在中国那些动荡的年代里，有好几次，我们被通知要随时做好准备，必要时将用学校的船带着学生撤离。也就是要用我们这些船将学校近400人安全撤退到停泊在海湾的英国或者美国的海军军舰上，这是一个有可能完成的工作，但一定是一项艰巨而复杂的任务。我不知道，如果真有这么一天，他们怎么在军舰上安排我们这么多人的食宿呢？好在这样的事情并没有真正发生。

芝罘学校对面的大海是完全开放的，并没有采取什么保护措施。虽然我们偶尔也看见过当地的渔民从远处的其他海域捕获鲨鱼，但在我们游泳或者划船的时候，从来没有见过鲨鱼光顾过这片海域。偶尔可以看见水母，甚至有时候还会在海中出现很多、很大的水母，但是我觉

◎ 在结冰的海面上行走

◎ 结冰的海面上的黄包车

◎ 烟台港口漂浮的海冰

◎ 冬日的烟台海滨（1）

◎ 冬日的烟台海滨（2）

◎ 冬日的烟台海滨（3）

◎ 冬日的烟台海滨（4）

得它们并没有毒。我也从来没有在海中看到过章鱼，我猜想也许这里的冬天对它们来说太冷了。

当然，这里的冬天对我们来说是比较难挨的。在其他地方没有看到过的景象，在这里我们却司空见惯，大海中泛起的泡沫，像波浪一样在岸边结成冰，之后后面的波浪涌着又一层的泡沫往上堆积也结成冰，一层一层的，在岸边堆积，有四五英尺高。在有些年份，大海本身也会结冰，据记载在多年前，海面结冰从岸边一直延伸到海中达 1 英里远。就在 1936 年年初，整个烟台海湾就结冰，这使得沿岸的交通运输全部停止。

有一次我和我的家人从英国返回烟台时，正好赶在海面结冰之前，当时我们是通过西伯利亚先到达大连，然后乘船回到烟台。我们到达的时候，已经天黑了。这时的烟台港正处于半结冰状态，通常停靠大船的码头已经被冰包围，无法使用，我们只好先从大船转移到小船上，才到达了码头。在我们这条船之后，海湾中的所有船只就都被冻在海冰中，再无法移动了。

想象一下，在一个阳光明媚的假日的早晨，我们划着学校的大船，带着五六个学生，带着准备好的午餐，乘着凉爽的海风，徜徉在第二海水浴场、东炮台附近，或者沿着海岸线向西面的烟台山方向飘荡。在整整一天中，

◎ 1929 年 6 月 14 日学校的赛艇日，麦卡锡夫人正在为戴维·兰保夫 (David Landsborough) 授予代表赛艇队荣誉的帽子

我们或者在船上做游戏，或者在海里游泳，或者潜水到海底，享受着灿烂的阳光，这是多么惬意的事情呀。虽然有很多次，当我们回到家后，才发现自己的皮肤已被太阳晒爆，开始感到疼痛。

从学校岸边，沿着海岸线继续向东，则是烟台的第三、第四海水浴场，在那里，有一排当地渔民的房子，因为住户太少，几乎不能称之为一个村庄，但是在这些房子旁边，居然还有一个庙宇，里面供奉的可能是天后，字面意思就是“上天的王后”，实际是中国的大海女神。在庙宇的后院中，有一块非常漂亮的大石头，垂直耸立在基座上，上面镌刻着三个中文大字“飞来石”。

这个名字让我想起在杭州附近有一座小山，也被称作这个名字，当地人认为这座山峰是从北印度神奇地来到这里的。我对这些渔民们对这块美丽石头的爱护充满赞赏，他们对此也非常自豪。他们告诉我这块石头的来历：曾经有一些当地渔民为了捕捞海参前往遥远的朝鲜海岸，在那里他们发现了这块石头，当时这块石头位于30英尺深的水下，但是这些渔民依然被它的美丽所吸引，他们费了很大劲才把它从海中捞起并带回家乡，把它立在这里供人观赏。烟台城中最大的寺庙曾经想花500块钱把它买走，但被渔民拒绝了。听到这些介绍后，我觉得非常感慨，被这些贫苦渔民们对美好事物的向往意识深深感动。我不知道在英国，渔民们会不会体会到一块石头的美丽，或者值得费这么大劲把它运回家并竖立起来，更重要的是，还能抵制住把它换成钱的诱惑。

◎ 孩子们的漫画：赛艇比赛，在学校建校纪念日前一天的下午举行

附　芝罘学校赛艇比赛之歌

作词：高登·马丁
作曲：斯坦利·霍顿

我们的赫克托号、黛芬妮号和尼普顿号，
赫克托号正整装待发，
黛芬妮号已在海中畅游，
尼普顿号则已横跨了海湾。
让他们在操场上玩他们的板球吧，
南风吹拂着我们，
船桨打出一片浪花，
去划船，去划船。
这声音来自急切的喉咙，
船正在那等着我们，
等着我们起航出发，
去划船，去划船，去划船。

平静的海面那么美好，
缓缓的细浪让人陶醉。
当风儿吹起，
汽笛从芝罘岛响起的时候，
这是桨手拼搏的时候，
是教练加油助威的时刻。
哪管他手上磨出水泡，
亲爱的大海，
伟大的大海，

没有比你更好的地方。
把满是尘土的操场抛到一边，
还把那些破书烂纸也扔到一边，
去大海，去大海，去大海。

努力才能得到荣誉，
三条船都胜利归来，
船头几乎是同时到达。
还对舵手抱怨，
没有超前是因为方向没有扶稳。
但是胜利属于全体队员，
属于全体，属于全体，
不仅仅是你，是我。
我们在一起风雨同舟，
我们是一体，我们是一体，我们是一体。

第七章　布鲁斯校长时期

皮特·布鲁斯（Pat Bruce）先生（很多学生都亲热地称呼他为布鲁斯爸爸 Pa Bruce）是著名的英国剑桥大学三一学院的文学硕士，他 1911 年来到中国后，作为中国内地会的传教士在四川服务。他的妻子杰西·盖士利（Jesse Cassels），就是芝罘学校的毕业生，也是威廉姆·盖士利（William Cassels）主教的女儿，盖士利主教，就是著名的“剑桥七杰”之一。在四川的时候，布鲁斯就是一所中国内地会建立的学校的校长，这所学校专门为中国孩子提供教育。

布鲁斯先生是一名优秀的运动员。虽然他的身高只有 5 英尺 5 英寸，但在英国时期，他曾效力于著名的“丑角橄榄球俱乐部”（Harlequins Club），在剑桥大学期间，也是学校板球队队员，虽然在与对手牛津大学队的比赛中没有取得好的成绩。据说他在芝罘学校曾经设立了一个 5 英镑的奖金，奖励在跳高运动中能跳过 5 英尺 5 英寸的人。不知是否有人赢得过这个奖金。

◎ 布鲁斯校长 1930—1945

当布鲁斯先生 1930 年接替弗兰克·麦卡锡，开始担任芝罘学校校长的时候，他发现学校的师资力量非常雄厚：副校长雷金纳德·哈里斯（Reginald Harris）是剑桥大学毕业生，在芝罘学校已经从教有 18 年；哈罗德·乔克利（Harold Chalkley）和高登·韦尔奇（Gordon Welch），都是伦敦大学毕业生，在 20 世纪 20 年代来校工作；

西里尔·爱德华兹（Cyril G. Edwards），理学学士，来自澳大利亚，一个优秀的老师，他总是对他的学生充满信心；内维尔·顿卡（Neville Duncan），英国杜伦大学古典文学专业毕业生；斯坦利·霍顿（Stanley Houghton），伦敦大学艺术学士毕业；还有我，牛津大学毕业，在当时的学校老师中，年龄最小。

◎ 1938 年，顿卡和布鲁斯在打板球

布鲁斯自己特别喜欢创新，总在思考一些新的事情，他对学生们的追求渴望和尝试探索非常理解。和他在一起，你不会听到类似这样的指责："看看，托米正在干什么，赶快去告诉他不要这样做。"在这个时候，瑞斯（Rice）小姐是女校的校长，肯登（Kendon）小姐是预备学校的校长。

因此，布鲁斯校长的时代，是芝罘学校进步创新的时代。当然，最大的创新就是发生在 1934 年的男校、女校、预备学校三校一体化教育措施的实施。男女分校制度是英国的传统教育制度，因此在芝罘学校的初创时期也被移植过来。但是我们从许多校友的回忆录和芝罘学校的档案中可以看到，在芝罘学校设立的初期，这一制度造成了男女学生之间的过分限制，甚至就是兄弟姊妹，

◎ 布鲁斯夫妇

也很少能有时间在一起交流。这是没有必要的，也是愚蠢的做法，这造成了学校男女学生之间不健康的气氛。同时，这种方式也进一步消耗了我们的教学力量。因此，布鲁斯校长一上任，为了能够最大限度利用学校的设施和师资力量，在某些专业课程上，就已经安排女学生们在男校的教室里听课了。

我记得最早开始混合班级教学的科目是拉丁文，据我所知，斯坦利·霍顿也较早开始了混合班级教学，这就成为所有老师需要共同面临的问题。我记得当时我们犹豫不决，不知如何做这个决定，因为这个决定对芝罘学校来说，将是一个重大的、将改变整个学校教学生活的决定。正在这时，哈罗德·乔克利态度坚决，俨然成为改革的领袖，他倡议："让我们下定决心，真正彻底改变现状。"混合班级教学在此之前也曾经试验过，那是在1911—1912年，也曾经安排女学生前往男校听哈罗德·乔克利先生的拉丁文课程。

中国内地会的领导层支持了我们的决定，并且为配合这一改革，开始实施为芝罘学校建造一个新的教学楼和更新预备学校校舍的计划。这个宏大的计划委托给道格拉斯·罗伯特森（Douglas Robertson）负责，吉尔伯特·文登（Gilbert Vinden）是他的助手。他们两人都是杰出的建筑师，也都是中国内地会成员，还都是芝罘学校的学生家长。

在我眼中，这座新的教学楼，是一个完全开放式的建筑，在这座教学楼中，设计有教室、实验室和手工技术车间，有教师、男生、女生的公共休息室，毗邻还有教师宿舍，这些宿舍后来成为雷金纳德·哈里斯（Reginald Harris）和格瑞斯·哈里斯（Grace Harris）两位老师和他们家庭的住宅。新教学楼的对面就是沙滩和大海，视野绝佳。新建的预备学校就不仅仅是开放式的建筑了，它必须要有足够大，要足够容纳120名寄宿生，以及老师们的住宿要求，即使在漫长的冬天假期期间，可能也还有30名左右的孩子要在此住宿，这一变化，在设计建造时，都要考虑周详，特别是供水系统和中央供热系统，必须要充分予以考虑。要完成这些要求，绝对不是一件简单的事，从这座建筑南墙外面复杂的管道布设上，就充分说明了实现这些要求的困难程度。在教学楼的西面，就是芝罘学校的主门，从风格上看，既显得高贵大气，又给人热情友好的感觉。

新修建的预备学校，与中国内地会疗养院和芝罘学校是在一个大院落中，而不是像之前，预备学校与疗养院和芝罘学校被一条称之为疗养院路的小道相隔离开。在日本侵略中国之后，因为害怕被国民党的散兵游勇骚扰，我们庆幸学校各分支机构都能集中在一起，特别是当需要芝罘学校的教师带领学校雇佣的中国教工在晚上查夜，巡逻整个校园的时候。有些这一时期就读的芝罘学校学生还清楚地记得，哈罗德·乔克利先生因为要在白天教学，晚上巡逻，白天晚上连轴转而得不到充足休息，精疲力尽，以至于有一次在上课的时候，忍不住都睡着了这件事。

在芝罘学校的这些新建筑全部完工之后，1934 年 9 月，我们正式将男生和女生混合编班教学。这一制度一开始实施，就获得了很好的效果。至少，让老师们的听讲对象翻了一番，同学们的日常交往对象也翻了一番，这明显是一件好事，我不记得男女合班教学之后，在男女学生之间的交往方面，出现过什么困难或者尴尬的情况。

在学校的新教室里，装饰有许多图画，这是亨利·卢斯（Henry Luce）送给我们的礼物，亨利·卢斯当时已经是美国《时代》周刊、《生活》、《财富》等著名杂志的老板。亨利·卢斯的父母都是传教士，他本人也是芝罘学校的毕业生，1912 年从芝罘学校毕业，他出生在山东的潍县[①]。非常有意思的是，在亨利·卢斯来烟台访问母校，我们接待他和他聊天的时候，就了解了一些关于他的出生地、潍县乐道院的情况，而日后，正是这个地方，成为我们的被囚禁之地。这次亨利·卢斯来中国，是来度新婚蜜月的，在蜜月旅行中，他访问了他的母校。在他听到芝罘学校建设新教学楼的计划之后，遂即决定为母校捐助了一大笔钱，其中的一半被斯坦利·霍顿抢去，购买了一台电唱机，以及一些录音录像设备，另一半就被我拿走，准备用来购买一些图画来装饰教学楼。

我为女校选择的图画要比男校的更好，这主要要归功于伊内兹·法尔（Inez Phare）小姐的努力，选择这些图画当然要求我要付出更多辛苦。我记得我选择图画的途径，主要是通过梅第奇协会（Medici Society）的美术品目录[②]，来为我们的新教学楼挑选作品的。在挑选过程中，我尽可能去选

① 一般认为，亨利·卢斯出生于烟台蓬莱。

② 梅第奇协会是英国伦敦著名的美术出版商。

择当时欧洲主流艺术家的作品，比如一件乔尔乔内（Giorgione）的作品[①]、一件拉斐尔·圣齐奥（Raphael Sanzlo）的作品[②]，两件约翰内斯·维米尔（Vermeers）的作品[③]，一件康斯特布尔（Constable）的作品[④]，一件伦勃朗（Rembrandt）的作品[⑤]，还有一些20世纪当代艺术家的作品。我们首先把这些作品悬挂在学校的纪念堂里，然后邀请那些懂得也热爱艺术的人们来欣赏，聆听他们对画作的评价。一位前来参观的家长对我说："这些作品非常具有教堂风格，是这样吗？"这些图画的丰富色彩和思想内涵，为

① 乔尔乔内（1477—1510），意大利著名画家，被认为是第一个真正意义上的意大利威尼斯画派画家和代表人物、架上画的先行者。乔尔乔内英年早逝，生平事迹鲜为人知，留存于世的作品也极为有限，因此有关他的艺术和作品的研究考证，一直是美术史学界争论最多的问题。但他对于16世纪的威尼斯画派有深远影响，当时的人文主义学者卡斯蒂廖内已把他和达·芬奇、米开朗基罗、拉斐尔·圣齐奥等并列为最伟大画家。根据他的生平得以证实确系他的作品仅有《卡斯特佛兰克的圣母》《暴风雨》《三个哲学家》《国王之礼敬基督》等有限的几幅。虽然数量少却均堪称稀世精品，而且其中更洋溢着一种神秘的难以琢磨的特色，于是后世称他为"神秘画家"。

② 拉斐尔·圣齐奥（1483—1520），意大利著名画家、建筑师。自幼随身为宫廷画师的父亲学画，和达·芬奇与米开朗基罗并称"文艺复兴三杰"，也是三杰中最年轻的一位。拉斐尔逝世时年仅37岁，但由于他勤勉的创作，给世人留下了300多幅珍贵的艺术作品。他的作品博采众家之长，形成了自己独特的风格，是手法主义的代表人物，也代表了当时人们最崇尚的审美趣味，成为后世古典主义者不可企及的典范。其代表作有油画《西斯庭圣母》、壁画《雅典学院》等。

③ 约翰内斯·维米尔（1632—1675），荷兰优秀的风俗画家，被看作"荷兰小画派"的代表画家，荷兰黄金时代绘画大师，与凡·高、伦勃朗合称为"荷兰三大画家"。维米尔的作品大多是风俗题材的绘画，基本上取材于市民平常的生活。他的画整个画面温馨、舒适、宁静，给人以庄重的感受，充分表现出了荷兰市民那种对洁净环境和优雅舒适的气氛的喜好。他在艺术风格上也别具特色，他的绘画形体结实、结构精致，色彩明朗和谐，尤善于表现室内光线和空间感。维米尔的绘画给人以一种真实性，除了日常生活中的真实之外还使人感到一种信仰上的真实感。

④ 康斯特布尔（1776—1837），英国著名风景画家。乡村磨坊主的儿子，幼时自学画画。在1824年的巴黎沙龙中，作品《干草车》轰动了美术界，并赢得了这一年巴黎沙龙的金质奖章。其他代表作还有《麦田》《山谷田庄》《滑铁卢大桥的揭幕礼》《布莱顿海滩》等。

⑤ 伦勃朗（1607—1669），是欧洲17世纪最伟大的画家之一，也是荷兰历史上最伟大的画家，是世界现实主义艺术大师。伦勃朗年少成名，但半生潦倒。他的作品在他在世时即享有盛名，几乎当时所有重要的荷兰画家都出自他的门下。伦勃朗的顶峰之作当属肖像画，包括自画像以及取自《圣经》内容的绘画。他的一系列自画像如同一部独一无二的自传，画家的自我审视真诚而不矫饰。他是个有多方面才能的画家，无论宗教、神话、肖像、风景、动物等各种题材的绘画，都有独到的成就，被称为"文明的先知"。

◎ 哈里斯先生与学校乐队合影

我们漂亮的新教学楼带来了更多的视觉美感和文化气息。

另一个很有意义的变化，是芝罘学校在30年代创新性地组建了一支管弦乐队。这在很大程度上得益于艾琳·巴奇尔（Elieen Bazire）夫人的支持，她是一个很有天赋和创新精神的音乐教师，据说她能让一头牛欣赏小提琴演奏。钢琴教学开始比较早，一些演奏水平比较好的学生在每年7月份举行的演出季活动中，通常在节目演出的最后，压轴的就是钢琴演奏。后来，内维尔·顿卡有一年寒假结束从天津返回烟台时，带回来了一个大提琴，这是他在天津花了60先令买的。学校的一个德国学生恩斯特·拉克（Ernst Ruck），有一把小提琴。一些在烟台毓璜顶的美国学生们有弦乐器、木质管乐和铜管乐。艾琳·巴奇尔夫人和恩斯特·拉克两人合作，在一场举办于学校放假前的音乐会最后，曾表演了一曲器乐重奏。等等这些，逐渐奠定了学校这支乐队成立的基础，就这样，一支36人的管弦乐队就成立了。

乐队的小提琴是由伯内特（Burnett）先生制造的，他是当地的信义会传教士，他制作的小提琴非常精美，在他的家乡就已有很高的评价，在那里，这样的小提琴价格，每一把应该在1英镑左右。

这支管弦乐队最主要的演出活动，是在学校纪念堂每个周日所举行的祈祷仪式上，但也常在芝罘学校组织的音乐会上演出，乐队的其中一部分

◎ 1896—1942 年期间的芝罘学校男校（素描）

◎ 芝罘学校男校
(从北面看)

◎ 芝罘学校男校
(从东面看)

◎ 芝罘学校男校（从南面看）

◎ 芝罘学校男校（从西面看）

◎ 芝罘学校男校餐厅

◎ 芝罘学校男校教室（1）

◎ 芝罘学校男校教室（2）

◎ 1938年,全体教师合影（前排中间为布鲁斯校长）

◎ 1932 年，男校师生合影（第二排中间为布鲁斯校长）

◎ 1896—1942 年期间的芝罘学校女校（素描）

◎ 早期的芝罘学校女校校园

◎ 芝罘学校女校主楼（1）

◎ 芝罘学校女校主楼（2）

◎ 芝罘学校女校主楼（3）

◎ 女校校园的教师生活区

◎ 1899 年，女校师生合影

◎ 1907 年，女校师生合影

◎ 1922 年，女校优秀毕业生合影

◎ 1933 年，女校部分低年级学生合影

◎ 女校五年级以上学生在实验室做实验

◎ 女校校园外面溪流上的小桥

◎ 1934—1942 年期间，芝罘学校的联合教学楼（素描）

◎ 1934 年时的芝罘学校联合教学楼，在其右边就是男校

◎ 1936 年 1 月，烟台海面结冰，后面建筑分别是预备学校、纪念堂、联合教学楼、男校

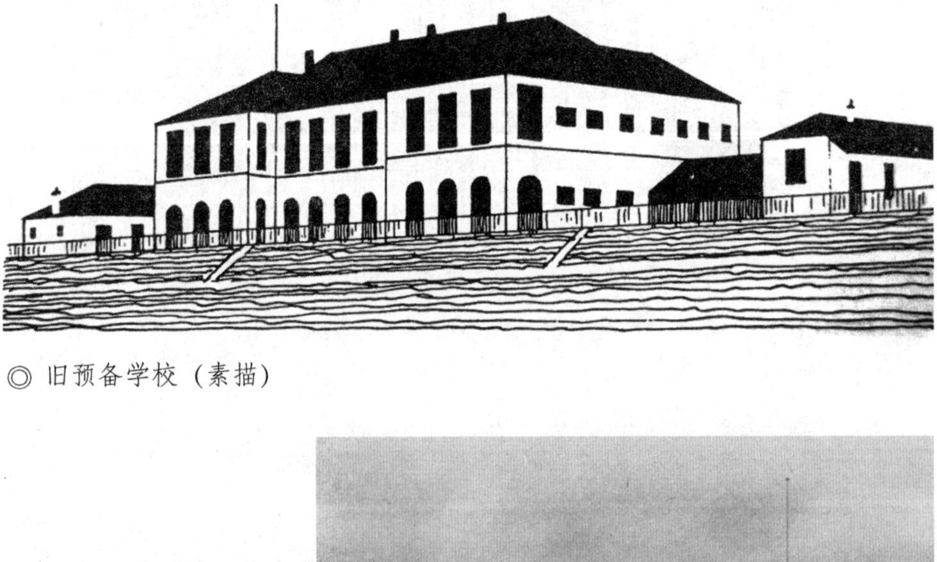

◎ 旧预备学校（素描）

◎ 旧预备学校

◎ 从海边看旧预备学校

◎ 新预备学校（素描）

◎ 新预备学校奠基，桌子后面坐者为布鲁斯校长

◎ 1933 年的新预备学校（从西北方向看）

◎ 1933 年的新预备学校（近景）

◎ 新预备学校（从南面看），旁边是女校

◎ 预备学校的餐厅

◎ 预备学校的教室

◎ 1906 年，预备学校师生合影

◎ 1911 年，预备学校师生合影

◎ 1915 年，预备学校师生合影

成员还曾经在上海的广播电台演奏过。即使在被日本人监禁的时候，这支乐队依然坚持经常组织排练和演出。我记得在我们被监禁在毓璜顶的时候，有一次我去低年级寝室，看到艾琳·巴奇尔夫人正在那里弹钢琴，旁边有二三十个孩子围着她，他们的手里都拿着各式乐器。艾琳·巴奇尔夫人递给我一把小提琴和一张乐谱，对我说："每一小节只有两个空弦，不是很难。"然后我们就一起演奏起来。

芝罘学校的师生有条件享受音乐的熏陶，这真是我们的幸运。有时，如果有音乐家旅行路过烟台，也常常会趁机在这里安排一场演出。而那些长期居住在这里的音乐家，比如住在毓璜顶的狄乐（Dilley）夫人，也经常为我们表演，居住在烟台山的一位西方商人的妻子斯特劳瑟（Strausser）夫人，也经常给我们带来她精湛的小提琴演奏，给我们美的享受。

在那些日子里，我和斯坦利·霍顿又开始着手组建学校的合唱队。芝罘学校在过去有很浓厚的合唱传统，有记录证明，沃尔特·库特哈德（Walter Coulthard）曾为学校写过一首校歌歌词，用"柳树之王"（Willow the King）的曲调演唱。女校也有歌曲保留下来，虽然我回忆不起来我是否听过，但合唱在很多年里都是芝罘学校的一个传统。我记得在我还是一个孩子的时候，每逢芝罘校友在伦敦聚会的时候，我就听到过他们在一起唱一些歌曲，比如《白沙子和灰沙子》（*White Sand and Grey Sand*）、《针锋相对》（*With Spare to Spare and Shield to Shield*）等等。但在我来到学校的时候，合唱的传统已经在学校消失了。

但是，由我作词，斯坦利·霍顿作曲，我们用拉丁文创作了一首校歌，还创作了一首赛艇比赛之歌，就是那首《"赫克托"号正整装待发，"黛芬妮"号已经远航》。后来，我们还为学校的那两条赛艇"英雄"号和"领导者"号也创作了一首歌曲。芝罘学校在江西庐山时期，我们还合作创作过一首游泳之歌，我认为这首歌的谱曲，是斯坦利·霍顿所创作的最好听的一首曲子。

很长一段时期，每个周一的晚上，学校都要举办一次讲座，这是给学生们打开广阔世界这扇窗户非常有意义的方式。烟台城中的商人们也非常乐意提供帮忙，阿瑟·劳斯（Arthur Rouse）介绍保险的知识；一艘停泊在港内的俄国轮船的船长泰姆菲夫（Timofeef），给孩子们介绍他的工作，从中我们了解了深海通讯电缆的知识；斯坦利·霍伊特（Stanley Hoyte）医生，他有六个孩子曾在芝罘学校就学，他也是我们最热心的讲座承担者，不论他讲人手、眼睛，还是胡夫大金字塔，他的讲座都能够吸引大家的注意力。我所做的讲座是关于古罗马诗人维吉尔（Virgil）的①，以纪念他诞辰2000年。在我讲座的时候，我看到布鲁斯先生在台下睡着了，但是我还是设法把他吵醒了。斯坦利·霍顿所作讲座是关于当时非常流行的一首歌曲《诺言》。在斯坦利·霍顿和艾琳·巴奇尔夫人的帮助下，我把《匹克威克外传》（*Pickwick Papers*）②搬上了舞台。

在我学习中国文化，并努力去理解一幅中国山水画的时候，我常常有这样一个想法，这种长长的卷轴山水画（有时候可达40英尺长），和我们欧洲的交响乐有些相似。这种卷轴的设计，不会让你一眼就看到全貌，随着卷轴的逐渐打开，可爱的东西一点一点呈现在眼前。这种喜悦的过程，就像在欣赏一部多乐章的音乐，虽然是在逐渐的变化，但它们是有机地成为一个整体的。

在一次我们的音乐会上，我做了一个实验，我们在舞台上，设置了放映机和幕布，缓缓地展现出中国宋代画家夏圭大约创作于1208年的《长江万里图》③长卷。这幅画从西部的长江发源地涓涓细流穿越乱石和峡谷开始，穿过山村、古寺，一直到汇聚成滚滚洪流向东奔向入海口，银色的江水终于和大海相拥抱。当这些图画电影一般逐渐呈现在观众面前的同时，詹妮·希尔（Jeannie Hill）开始演奏贝多芬的《田园交响曲》。我发现这两者结合起来是那么的完美，视觉和听觉都得到了极大的享受。但是我记得斯坦利·霍

① 维吉尔，古罗马诗人，生于阿尔卑斯山南高卢曼图亚附近的安得斯村。在家乡受过基础教育后，去罗马和南意大利，攻读哲学及数学、医学。约公元前44年回到故乡，一面务农，一面从事诗歌创作。是古罗马奥古斯都时期最重要的诗人，著有长诗《牧歌》《爱奈特》，史诗《埃涅阿斯纪》等。

② 《匹克威克外传》是19世纪英国最重要的作家狄更斯的成名作，1836年出版。是一部流浪汉题材的小说，全书通过匹克威克及其三位朋友外出旅行途中的一系列遭遇，描写了当时英国城乡的社会生活和风土人情。该书是狄更斯最为重要、最具代表性的作品之一，自出版以来，一直受到各国读者的欢迎，无可争辩地成为世界文学的经典名作。

③ 《长江万里图》据说是宋代画家夏圭的作品。这是一幅长度超过11公尺的手卷，画卷的前半段，以接近平视的角度近景特写岩块、林木，以及江行的舟船，表现长江三峡险峻和波涛汹涌的景观；后半段则是以俯视和远观的角度描绘江面上的活动，以及沿途所见秀丽的景色。在画卷最后，有元代鉴藏家柯九思的题字，鉴定这幅画作者是南宋夏圭。但是柯九思题字是后人伪造，所以很多人怀疑此画是后世所作，创作时代为14世纪末至15世纪初，可能是一张与明代宫廷画院风格密切相关的作品。现收藏于台北故宫博物院。

顿的评价是："我宁肯在欣赏贝多芬时，不要有任何的干扰。"

有一年，我们在男校开展了一次活动，按照英国议会的模式进行一次模拟选举。我们推举了一个保守党候选人威利·托马斯（Willy Thomas），一个独立候选人戴维·兰保夫（David Landsborough），一个工党候选人威尔弗雷德·奥尔森（Wilfred Olesen）。我们计划用一周的时间让候选人竞选，周六投票选举。但是这一"参政热"迅速升温并席卷全校，到处张贴的都是竞选海报，公共集会在校园不时举行，这种冲动的热情使得日常生活秩序被严重干扰。为了尽早恢复正常，我们不得不将投票日提前到星期三，这样才使校园恢复了平静。结果是，保守党候选人威利·托马斯赢得胜利。

斯坦利·霍顿所指导的竞技体育也取得了很大成绩。他收集了很多报

◎ 100 米短跑比赛

◎ 1 英里长跑比赛（1938）

◎ 长跑比赛选手跑回学校大门

◎ 冲刺

◎ 跨栏比赛（1926）

◎ 跳高比赛（1920）

◎ 跳远比赛（1920）

◎ 自行车慢骑比赛（1933）

纸图片，用来指导跨栏比赛的动作、开始冲刺的方法、跳高和跳远的动作、在接力赛中运动员之间传递接力棒的方法等等。训练方法非常准确和科学，也因此效果明显。

居住在烟台的西方人也经常来学校和我们比赛。比如，瑞伊·艾克福德（Rae Eckford）是一名短跑健将，年轻的瑞尔顿（Railton）善于长跑。这些比赛不但提高了学校学生的水平，也给我们带来了许多的快乐。

布理嘉先生是英国驻烟台领事，在最初对学校的某些偏见改变之后，成为我们密切和坦诚的朋友。在芝罘学校举行一些仪式的时候，经常可以看到他穿着制服出席我们的活动，例如当国庆日我们升联合王国国旗的时候，每当看到他能来参加活动，我们都感到非常高兴。他在烟台任职的那个时候，我们还是习惯将维多利亚女王的生日，也就是每年的5月24日，作为英国国庆日来庆祝。这时，所有居住在烟台的外国人，都来参加我们的活动。

回顾那些日子，我们依然觉得非常好奇，因为当地的美国人、日本人、德国人、希腊人都乐意前来参加我们的国庆节庆祝活动。当然，这一天，对所有的芝罘学校学生们来说，也是快乐的一天，但这天并不是一个官方的，或者全国性的节日。我记得，在1929年，当时麦卡锡先生还是芝罘学校校

◎“倾斜着刺靶”游戏

长，在经过认真考虑之后，他在那一天，告诉老崔："这个周六我们要举行一个活动，让马丁先生负责这一工作。"老崔是一个中国校工，平时负责看管学校的操场以及各种活动器械。事实上，老崔要比我更胜任这一工作。也许是麦卡锡先生不愿意让中国人参加这些活动。但结果是依然按照习惯和传统，老崔继续在那天的活动中负责各种器械的使用。

当天这些活动的娱乐意义，远大于竞赛意义。当天下午的高潮就是"倾斜着刺靶"游戏①。这个比赛规则是：孩子们站在中国式的独轮手推车上，手里面拿着竹竿做的长矛，由别人推着独轮车往前走，目标是一个架子，架子上安装有一个摇摆的木板，在板子的上面，放着一个装满水的小桶。比赛中，坐在独轮手推车上的孩子，要用手中的长矛去刺那个木板，这样木板一晃动，上面装满水的水桶就会掉下来，但如果配合不好，或者刺不到木板，水桶不会掉下来，或者就会将整桶的水浇在独轮车上的孩子身上。这个简单的游戏给参加者和旁观者带来了极大的快乐。但即使在英国国内，这一节日庆祝游戏，在30年代早期就基本上消失了。

继任布理嘉先生成为英国驻烟台领事的是奥格登（A. G. N. Ogden）先生，他的妻子后来成为芝罘学校非常好的朋友。他们有两个到了上学年龄的孩子，都在芝罘学校作为不住校的走读生上学。他们夫妻非常的热情，曾邀请我们全校师生去芝罘岛野餐，安排得非常周到。在芝罘岛野餐，总给人一种特别的感觉，那是一个5英里的长途跋涉，环境也非常特别，但是这次野餐之所以被大家难以忘怀，却是因为一件不寻常的事件。当时，有一个曾经的英国军人，退役之后来到烟台居住，他负责给我们准备食物。他非常热情，特意用新买的容器来盛装柠檬水，这是准备给学生们口渴时喝的饮料。但是他并不知道，如果柠檬水装在新的镀锡铁罐中，就会变成泻药。当学生们气喘吁吁爬到山顶时，就开始排着队要那些柠檬水解渴。哈哈，不幸的事发生了，当泻药的效力开始发作时，我们的学生们一个一个开始消失在山坡后面，或者石头后面。更可笑的是，我们热情的男主人和女主人还不知道到底发生了什么事。在后来分发饮料的时候，只有很少的学生要饮料喝，绝大多数学生都不敢再喝了。因此，这次野餐，使得很多人记

① 这一运动流行于中世纪的欧洲，当时是骑士们之间互相娱乐的一种活动，应该是骑在马上比赛的。

忆非常深刻。

在1936年的夏天，我们举办了一个盛大的庆祝活动，庆祝英国国王乔治六世的加冕日。正巧那天有一艘英国皇家海军的巡洋舰也来到了烟台。当时停泊在港口的美国海军舰队的军舰也参加了这次活动。它们中的六艘军舰围成半圆，环抱着英国军舰，在夜幕降临之后，所有军舰上的探照灯在空中用灯柱组合成各种图案，当我们在岸边观赏的时候，还特意为我们燃放了绚丽的烟花以示欢迎。

布鲁斯爸爸所鼓励的另一个创新，就是在学校推广汉语和中国文化的教育。来芝罘学校读书的许多孩子，他们大都能说一口流利的汉语，甚至比许多老师说的都好。因为担心孩子们和学校的中国校工或者校外的中国孩子过多交流，讲汉语在学校受到限制。汉语和中国文化教育就这样被忽视了，这真是一种浪费。我们的这些学生，因为他们一直生活在中国，对西方的了解并不多，但是他们对中国的了解其实也非常有限。造成这种局面的原因，是那些早期的传教士，总体来说，就是那些保留维多利亚时代思维的人，他们鄙视其他民族文化，认为它们与西方文化相比是次等文化。到了我们这个世纪，思想意识就比他们好多了。布鲁斯爸爸鼓励我在五年级以上学生中开设一门课程，专门教授中华文明和中国历史的相关知识。

在牛津大学，我曾经就做过一些有关这些方面的研究，来到芝罘学校后，我又参观了一些当地寺庙，在新年期间，还考察了奇山所（这是烟台的一个城堡，建于明朝）。我尽最大努力去了解当地历史，去观察当地的各种节日风俗，在农历每年五月五日的龙舟节[①]，以及元宵节、春节期间，有唱戏表演，还有特有的装饰等等。我觉得这是了解中国文化一个很好的开始。在芝罘学校旅居庐山时期，汉语和中国文化的教育就扩展到了全校。

不幸的是，正是在布鲁斯时代，日本发动了侵略中国的战争。日本是一个高度人口密集、高度工业化的国家，对外贸易的依赖性很高，这一点和英国有些相似。当1929年世界范围的经济危机爆发的时候，世界贸易几乎停滞，日本则受到了致命的打击。因此日本叫嚣："我们必须要向英国学习，我们必须要建立一个海外帝国。中国东北就是日本帝国的加拿大，

① 作者在此处似乎是描述有错误，他将端午节（Dragon Boat Festival）和正月元宵节（Lantern Festival）混为一谈了，而称为Dragon Lantern。

一个食品的供应地，一个我们过量的几百万人口移居的殖民地。”

这时的西方国家，则更关心他们自己的经济问题，没有能力帮助日本。同时，西方国家更忙于维护他们自己在中国的既得特权，控制海关，获取超领土权力等，而并不关心日本的困境。因此，日本计划建立他自己的帝国，将其称之为“大东亚共荣圈”，这意味着中国的数百万人口必须接受日本出口的货物。但是中国人憎恨日本人占领东北，抵制日本货物，反对日本政策。

不久之后，日本退出了国际联盟（League of Nations）[①]，1937年，日本发动了全面侵华战争，几乎占领了全部的中国沿海平原地区。山东的中国军队在关键的时候全面撤退，因此没有发生任何战斗，日本军队就占领了烟台。西方国家在当时保持中立态度，因此，这之后并没有对我们产生什么影响，直到珍珠港事件发生。

在布鲁斯校长时代，芝罘学校男校教学楼的状况有了很大的改善，主要是将南面的阳台全部用围挡围了起来，这大大增强了这座建筑的保暖性。我认为在建筑的中央生火炉加热也起到了很好的作用。在布鲁斯校长时代早期，对于考试制度也进行了一些改革，当时，学校开始采取三级牛津考试制度，即高级考试、初级考试和学前考试。现在，芝罘学校已经取消了学前考试，仅仅保留初级考试和高级考试。

在布鲁斯校长时代的那些众多革新中，非常值得一提的，就是在女校开展了女童子军运动[②]。这一运动的鼓动者和极力推动者，就是伊内兹·法

① 国际联盟，简称“国联”，是第一次世界大战后组成的国际组织，宗旨是减少武器数目、平息国际纠纷及维持民众的生活水平，但国联不能有效阻止法西斯的侵略行为。第二次世界大战后被联合国取代。

② 童子军运动是一个国际性的、按照特定方式进行的青少年社会性运动。它最先由英国军官贝登堡于1907年在英国南部多塞特郡勃朗海岛上建立。不久，许多国家竞相仿效，从而成为一种世界性的组织。1920年，“国际童子军总会”在伦敦成立，童子军运动得到了进一步发展，目前全世界约有两亿五千多万名童子军。童子军男女分别设立，男童子军分稚龄童军（6—10岁）、幼童军（8—12岁）、童子军（11岁以上）、行义童子军（14岁以上）等；女童子军则分为少儿女童军（8—10岁）、女童子军（11—17岁）、兰姐女童军（18—25岁）。童子军运动的目的，是向青少年提供他们在生理、心理和精神上的支持，培养健全的公民，希望将来这些青少年可以回馈社会并对社会有所贡献。强调以实际的户外活动作为非正式的教育训练方式，内容包括露营、森林知识、水上活动、徒步旅行、野外旅行和运动等。童子军有特定的制服，主要是为了消弭国家及社会地位之间的差异性，达到人与人之间相互平等的状态，常见的装备有领巾、军帽和可识别的主要服装。

尔（Inez Phare），她是负责学校艺术教学的女教师。伊内兹·法尔是个个头高大、美丽漂亮的女士，她有一种鼓励别人努力工作的天赋。当我在芝罘学校开设中国道教讲座，或者后来在英国讲授道教课程的时候，我依然经常回忆起伊内兹·法尔小姐。因为道教的圣贤们虽然崇尚“无为”，但真实的目的地是“大有作为”（这点和儒家思想恰恰相反，儒家的圣贤们则教导人们要孜孜不倦地去行动，坚信只有努力才有收获）。你很少能看到伊内兹·法尔小姐自己亲自动手操作什么具体事，但她总能发动其他人为她不间断地工作。在女童子军中辅助她工作的是克丽丝滕·麦克奈尔（Kristeen Macnair）小姐，在她们的领导下，女童子军按着既定的目标发展顺利。

女童子军还曾来咨询我的妻子，学习如何照看小孩。她们来找我的目的，则是学习一些简单的天文知识和赛艇的技术。一个最大的问题就是她们的人数。在女校中无法找到6名以上的8岁女童来组织少儿女童军（Brownie Guide，要求年龄在8—10岁之间）[①]，但是学校女生中有48名年龄在11—17岁之间的女童，足可以成立女童子军组织（Girl Guide，女童子军要求由年龄在11—17岁之间的女孩组成，由克丽丝滕·麦克奈尔小姐领导），还有16名年龄在18岁以上符合成立兰姐女童军的女生（Ranger Guide，要求年龄18岁以上，一般25岁结束，由伊内兹·法尔小姐亲自领导），遗憾的是这些数量依然还是太少，并且意味着少儿女童军还处于筹备等待阶段。这些女童子军成员兴趣高涨，特别当她们穿上新的童子军制服，或者赢得徽章，或者徒步旅行的时候，她们甚至还试图在学校的网球场来次野营。

芝罘学校女校的这些女童子军成员，有许多后来都晋升为一级女童军[②]，有些甚至还得到了全优评价。女童子军有一个活动室，屋中装饰着许多具有童子军特色的纪念品。这些女童子军的活动是如此的活跃，以至于当时的女校校长伊丽莎白·瑞斯（Elizabeth Rice）曾经告诫她们：“我们必须要牢记一件事，我们这所女校是一所开展童子军活动的女校，而不是

① 少儿童子军的最小单位为小队（patrol），通常由六至八名儿童组成。小队成员一块儿集会、远足和露营，他们要推选一位成员当小队负责人（patrol leader）。

② 童子军分许多极，如幼童级（Scout）、新手级（Tenderfoot）、二级（Second Class）、一级（First Class）、星级（Star）、生活级（Life）和鹰级（Eagle Scout）。每满足一定的条件，经过专门的委员会评议，通过就可晋升一级。

◎ 1932 年，芝罘学校女校女童子军在野外活动

◎ 1933 年，女校女童子军合影

◎ 1935 年，伊内兹·法尔指导女童子军训练

童子军开办了我们这所女校。”

大约就在这一时期，女校开始实行斋舍制（House System）[①]，以便和男校保持一致。女校的新宿舍楼分别命名为卡迈克尔（Carmichael）楼、贾德森（Judson）楼和玛丽·斯莱瑟（Mary Slessor）楼，她们都是著名的女传教士。男校宿舍楼命名为威廉·凯瑞（William Carey）楼、大卫·利文斯通（David Livingstone）楼和维廉·培忒（William Paton）楼，他们也都是历史上的著名传教士。女学生们的宿舍分配，就是和女童子军的分队编组相一致的。

在芝罘学校男校，则没有成立相应的童子军组织。只有个别男生在假期期间，在天津曾经是“孤独童子军”（Lone Scouts）成员[②]，但是直到我们被囚禁在毓璜顶之前，针对男生的童子军活动在芝罘学校并没有正式开展。我现在依然非常钦佩，在我们被囚禁之后，在如此艰苦的环境中，霍顿和巴奇尔两位老师却能够将童子军的训练方法引入到芝罘学校，他们确实做到了。在那段艰难时期，在那个狭窄的地方，我们失去了芝罘学校原有的一切：宽大的操场、有组织的一系列运动等，在这种背景下，童子军活动的开展，显得更加有价值。

毋庸置疑，所有书本上的知识，都需要实践活动的验证。曾经有一名芝罘学校早期的毕业生就曾经写信给学校，抱怨在他离开学校之后，几乎还不会使用任何工具。男女童子军活动的开展，就极大地填补了这一缺憾。在1934年新建的教学楼中，就特别设置了一个条件很好的木工车间，如果我们能在烟台停留更长的时间，芝罘学校很有可能还能设立五金车间。但是，后来的变化，打碎了我们的计划。

对我来讲，在布鲁斯校长时代出现的其中一件新事物，就是用提线木偶作为教学中的道具。在之前的很多年中，我都在每年的圣诞表演中给孩子们表演木偶剧《潘趣与朱迪》，在表演中，潘趣、朱迪、警察和其他剧中人物，采用的都是布袋木偶，表演者的手放在布袋里面，用手有技巧地熟练操作，这些人物就能够做出很多精彩有趣的动作。对此，我并不是特

① 英国公学所采取的一种住校制度。

② 孤独童子军，是童子军中的一种，专门为那些地处偏僻，或者没有童子军运动开展地区的孩子设立。

别熟练，总体来讲，我对布袋木偶的评价不是很高。但是提线木偶则可以表现更加丰富而给人更深刻的印象，我专门找了个教室来练习提线木偶的表演。制作这些木偶当然都是手工活，此外还要给这些木偶做衣服来打扮它们。用线牵引木偶做出各种动作，则更是需要细致、智慧，还要勤于练习。每一个木偶，可能就需要六条以上的线来牵引。再之后，就需要我们撰写一个故事，要有一个合理的故事情节。还要找个孩子来给木偶配音，要根据剧中人物来选择孩子并加以训练，还要做一个精致的舞台，以便让观众只能看着木偶，而看不见操纵这些木偶的人。舞台上还要有一些变化的场景，一般是画上去的。为了照明，还要非常巧妙地在舞台上布置一些电线和开关，在表演之前，还要选择或者创作一些音乐，提前录制好。这些复杂的工作，要分别分配给那些在某些方面擅长的孩子。这不是一个简单的工作，一般排演一个节目，要花费一个学期的时间。

在珍珠港事件发生的时候，我们正在排练一个准备在圣诞节上演的节目《魔法师的学徒》（*Sorcerer´s Apprentice*），这是一个带有点魔术效果的节目。后来我们排练过的节目还有《廷巴克图的提姆》（*Tim of Timbuktu*）[①]，后来还排演了《杜立德医师》（*Doctor Doolittle*）[②]，在这出木偶剧中，舞台上有许多猴子或者快乐地跳舞，或者因为生病而东倒西歪。那些参加过木偶剧表演的孩子，永远不会忘记在表演中获得的快乐。《廷巴克图的提姆》这出戏，以后当芝罘学校在泰国办学时，还曾经上演过。我多么希望，我们现在还能经常组织这样的表演啊。

回顾过去，我感到当时作为学校老师，我们并没有完完全全地胜任使命。比如就我来说，在那段时间，并没有坚持麦卡锡先生所倡导的野外露营活动。在1929年，霍顿和我曾带着一些男学生，在距离阿瑟·劳斯（Arthur Rouse）家不远的一处空房子里，露营好几天时间。我们请来自台湾的玛乔丽·兰保夫（Marjorie Landsborough）夫人充当营地的女主人。顿卡先生曾经驾驶着他的那条丑陋的“法螺号”帆船，带着雷蒙德·金（Raymond King），

① 廷巴克图，位于非洲马里共和国，是马里历史上最悠久的一座古城。历史上是非洲贸易和文化中心，是古代西非和北非骆驼商队的必经之地，也是伊斯兰文化向非洲传播的中心。被称为梦幻之都，以具有伊斯兰建筑风格的清真寺而闻名于世。

② 杜立德医生，是西方非常流行的童话故事中的主人公，他从小就有一种天赋，能与动物用语言沟通交流。他后来开了一个动物医院，于是他和动物们之间发生了一系列有趣的故事。

以及来自新西兰的汤姆金森（Tomkinson）家的几名成员，前往威海卫，然后平安返回。甚至在1936年，顿卡和我，还带着利弗西奇（Liversidge）、尼科尔斯（Nicholls）、史密斯（Smith）和巴林（Barling），在崆峒岛（Lighthouse Island）露营，这真是非常值得做的事情。在1941年，我和巴奇尔还带着洛宾（Robin）、埃里克·霍伊特（EricHoyte）、德西迪拉塔（Desterhaft）、梅特卡夫（Metcalf）、奥尔森（Olsen）、哈里森（Harrison）、西奥（Theo）和彼得·布雷热（Peter Bazire），在烟台西面一条小河边的一排平房中也露营过。这排平房是艾伯特·博诺（Albert Bono）借给我们使用的，他是烟台商埠的一名商人。但是我们应该组织更多这样的活动。

在那段日子里，在校学生的数量大规模增加，到1940年，在芝罘学校的学生登记簿上，就已经有338名学生了。

在1936年，芝罘学校校友联合会做出一个决定，将一个类似中国海豚的卡通形象作为校友会的标志，这是由西奥多·赫斯特（Theodore Hirst）设计的。自从1911年以来，芝罘学校的老校友就开始佩戴一个盾形的徽章，作为校友会的标志，也体现了他们对芝罘学校的忠诚与纪念。在这个盾形的徽章上，有三个字母CSA，这也是芝罘学校校友会（Chefoo SchoolAssociation）的英文简写。但是有些校友觉得字母过于简单，还想再特别一点，更加中国化一点，更加有冲击力。在经过多次的沟通和设计后，于是就出现了这只海豚的形象。此外，在海豚形象旁边，还有一方中国的印章，印章上有四个非常具有中国文化特点的汉字“芝罘校友”。这只海豚是非常让人满意的设

◎ 芝罘学校校友联合会的标志。在中国的经典史书《史记》中，记载了这样一个故事：秦始皇，那个统一中国的第一个皇帝，在烟台海边的悬崖旁，曾使用可以同时射出多支箭的连弩，射杀了一条称为“鲛鱼”的巨大怪鱼。西奥多·赫斯特（Theodore Hirst）先生以这个传说故事为创意原型，设计了这个鲛鱼图案，作为芝罘学校校友联合会的标志，并使用了多年。

计，它身上布满纹饰，但绝不张扬和造作，从外观上具有非常明显的中国文化特点。这个图案，还和中国史书《史记》中记载的一段故事密切地联系在了一起，《史记》中记载，统一中国建立了第一个中国封建王朝的皇帝秦始皇，曾经在烟台芝罘，射杀了一条巨大的怪鱼。

◎ 芝罘学校校友联合会的徽章和校训。图案中拉丁文翻译：我们信仰上帝，上帝所言就是智慧之泉。

贝蒂·勒特利（Bertie Lutley），是一名英国圣公会差会（CMS，Church Mission Society）成员[①]，父母都是中国内地会成员，他在烟台待过很长一段时间。他接受过专门的体操训练，他曾经送给芝罘学校一套质量上乘的平衡木，同时还鼓励并且亲自参与训练了许多高年级的男女学生练习体操。在我的记忆中，那些他训练过的学生中，斯蒂芬·梅特卡夫（Stephen Metcalf）和比利·詹金斯（Billy Jenkins）是技术最好的。勒特利还送给学校许多铁环，于是，这种经济实惠、结实耐用，但还是需要一定技巧的运动在学校流行，在校园里到处可以看到这些铁环滚动的场面。

当地爆发的战争，也常常限制我们远游的想法。在第二海水浴场附近有座东炮台，我觉得在1895年中日甲午战争结束之后一定重修过，在它上面，装备有一些大炮，我还记得这些大炮是由德国克虏伯公司制造的。1931年，就是那次位于港口附近的一个军火仓库发生爆炸的时候，学校的一些学生第二天骑自行车跑去看还有什么残存，其中一个学生后来留下了这样的记录：

没有人制止我们，我们随心所欲到处翻找纪念品，在我们骑自行

① 英国圣公会差会，是一个世界性的圣公会和其他新教基督徒的传教机构。成立于1799年4月12日，该差会成立时，最初名为“非洲和东方传教会”（The Society for Missions to Africa and the East）。1812年差会更名为“非洲和东方教会传教士协会”（The Church Missionary Society for Africa and the East），1815年派出了第一位英国牧师。在200年历史中曾吸引了9000名男女参与服务。目前英国圣公会差会倾向于自由主义神学，依然有186名传教士在非洲、亚洲、欧洲和中东服务，特别在印度很有影响。

车回来的时候，我们的口袋中装满了一些小东两。不久之后，我偶尔听到高登·韦尔奇（Gordon Welch）先生说，炮弹的弹头是最危险的部分。我意识到，我正好就有这么一个弹头。于是我小心地把那个弹头从我的屋中取出，把它扔到了离我们房子有30英尺之外的地方，就在校园围墙之外大路的另一边。就在这时，这个弹头爆炸了，带着一声巨响，几乎震聋了我的耳朵，几分钟之内，我几乎都不能沿着直线走路。真是感谢上帝，是他救了我。

以这次军火仓库的爆炸为标志，标志着在烟台地区军阀战争的结束。1929年3月，我刚刚到达芝罘学校，在接下来的两个月里，烟台在军阀张宗昌和刘珍年之间的混战中被双方反复占领了三回。

布鲁斯担任校长的这一阶段，在学校教师的记忆中，是一个充满快乐的时期，我想我的那些同事在那段时间是非常满意的。描述他们的状态不是一件容易的事，因为在他们忙于教学的时候，没有哪个老师刻意去观察他的同事们。老师的教学活动一般都是单独在独立的教室里进行，并没有人去监督，也没有人去帮忙。谁能知道他到底是有效率的，还是在消磨时间？在我的记忆中，芝罘学校的老师们从运动场、音乐会，或者野餐中，以及与其他学校的联合活动中，都得到了许多快乐。

◎ 布鲁斯校长（后排左二）和1940年毕业生合影

我和哈罗德·乔克利先生，在两人来芝罘学校任教之前就相互熟悉。他不但相貌英俊潇洒，而且性格也是热情开朗，所承担的任何一项工作都是高效完成。但是我不记得他曾经参加过我们的什么运动，运动对我们来说是每天生活中的一件大事。但是他擅长音乐，在清唱剧（Oratorio）中他常常是领唱[①]，从而被大家所熟知和长久记忆。他非常耐心地日复一日地用钢琴为我们的表演排练伴奏。我记得他的中文水平非常一般，但是他非常幸运，因为乔克利夫人的语言天赋很高。我几乎从来没有看到过他发脾气，但是他以前的学生告诉我，在教室里，有时候他也是火冒三丈。

芝罘学校能拥有像雷金纳德·哈里斯和艾琳·巴奇尔这样的教师真是一种福气。他们最初是在中国的西部地区，四川做传教士，在那，雷金纳德·哈里斯被授予英国圣公会（Anglican）牧师。但是我们的幸运在于，吸引他们来到了烟台，他们对于芝罘学校的贡献是巨大的，这点也得到大家公认。雷金纳德·哈里斯早年毕业于著名的英国基督公学[②]，一战期间，他离开学校加入英国皇家空军。战后，他申请加入中国内地会，被中国内地会接纳并被派往中国工作。因此，他并没有进入大学学习的经历，虽然这多少是个遗憾，但这不影响他拥有极其聪明和善于思考的大脑。雷金纳德·哈里斯是一个优秀的板球运动员，他的投球既非常刁钻，又非常精准。我记得在一次比赛中，在总共九个三柱门中，他一人独占六个。他虽然看起来表情忧郁，但绝对是一个值得交往的好朋友，诚实可靠，不虚伪求同，也不固执己见。在潍县时期（后面我还会讲到），他从最基层人员，成为芝罘学校三所分校中一个分校的校长。后来他回到英国，在英国圣公会的伦

① 一种介乎于歌剧和康塔塔之间的多乐章大型声乐套曲。包括独唱、重唱及合唱，由管弦乐队伴奏。其中，各乐章的歌词在内容上较康塔塔更具有连贯性。清唱剧与歌剧的不同是：没有布景、服装和动作，多在音乐会上演出；与康塔塔的区别是：篇幅较大，有较鲜明的戏剧结构和情节，更富史诗性和戏剧性，“Oratorio”一词，原意是指进行祈祷和讨论宗教事务的个人祈祷室，后专指在祈祷室中演出的音乐。中国过去曾译为神剧、圣剧、圣坛剧等。

② 基督公学（Christ's Hospital），简称CH，又称作“蓝袍学校”（The Blue Coat School），是英国的一所著名的传统公学，由英王爱德华六世创办于1552年。学校原校创立于伦敦，并于1902年搬迁到西萨塞克郡的霍舍姆（Horsham）以南的郊外。基督公学最早创立的目的，是为伦敦无家可归贫穷学生提供免费教育，到17世纪学校逐渐成为一所名校。基督公学招收年龄在11至18岁之间的男女生，目前大约有800名学生就读，九成以上为寄宿生。与许多历史悠久的学校一样，基督公学以其培育的优秀学生、古老的传统和非常特别的校服而闻名。基督公学的蓝袍校服（Blue Coat）是世界上最早出现的校服，直到今天学生仍每天穿着，校服设计自创校以来改动不大。

敦南渥克（Southwark）教区服务，后来升至执事长[1]，以及教区财务委员会的主席。

艾琳·巴奇尔夫人则总是我们大家的开心果。她既是一个音乐家，还是一个美术家，不论她到哪里，总能感染大家，充满欢笑。她精通钢琴、小提琴、大提琴的演奏，这些乐器成为她每天生活的一部分，几乎每天在家都要练习。同时，她还擅长创作水粉画和油画。他们夫妇为我们的学校生活增添了莫大的快乐。

莱斯利·莱尔（Leslie Lyall）和我们在一起的时间不长，此后不久他就被委派进入中国内地从事传教工作。他的板球技术和足球技术给我们留下深刻记忆。我记得在一场足球比赛中，莱斯利带球一直往前冲，所向无敌，一直到鲍勃·马茂兰（Bobs McMullan）冲过来和他抢球。我目睹了整个这一过程，两人在身高、体重和球技上都高于普通人，二人纠缠在一起，莱斯利做好准备用肩膀撞击足球，动作干净漂亮，同时把鲍勃·马茂兰撞倒在地达好几码远。

戴本利（David Bentley-Taylor）曾在欧洲大陆的多个国家游学，经历丰富，眼界开阔，他给我们带来了很多新鲜思想和渊博知识，我将在本书后面《其他人的记忆》这一章节中对他再做介绍。

海宽厚(Marjory Broomhall)在学校的女教师中是最杰出的。她很有主见，在她的同事，以及学校的男女学生中，有很大的影响力。她工作起来非常有效率，特别在课程时间的安排方面。学校课程表的编排是一件十分繁杂的工作，要考虑到具体教师的各种要求，这些要求之间必然会经常发生矛盾。但这些对她来讲都不是什么大问题。对于其中的某些要求，她毫不客气，坚决拒绝，非常果断。因此，她被认为是塑造芝罘学校生活方式的重要人物之一。

高登·韦尔奇和每个人都是朋友，他性格开朗，脾气温和，从来不会发脾气。他虽然没有大学文凭，但这并没有给他造成任何障碍。对于他所承担的各项教学任务，他都能完美胜任。他虽然并不擅长某项运动，但在辅导训练男生体育运动方面，依然不逊色于别人。在潍县时期，他从一名普通教师，升任集中营管理委员会成员，就是他在诸多方面才能被大家认

① 教会中神职人员的一种职位。

可的证明。

芝罘学校还要感谢那些负责日常照顾孩子们生活的保姆阿姨们，她们操持着繁重的日常琐事，把照顾这些远离父母的孩子当作日常工作，给他们准备饭食、洗衣服、整理房间等，甚至包括我们，也想当然地得到她们的照顾。她们还要指导那些在当地雇佣的中国妇女工作，还要和孩子们的父母保持联系，没有她们每天对孩子们的细致照顾，我们每天的教学任务是不可能完成的。安杰文（Angevin）小姐就是其中的代表，她在男校服务了很长时间，深受孩子们爱戴。在她离开学校后，很长时间我们都不能忘记她每天检查孩子们的衣服的情景，她工作认真负责，一点小的瑕疵，她都要立即去解决。此外，在我在学校的大部分时间里，普利迪（Preedy）夫人都是负责男孩子们服装的缝补和洗涤，在这个平凡的岗位上，她默默无闻，任劳任怨。要知道，保证一百多个男孩子们的衣服完整和整洁，这绝对不是一件轻松的工作。但对这些孩子来讲，他们的父母都远在千里之外，只能靠普利迪夫人为他们缝补衣服。因此，她只能没有尽头地终日忙碌，她负责的整个服装部门也是终日忙碌，一起忙碌的，还有那些缝纫工、裁缝、鞋匠等等。如果没有她们的奉献和牺牲，我们还能做什么呢？

还有那些负责收拾房间卫生的人，例如克林顿（Clinton）夫人、李斯特（Rist）夫人和许多其他从事这项工作的人。此外，还有一些人员，要为这个大家庭安排饭食、管理许多中国雇工、小心预防在热天引起食物中毒和疾病传染、给过生日的孩子准备生日蛋糕、在学校建校纪念日和其他一些节日为我们和所邀请的客人准备特别的招待；等等。

还有一些妇女负责学校的医疗保健工作，照顾那些生病的孩子，这一工作虽然不被大家关注，但对一个学校来说则是非常必需的。从事这项工作的那些妇女被描述为“担负最大的责任，最少被人知道，最少的薪水，却是世界上最值得褒奖的职业”。

在三所分校中，还雇用了很多中国人，他们或者为孩子们服务，或者为学校老师们的家庭服务，我们应该对他们的奉献和忠诚表示诚挚的感谢，也很珍惜和他们建立的友谊。我记得在男校，有一个脸圆圆的、满脸笑容

◎ 1898 年，女校中的中国雇工合影

的中国人，孩子们都叫他“则鲁巴贝耳”（zerubbabel）[①]，还有一个瘦弱的、经常满脸忧郁的中国人，孩子们称呼他“牧师”，还有一个身体非常健壮的中国人，孩子们称他为“海盗比尔”。这么多年过去了，在他们离开服务了多年的芝罘学校之后，在日本人侵略中国的那些年，以及以后中国共产党解放这一地区后，他们过得怎么样呢？我们一无所知。在预备学校和女校，也有许多这样为我们提供服务的中国人，芝罘学校的校友们永远不应该忘记他们。让我们为他们祝福。

第二次世界大战的爆发，对芝罘学校的生活也造成了一定的影响。布鲁斯爸爸有一个收音机，我不知道在我们的校园是否还有第二台收音机，当然在烟台外国人居住区的那些外国商人们家中，肯定还有收音机。因此我们也能及时了解在欧洲发生了什么。我记得，1939 年 9 月 3 日这天，我们听到一个悲惨的消息，德国人在冰岛北部沿海地区击沉了英国“雅典娜”号（*Athenia*）邮轮[②]。在第一次世界大战时期，没有任何约束和限制的潜艇大战，还仅仅是出现苗头，并没有大规模运用到双方交战战场，但现在，

① 则鲁巴贝耳，《圣经》人物，意思是“生于巴比伦”，是犹太王耶哥尼雅的儿子沙耳提耳的儿子。

② “雅典娜”号邮轮是英国一艘排水量达13500吨的邮轮，是二战时期第一艘被德军用U形潜艇击沉的英国商船，当时载客1103人，其中有许多准备逃离战火的美国人，发生在英德宣战之后不久。

◎ 学校背后的小路

这一切就在眼前发生了。

但是我们无法定期或者经常得到有关参战的芝罘学校校友的情况，以及他们的伤亡情况。自然也没有办法像在第一次世界大战的1914—1918年之间那样，芝罘学校在每周星期天在学校纪念堂举行的祈祷仪式中给大家宣读关于战争的消息。我们自己的处境，在日本侵略中国之后的阴影之中，就已经是非常的微妙和敏感了。如果我们被迫卷入这场战争，学校的命运只能期待和祈祷能得到上帝的指引。

我们很快就感受到了战争的气息。从我们教学楼面向大海的窗户向外望，就可以清楚地看到沙滩和海岸线，有一天，我们看到日本的海上飞机从停泊在那里的军舰上装上炸弹，然后从海面起飞，飞机掠过我们的教学楼和后面的小山，去轰炸烟台南部的山村，那里可能就有中国的反抗力量。

还有一天晚上，中国的游击队对烟台周边的日本据点发起攻击，在漆黑的夜晚，他们一直进攻到我们校园附近，我们能听到从校园后面的小路边，传来他们“杀，杀”的呐喊。很快，有一队日本兵赶到，他们装备着重机枪，我们甚至能听到游击队匆忙撤退的声音：“快撤，快撤。”从我们窗户那，就能看到重机枪开火时耀眼的子弹轨迹线，在夜色中非常显眼，不一会儿，好像就恢复了平静。第二天早上，一些胆大好奇的孩子们发现，在我们校园的围墙上，就有许多的弹孔。

我们也开始意识到，中国已经发生了变化。在一个星期天下午举行的祈祷仪式上，一个中国“伯特利会”（Bethel Band）的成员[①]，在他讲解《圣经》中关于“拉撒路复活”（The Raising of Lazarus）的故事时[②]，他富含深情地大声复述上帝的原话：“解开他，让他走！”在当时的处境下，许多听众联想到自己的命运，被他的演讲深深感染，当时的气氛给每个人心中都产生了极大的震动。

在整个30年代，在梅森（H. J. Mason）夫人来到烟台，作为中国内地会在这里的负责人之后，学校工作和中国内地会的传教工作之间的联系更加紧密，梅森夫人热衷于在烟台的一些工厂中向其中的妇女传播教义，她时常提醒我们，不要忘记我们来中国的目的。

在布鲁斯校长的时代（1930—1945），芝罘学校是一个变化和发展的时期。学校的气氛从保守、限制、禁忌转向理性和活跃，各种活动丰富，取得很好效果。尽管学校得到平稳发展，但此时的社会环境已经开始发生变化，在这种情况下，在戴德生先生创立芝罘学校70年之后，学校在烟台的办学结束了。

西方世界，特别是英国，对中国的巨大影响力此时也逐渐走到了尽头。随着中国的统一，民族的崛起，很大程度上也因为蒋介石的失败，西方世界通过强势的贸易、一系列战争、一系列不平等条约所获取的特权也彻底被打破。

日本随着经济的崛起，成为世界经济、贸易的重要力量，但作为一个军事征服者，在1945年由于战争失败而衰败，这一事件，彻底改变了世界权力的平衡。最后，中国在中国共产党的领导下崛起，提倡马克思主义理论体系，标志着这个东方巨人不再屈服于西方世界的指使和掠夺。西方传教士不再受到欢迎，自然，对于芝罘学校，这个培养传教士接班人的学校，也不可能会再容忍它的存在。我们无法预知到这些变化，就像我们也无法预知被囚禁、被驱逐一样，但是这些变化的种子必然是早已埋下。

---

① 伯特利，在耶路撒冷以北大约16公里，在《圣经》故事中，神把亚伯拉罕带到伯特利。“伯特利”在原文中的意思是“神的家（基督的身体）”。

② 拉撒路，又称“拉匝路”，是《圣经·约翰福音》中所记载的一个人物，他病死后埋葬在一个洞穴中，四天之后，耶稣吩咐他从坟墓中出来，因而奇迹似的复活。其中隐含的一个故事是：耶稣必须死，那样全国、全民族才能得救。

第八章　“通州”号海盗劫持事件

（1935年1月29日至2月1日）

中国是一个面积非常辽阔的国家，近一个世纪来，这样一个辽阔国家的绝大部分地区在绝大部分时间都处于混乱之中。然而，对于芝罘学校的师生们来说，从遥远的家乡不远万里来到烟台，在大部分的旅行中并没有遭遇什么重大危险，还算平安。但是我们依然无法忘怀那几次悲剧：金辅仁医生在一次乘坐羊皮筏子横渡黄河时，不幸落水身亡；约翰（John）和贝蒂·斯缇姆（Betty Stam）在内地战乱中被杀；薄复礼（Alfred Bosshardt）和成邦庆（Arnolis Hay-man）曾被扣留很长时间①。但是比较于成千上万公里的旅途，相对来说在我们的旅行中，受到上帝保佑，还是很少发生悲剧。

然而发生在1935年的海盗劫持事件却是个例外。这一事件，能成为当时全世界主流媒体的头条新闻，其原因在于这是一起极其恐怖的事件，但是在上帝的保佑下，我们的孩子们没有受到伤害和威胁，反而成为他们日后标榜勇敢引以为自豪的一种经历，而被他们永久记忆和时常提及。

相比于当时的混乱，现在我们可以更清楚地知晓这一事件的更多细节。与

① 薄复礼（1897—1993，或直译为“勃沙特”“波夏德”“博萨哈特”等）和成邦庆（1890—1971，或直译为“海曼”），是分别来自瑞士和新西兰的中国内地会传教士。他们在1934年10月1日和2日在贵州被萧克领导的红六军团扣押，后跟随红军长征长达一年半。薄复礼的回忆录*The Restraining Hand:Captivity for Christ in China*于1936年11月在英国出版，国内已有译本，书名分别是《神灵之手——一个西方传教士随红军长征亲历记》（严强、席伟译，黄河出版社2006年版）、《一个被扣留的传教士自述》（张国琦译，昆仑出版社1989年版）。成邦庆的回忆录稍晚于薄复礼完成，但一直湮没无闻，直到2003年新西兰坎特伯雷大学安琳教授（Anne-Marie Brady）在澳大利亚发现其后代所珍藏的原稿。该稿经安琳教授整理后于2010年在美国正式出版，书名可直译为《长征路上的外国传教士——中国内地会传教士成邦庆回忆录》。他们二人是为数不多的西方长征亲历者，故其回忆录受到研究者的特别重视。

其称呼这次事件是一次海盗事件，我们更愿意称其为一次劫持事件。这一事件，涉及芝罘学校 70 名学生和五位老师的生命安危。当时，正值寒假结束，他们正在从上海返回烟台。被海盗所劫持的轮船，属于英国太古轮船公司（Butterfield & Swire）的“通州”号客轮。芝罘学校根据过去的习惯，在寒假结束时，为了将在假期来上海的学校师生送回烟台，预定了这条船上的全部外国人舱位，以及所有中国人舱位的一等舱船票。轮船离开上海的时间是 1 月 29 日，这天是星期三，一切都按照计划表正常进行，许多学生的家长们都来到了码头送行。然后，在轮船驶离上海黄浦港后不久，就与沿岸失去了一切联系。

当时，我正在英国休假，打算正好利用这段时间，在伦敦的一家医院给我的膝盖动手术。我现在依然记得当我父亲来看我，告诉我从报纸得知这艘从上海返回烟台的轮船没有任何消息时，那严肃紧张的表情。发生了什么？他们难道被海盗劫持了吗？

不久，忐忑的担心得到了可怕的证实。当“通州”号驶出长江口，开始折转向北朝烟台方向航行的时候，一场经过周密策划的劫持事件发生了，做好充分准备的劫持者几乎在同时向“通州”号的甲板、船桥、动力室、无线电室发起攻击。在那个时代，沿着海岸线航行的船只都带有武装保护，以防止发生类似的这些袭击。同样，在“通州”号上也安排有四到五名俄裔护卫人员，在袭击发生时，这些俄裔护卫也进行了短暂但是英勇的抵抗，

◎“通州号”轮船

其中指挥抵抗的护卫队长中弹牺牲，轮机长的助手大管轮也身受重伤。劫持者最后还是控制了轮船，他们迫使船长将船转向朝南行驶。当时，担当护送芝罘学校男生任务的是学校教师内维尔·顿卡（Neville Duncan），他和 30 名男生被带到甲板之下的中国人一等舱区，不允许随便走动。担当护送女生任务的学校四位女老师，则和 40 名女学生被集中到轮船的大厅和邻近的舱房。这些劫持者在搜走他们身上携带的钱币、手表、自来水笔等值钱物品后，倒也没有过分来骚扰他们。

劫持者为了隐瞒“通州”号的身份，用白色的油漆在“通州”号的烟筒上刷上了条状装饰，同时，将船尾的“通州”号名称改为“东亚丸”。但这还是引起了在太平洋执行任务的一艘英国皇家海军军舰的怀疑，并派出飞机对它进行跟踪。

被劫持的孩子们一天供应三餐，从底舱中还搬来了几箱橙子，来给他们压惊。在第四天，轮船到达了广东省的航海湾（Hong Hai Bay）蜘蛛角，这里离大亚湾（Bias Bay）不远，位于香港以东 50 英里。这里是个臭名昭著的地方，几十年来都是以海盗们的巢穴而闻名。到达这儿之后，劫持者们开过来一艘平底船靠在“通州”号旁边，将他们在“通州”号上从芝罘学校师生以及其他中国乘客身上打劫的战利品搬到平底船上，其中包括 25 万美元的银行支票，这本来是计划带给天津银行的。也许这些银行支票正是这些劫持者劫持“通州”号的真正目的。具有滑稽意义的是，这些银行支票是不完全的，缺乏签字，有了签字，这些支票才能变成有价值的货币；没有签字，就是没用的废纸。

在 2 月 1 日这天，劫持者准备抛弃“通州”号，正在这时，从英国皇家海军“竞技神”号航空母舰（HMS *Hermes*）① 起飞的一架飞机飞临“通州”号上空。大部分劫匪们立即跳到平底船上，离开“通州”号向岸边逃

① “竞技神”号航空母舰是英国皇家海军设计建造的航空母舰，于1917年订购，是第一艘专门设计的航空母舰，被认为是现代航空母舰的始祖。“竞技神”号于1918年开工建造，由于第一次世界大战结束，以及结构布局需要进行大量的实验，建造工程进度缓慢，1923年才完工服役。标准排水量10950吨，满载排水量13200吨，采用蒸汽轮机为动力，航速为25节，采用全新的设计：封闭式的舰首，将舰桥、桅杆和烟囱合并成大型舰岛，位于全通式飞行甲板的右侧。当时载机数量为20架，随着舰载飞机尺寸加大，载机数量下降到16架。第二次世界大战中，1942年4月在印度洋锡兰（今斯里兰卡）“竞技神”号被日本海军第1航空舰队航空母舰编队的舰载飞机击沉。

去，还有一些留在"通州"号上的劫匪也从"通州"号上赶紧放下一条"通州"号携带的小船，向岸边逃去。他们逃走时挟持了船长、无线电话务员，以及四五个中国乘客。当他们到达海岸时，他们放弃了这些人质，匆忙逃向内陆。这时由于海上大浪，这些重获自由的人质也无法自己乘船返回"通州"号，他们只能赶快找了一个隐蔽的地方先躲藏起来。后来，从"通州"号上又放下一条小船，将他们解救上了"通州"号。两艘英国皇家海军的驱逐舰"三明治"号（HMS *Sandwich*）和"沙福郡"号（HMS *Suffolk*）这时也赶来救援[①]，之后，护送"通州"号驶往香港。

在香港，我们的孩子们受到热烈欢迎，不久，他们就又被送到上海，到达上海是在2月7日。在码头上，一大群人唱着《三一颂》(*The Doxology*)[②]来欢迎他们。这时，布鲁斯先生也已经从烟台赶到上海，来迎接和护送他们。学校的老师们在这些天里，整天提心吊胆，现在终于可以安心了，孩子们在上海又休息了几天。在劫持事件发生后的第十天，孩子们终于回到了烟台，在经历了这次重大冒险后逐渐安定下来，重新回到了他们的宿舍和教室。但是有几个孩子还到处炫耀一片纺织物，宣称这是劫匪老大的衣服碎片。

◎ 1935 年劫持事件中的内维尔·顿卡，发表于《北华捷报》

这一劫持事件，后来被当时护送学生的芝罘学校老师内维尔·顿卡完整地记录下来，向外界提供了报告。内维尔·顿卡是在1924年来到芝罘学校任教的。内维尔·顿卡在学校中给人突出的印象是多才多艺，在学校没有比他更多才多艺的老师了，他在集邮、观察鸟类、研究中国古董、蝴蝶、各种昆虫、绘画、摄影等方面都极有兴趣。并

① "沙福郡"号应该是英国海军郡级巡洋舰。
② 《三一颂》是不少传统基督教教会在聚会结束之前必唱的诗歌。

且他的兴趣还在不断扩大，特别是他的多才多艺对别人很有影响力，他很会鼓动别人同他一样对此充满激情。在课堂上，内维尔·顿卡授课时经常从课本上跑题，这个毛病几乎人人皆知，却受到鼓励，更受到学生们欢迎。他买了一条二手的帆船，称之为“法螺”号（Triton）。在1938年，内维尔·顿卡和爱丽丝·拉克兰（Alcie Lachlan）订婚，她也是一名中国内地会传教士的女儿，结婚之后，他们离开了芝罘学校回国定居。在英国，内维尔·顿卡任教于著名的陶顿中学（Taunton School）①，在从教几年之后，于1947年去世。

① 陶顿中学位于英国西南部的陶顿，从伦敦或者伯明翰坐火车只需约2小时车程，是一所拥有150年以上历史的英国名校，学校拥有19世纪的古老校舍，占地约56英亩，在校学生450名，多数毕业生能被牛津大学、剑桥大学等英国名校录取。

第九章　其他人的记忆

日本对中国的侵略在1937年达到高潮。以延安为根据地的中国共产党急切呼吁和强烈要求蒋介石对日本的侵略行径采取坚决的措施。之后，中国共产党的军队跨过黄河，在山西建立游击队，并且力量不断壮大。此时，日本侵略者开始对他们在北京和东北的处境感到担忧。于是不可避免的，在北京城外的马可·波罗桥（Marco Polo Bridge）[①]附近，在日本军队调防过程中，中日双方军队发生了冲突，中国军队被迫开枪还击，于是中日战争全面爆发。此后，日本军队很快突破了防卫力量非常薄弱的中国军队防线，在很短的时间内就占领了整个中国沿海地区，并沿着长江向中国内地推进。烟台在1937年沦陷，在这没有遭到中国军队的任何抵抗。

在最初期，中国内地会的总部设立在上海，这座中国内地会总部大楼在中日双方在上海的战斗中遭到严重破坏，所幸的是，在战争爆发前几个月，中国内地会总部已经搬迁到这座城市另一头的一座新的宽敞建筑中去办公了，这真是天意。形势很快变得非常清楚，这场战争必然会影响到总部的日常工作，大家达成的一致意见是，总部的管理人员和机关中枢机构，最好还是迁往重庆，这是中国的战时首都，在上海仅仅保留了中国内地会总部的一个空架构。

在1938年，当一群中国内地会新招募的人员来到中国的时候，非常明显，由于战争的原因，中国内地会本来设在安庆，这座长江中游城市的传统语言培训学校，不再是一个可以安静学习的地方了。于是，这一年新招募传教士的语言培训工作，总部决定就安排在芝罘学校进行。这些年轻人的到来，受到芝罘学校的热情欢迎，并就在这里受洗成为“先知之子”（the Sons of the Prophets）[②]。很快，这些年轻人就成为芝罘学校一道特

① 即卢沟桥。

② 这是英国基督教新教中一个由年轻牧师组成的组织。

殊的风景，特别是在男校。他们在芝罘学校一直待到第二年，直到被分配到中国内陆开展传教工作才离开，其中，他们中的大部分都被安排去了中国西部，在那儿，他们可以远离战争之地，去完成自己的传教任务。

在这群年轻人中间，就有戴本利（David Bentley-Taylor），他收到芝罘学校的邀请，留下来成为男校的老师，从 1939 年 5 月到 1949 年 7 月，一直在学校任教。戴本利是牛津大学三一学院的毕业生，能流利使用好几种欧洲语言，在国外生活了很长时间。戴本利的日记，给我们讲述了许多在那段时间发生的非常有趣的故事，非常鲜活地给我们描述了当时的一些生活：

> 1939 年 6 月：这是一个炎热的夜晚……我听到几个日本哨兵在距离我仅有 50 码的地方喋喋不休地闲聊，不时有日本人的军车从城里开进开出，海面上微微的细浪拍打着海岸，带来些许清爽的海风。

战争使得烟台成为日本人的占领地，但这时英国和美国还没有卷入这场战争，因此，这时在中国的英国公民和美国公民仍然是中立的，虽然在日本人眼中，我们已经被看作是“中立的敌人”。

> 1939 年 6 月：我顺便去看望一位生病住院的男学生。在几周之前，他收到了一封位于“自由中国”（也就是指非日本人控制区）的父母写给他的信。……我非常高兴地看到他对上帝的信仰是如此的坚定。……在半夜，我突然被一个孩子的尖叫声惊醒，这是一个父母还在中国西部地区的孩子，他被自己刚才的一场噩梦所吓醒。
>
> 1939 年 7 月：在 6 月中旬，有 8 艘美国海军的驱逐舰来到烟台海湾停泊。……这些美国军舰的到来，在内心让我们感到安全，这真是一件让人高兴的事，特别是在占领烟台的日本人不久前曾鼓动烟台的居民发起了一场声势浩大的反对英国的游行之后。……更让我们高兴的是，从美国海军舰队的旗舰黑鹰号（*Black Hawk*）上放下来两艘中型艇，载着 150 名芝罘学校的学生，包括男生、女生，还有预备学校的小孩子们，前往灯塔岛（即崆峒岛）游玩。……这是我们在这段时间里最快乐的时刻，灿烂的阳光，欢快的心情，一生中也不多有。
>
> 高兴的时候时间过得总是格外快，我们返回港口比预计的时间晚了不少，主要原因是因为有一艘中型艇提前返回母船，只有剩下的一艘中型艇要往返两次接回所有的孩子。这时海风很大……天气开始变冷……我们把救生衣紧紧绑在身上，以保持温暖。

◎ 烟台港中停泊的美国舰队

形势好像变得对我们欧洲人越来越艰难了。1939 年 9 月，一个不可避免的战争，在西方盟军和纳粹德国之间爆发了。每一个人都在心中惶恐地思考，什么时间，多快，在中国的这些英国公民将受到战争的冲击。

1939 年 7 月：我经常在学生的集体宿舍里聊天安慰他们……我努力让自己尽可能在每一个学生的床上坐一会儿，给他们讲关于芬兰、奥地利、瑞士，以及其他我所知道的国家的故事。……这是一种办法，因为芝罘学校和我所工作过的英国其他学校有许多不同的地方……在芝罘学校，学生和老师的关系显得更加密切，而相反的是，学生们和他们的父母由于距离上的关系，以及战争时期特殊的社会环境，之间的联系反而不是非常密切。……芝罘学校整体上的氛围和思想、精神都是不一样的，我想说的是，更加密切和温暖。

1939 年 11 月：时间过得真是快。战争好像已经持续了好长时间。……在早晨天色还没有放亮之前，我不时看到满载着日本士兵的军车经过海边的道路。……我们对于他们去哪儿，去干什么一无所知。

在 1939 年至 1940 年的那个寒假，许多孩子们依然可以自由回家度假。但是事态的发展还是超出了我们的想象，这种自由很快就走到了尽头。

1939 年 12 月：许多孩子因为战争的原因，这个寒假无法回家和父母相聚。……我在整个假期每天工作 14 个小时。为孩子们准备庆贺圣诞节是一件让人很愉悦的事情，我们准备蛋糕、太妃糖、各种软糖，用印有“以马内利”（emmanuel）或“上帝和我们同在”字样的各色旗子装饰餐厅[1]，还用各种小东西装饰圣诞树。没有固定的节目，只要能让孩子们高兴就行，他们朗诵，在外面玩游戏，到城里去逛街，去爬旁边的小山等等。他们喜欢这样的自由。

这是孩子们能够享受的最后的自由了。

12月24日：圣诞节前夜是一个星期天。……我被大家请求讲一个非常精彩的故事《第四贤者》（*the Fourth Wise Man*）[2]。然后是晚餐，之后在学校的操场上进行了一个小时的唱赞美诗。在此之后，我加入了一支大约有60人组成的游行队伍，沿着事先设计好的路线，边走边唱赞美诗。在我们的队伍中，有中国内地会的传教士，还有其他教会的成员，还有来自不同国家的一些朋友，游行一直持续了近三个小时。在行进的过程中，我们举着火把，还有中国式的灯笼，在夜晚这个场面一定非常壮观。对了，还有我们学校的管弦乐队。……当我们在一所房子外面唱赞美诗的时候，我们注意到有一些日本士兵在他们的营房里听我们歌唱。在我们返回途中走到接近学校校门的时候，我们还遇到了几个日本巡逻兵。……有四个日本士兵向我们走来，在月光下，他们的刺刀闪闪发光，

◎ 芝罘学校大门

① 以马内利，基督教《圣经》中先知以赛亚（Isaiah）及圣徒马太（Matthew）等对耶稣基督的别称，意为：上帝与我们同在。

② 这是一个西方非常流行的童话故事，也是在圣诞节期间大人给孩子们最常讲的故事之一，讲述的是在耶稣诞生时，第四个贤人因为忙于帮助别人，错过了去拜见刚刚降生的耶稣，但在33年之后，他有一次非常离奇的机会，终于见到了耶稣的故事。

很明显，他们对我们的这种仪式感觉非常好奇。他们要求我们出示通行证，但是没有一个人带通行证，我们建议我们可以给他们唱首赞美诗。在黑夜中，他们穿着军服，头顶钢盔，斜靠着他们的步枪，肩并肩站着，听我们唱。我们唱了三小节《牧羊人在夜晚看他们的羊群》（*While Shepherds Watched Their Flockby Night*）[①]。这时高登·马丁说："我想这就可以了。"然后我们60人一起向他们鞠躬，之后我们就进入了校园，在那里已经给我们准备好了热可可和饼干来恢复体力。

圣诞节：圣诞节这一天对我来说是在2点才开始的。

之后，就是把为圣诞节准备的各种礼物，装满准备好的长筒袜，直到再装不进去为止。

第二天一大早，在早饭之前，许多人都来参加在校园的巡游，以便早餐能有个好胃口。圣诞树周围堆满了装礼物的盒子，堆得高高的，

◎ 在芝罘学校男校举办的圣诞节庆祝活动

① 《牧羊人在夜晚看他们的羊群》，又称为《牧人闻信》，是一首非常有名的圣诞节时唱的赞美诗，称为"圣诞颂歌"。是由英国爱尔兰的桂冠诗人那鸿·塔特（Nahum Tate，1652—1715）创作，写于1702年，1745年修改后，成为新教教会诗歌集中不可或缺的一首圣诞节歌曲。曲谱原名叫《圣马丁》，是英国作曲家、音乐理论家坦苏尔（William Tansur，1706—1783）于1736年创作的，是坦苏尔具有代表性的一首歌曲。《牧人闻信》的歌词由原清华大学陈梦家先生翻译为中文并加以修订。中文歌词为：牧人夜间环坐草场，看守所牧群羊，忽然天使从天下降，周围灿烂奇光。牧人一见，不觉心惊，天使便说：勿惊，我来报告快乐佳音，关系世间万民。按古预言，大卫王城，今日救主降生，耶稣基督，为此圣名，即此便是明证。至尊天婴，下降世间，凡人都能亲见，身裹白布，异常卑贱，喂马槽中安眠。天使语毕，忽有光明，显现一群天军，赞美上主，欢乐歌声，声声飘逸幽清。荣光全归天上真神，平安普赐世人，至此以后，上主慈恩，永远眷顾生民。

◎ 1916年，圣诞节部分教师合影

这是为每个人准备的礼物，以便在今后的几天，让孩子们都能充满快乐。在圣诞节晚上，大家享用了在预备学校举行的大餐之后，有一个简短的文艺表演，还有高年级的孩子们的游戏节目。大约在5点钟，由高登·马丁表演的节目掀起了整个晚会的高潮，节目的内容是反映圣诞老人的故事。

1940年1月，这是当年冬天最冷的时候了，戴本利写道：

天空呈现出铅黑色，视觉上天空好像特别的低，大海呈现出深灰色，表面漂浮着不大的一块块的浮冰……冰块在海浪的推搡下堆积到岸边，而一波一波的海浪不断推高和延长这些冰块的范围。……在2月中旬，天气逐渐开始温暖……很快，我们就迎来了好天，温暖灿烂的阳光从黎明到黄昏，空气新鲜而清爽。

但对于学校老师，特别是布鲁斯先生来说，随着从欧洲传来的那些坏消息：法国的沦陷以及敦刻尔克（Dunkirk）海滩大撤退[①]，心情则变得越

① 敦刻尔克是法国东北部靠近比利时边境的港口城市，以第二次世界大战中发生在这里的敦刻尔克战役和英法军队敦刻尔克大撤退而闻名。在第二次世界大战初期，由于德军的凌厉攻势和法国的投降，几十万英法联军在欧洲大陆处于极其危险的处境，从1940年5月26日到6月4日，英国政府紧急调集了所有能抽调的军舰和民船，无数业余水手和私人船主也应召而来，他们驾着驳船、货轮、汽艇、渔船，甚至花花绿绿的游艇，冒着德国飞机、潜艇和大炮的打击，往返穿梭于海峡之间，将一批批联军官兵送回到英国本土。在短短10天时间，这支前所未有的“敦刻尔克舰队”把35万大军从死亡陷阱中拯救出来，为盟军日后的反攻保存了大量的有生力量，创造了二战史上的一个伟大的奇迹。这就是著名的敦刻尔克大撤退。

来越焦灼，如何保证整个学校老老少少这么多人员的平安这一职责，成为一个巨大的压力。

1940年3月下旬：复活节（Easter Saturday）这天一大早[①]，一大群高年级的孩子集合在我的房间做早祷告。……早餐后不久，我就和他们一起在操场上做游戏。……午饭后不久，我带着这些高年级的孩子去爬学校后面的我们称之为“亚当的下巴”的那座小山。……整个校园都洋溢着节日的气氛，孩子们和老师们都在学校做各种游戏，场面热闹。……每个孩子都在尽情享受他们的假日。在大海边、小山旁的这座美丽校园里，却时刻面临着日本人和战争的威胁，而我们没有任何交通工具。……这种形势某种程度上说是非常复杂和矛盾的，不但我以前没有经历过，之后也从来没有再遇到过。

4月3日：春天又来临了，周边的田野开始慢慢变绿……为了准备学校每年例行的运动会，每天开始锻炼一小时。

4月4日：大风，带来了降雨以及海上的大浪，典型的英国式天气。

4月11日：天气温暖，刮风，我们好像感受到一个忽然的跃升，向着夏天的炎热跨入了一大步。

4月23日：晴朗灿烂的阳光，清新的空气，“黄金时代”好像又降临了。一个微微有点驼背的老人出现了，他就是戴存仁（Herbert Taylor）先生，是中国内地会的创始人戴德生先生的大儿子，也是芝罘学校的毕业生。我能向他去致意问好吗？给他捋捋胡子表示亲热吗？是的，我想应该可以。

5月22日：天气已经很热了。昨天晚上，强劲的南风刮了一夜，刮得学校房间的门窗砰砰乱响，也把炎热刮到了任何一个角落。

学校的正常秩序还在按部就班地持续。虽然欧洲的战事愈演愈烈，但好像并没有对学校的教学和生活产生多大的干扰，但也发生了一件事，在日本人所控制的城市管理机构的压力之下，发生了一次由受雇于外国人的中国人所组织的罢工，这次罢工准备充分，组织严密，其

① 复活节，也称为主复活日，是一个西方的重要节日，在每年春分月圆之后第1个星期日。基督徒认为，复活节象征着重生与希望，为纪念耶稣基督于公元30到33年之间被钉死在十字架之后第三天复活的日子。

◎ 戴德生的儿子戴存仁，从潍县集中营被解救时已经85岁，5年之后在英国去世

中波及在芝罘学校三所分校从事服务工作的许多中国雇工。在5月2日这天，中国雇工被组织集体上街游行。学校的老师和学生们立刻饶有兴趣地临时填补了以前这些中国雇工的工作，很快就自发地组成了一支支的分工有序的劳动队伍，有负责食堂的，有负责清洁卫生的，还有负责打水的等等。罢工活动虎头蛇尾，在30个小时之后，就悄无声息地结束了。所有参与这次罢工活动的雇工都非常反感这次活动。写在墙上的各种罢工口号也是平平淡淡。

同时，有一些高年级的男孩子和女孩子们则聚在一起，创办了一份校内的杂志《儿童杂志》（*The Children's Magazine*），事实证明，这份杂志引起了学生们的极大兴趣。杂志第一期出版后，还专门送到上海，去安慰当时在那里的大量犹太难民。这本杂志给那些阅读过它的很多人都带来了快乐，更多的生活必需品也送到上海，给这些犹太难民提供帮助。

决定命运的1941年终于到来了。在这一年，苏德战争爆发。日本明确表示对德国予以支持。美国尽量保持自己不卷入欧洲战事，保持中立。但是，随着日本偷袭位于檀香山的美国太平洋舰队基地珍珠港，整个世界都被这空袭的爆炸声所震颤而发抖。结果是，导致美国立即对日本宣战。然而日本也在第一时间开始进攻英国在亚洲的殖民地中国香港、新加坡、马来亚等地，并很快就成功占领。有两艘驶离新加坡的英国轮船，还被日本舰队用鱼雷攻击沉没。就这样，整个世界都开始陷入了第二次世界大战的泥潭和疯狂之中。

第十章　被囚禁的岁月

对于芝罘学校的老师和男女学生们来说，三年的囚禁岁月，真可谓是一场难忘的人生经历。我们学会了在失去中国内地会总会支持的情况下同甘共苦，学会了如何处理对我们来讲完全陌生的工作。有一件在这一时期发生的事，让我们非常自豪，这就是牛津大学负责地区资格考试的机构授予我们一个特许，授权芝罘学校自己命题组织毕业考试，这一结果就是，我们能顺利培养三届毕业生。牛津大学考试委员会对芝罘学校的了解和两者之间的合作已经超过了 30 年，当战争隔断了我们之间的联系，他们接受了我们自主组织考试，承认我们的考试结果，这对我们来讲是得到了莫大的荣誉，也让我们对自己充满自信，对于这份信任，我们感到非常的骄傲和自豪。

被囚禁的最终结果，就像是一场大海中的惊涛骇浪，是逐步发展的，直到最后我们终于失去人身自由。日本人最早侵占烟台是在 1937 年夏天，但直到 1941 年偷袭珍珠港事件爆发，我们并没有被日本人视为敌人，而是保持中立的居民。因此我们的日常生活和教学还是按部就班，学生们也可以照往常一样在假期回家和父母团聚。但在珍珠港事件之后，这一切都发生了变化。1941 年的 12 月 8 日这天，这天正好是星期一，离开学校回家度周末的当地学生回校后，带来了日本突袭珍珠港的消息。在芝罘学校男校的校园围墙南边，建有一所日本人的学校，这一天，日本人学校的日本孩子也嚣张地隔着围墙开始往芝罘学校扔石块和谩骂我们。

就在这天下午，一辆卡车开到芝罘学校大门口，车上拉了满满一车的日本人，有穿着军服的日本军人，也有穿着便装的日本人，大约有十来个人下车后径直朝男校教学楼走来。那天，我正好是值班负责人，我非常不安地走上前去和他们打招呼，他们向我询问布鲁斯在哪里，我顺从地把他们领到了布鲁斯的办公室。时间不长，他们就离开了布鲁斯的办公室，同时将他带走拘留。我们很快就听说，城中的鲍勃·马茂兰先生（Bobs McMullan），以及其他一些重要的英国和美国人士也在当天被拘留。他们被拘留在离圣安德鲁教堂（St. Andrew's Church）不远的海岸街（Bund）的阿斯特饭店（Astor House Hotel）。与此同时，端着刺刀的日本兵包围了我们的校园，还闯入学校的食堂索要食物。这还不够，时间不长，日本人就在学校的门口张贴了一张通告，蛮横地宣布从现在开始，学校的一切财产都属于日本军队所有。

正巧这时，雷金纳德·哈里斯正在护送一群学生在天津参加活动，我们非常担心是否他能够带着学生平安归来。真是感谢上帝，他带着这些孩子在历经千辛万苦后，辗转迂回返回学校，我们都非常高兴，心里的一块石头总算落了地。

珍珠港事件发生之后不久，芝罘学校的寒假就要开始了，我带着一个班的学生们又开始准备我们圣诞节的木偶剧排练。在这部木偶剧中，有一个木偶角色是像秃鹫一样的鸟，拥有爪子和可伸缩的脖子。我记得，我们提着这个木偶满校园一面跑，一面用控制木偶的线让这个木偶做着不同的动作，吸引了不少好战的日本巡逻兵前来观看我们的这一游戏，他们被逗得哈哈大笑。然而学生们中间那些年龄较小的孩子，对这些忽然冒出的带着刺刀的不速之客感到恐惧，但当看到这些日本兵也哈哈大笑，才意识到他们至少也是人类，稍稍也得到了些许放松。现在，许多事情都处于不确定状态，更要命的是学校的资金提供渠道也已经中断，在这样的困难状况下，这些有限的快乐有助于我们度过那些艰苦的日子。布鲁斯先生被允许暂时离开所囚禁的地方，回到学校和我们一起参加学校的圣诞节庆祝活动。直到1月25日，他和其他被囚禁的人员终于被释放，但是，鲍勃·马茂兰先生却再没有回来，他在被日本人囚禁之后不久，就不幸去世。

这时，我们发现学校已经处于一定程度的财务困难之中。在学校和教师家庭中雇佣的服务人员数量被迫大量压缩，我们不得不对学校教师及家属，以及学生们实行食物定量供给。学生们非常懂事和理解现状，积极响应这一决定，并热情主动地承担起一些宿舍的清洁整理工作。在危急的情况下，唤起了他们的责任意识和忠诚意志，对于很多人来说，越是在困难的情况下，他们的精神和意志越是能得到锻炼和提升。

日本侵略者已经开始明显表现出觊觎芝罘学校校园的意图，学校漂亮的建筑非常适合做这些侵略军的指挥部。他们逐步开始侵占校园，首先使用男校的操场来进行棒球比赛，甚至在星期天也占用，我们的孩子们则无法再使用。我们冒险写了一封抗议信，一个日本上校非常生气地传唤学校的男教师去见他。

当时，布鲁斯、霍顿和我正在阿瑟·劳斯家中玩网球，一个男学生气喘吁吁地跑来找我们，告诉我们一个日本军官要见我们。在男校的教师休息室里，这个日军上校对着我们所有人大声训话，他宣布，我们的抗议信是对日本军队的侮辱，同时他还宣布，学校的所有东西，包括他从桌子上拿起示意的一个搪瓷肥皂碟，都属于日本军队。

听着他的这些喋喋不休、长篇大论的训话，我反而感到一些轻松。我心里想，如果他想还要采取更进一步的强烈措施，他也许根本用不着对我们费这么长时间和这么大声音训话了。

然后，他们在校园的商品部附近建立了一个马厩，更让我们感到悲伤的是，他们在芝罘学校的校园中，设立了一个神道教的祭拜场所。并且他们还占据了学校的医务室和校医院，以及我们的宿舍楼，而把我们驱赶到了学校对面的一座建筑中。这些逐步的侵占活动明显表明，学校的生存已经受到严重威胁，但是非常奇怪的是，即使在这个时候，我们那些居住在烟台城中的外国朋友们，没有受到任何这样的侵占行为威胁。于是，我们自以为是地认为，应该将学校的一些财产想办法转移到他们那里保护起来。在这一想法的指导下，我就将一些我个人拥有的珍贵的希腊文图书送到普拉蒂塞斯（Paradissis）先生家中保存，他是当地的希腊领事馆领事，请求他代为保管这些书籍。在当时就没有考虑到，也没有担心，是否这些东西在这里就真能躲过战争的破坏。一天晚上，我和一些男学生还将一些精美的产自中国北方的地毯，从预备学校取出，将它们偷偷转移到默里（Murray）先生家中，他也住在烟台城中的外国人居住区。在我们举行圣餐礼时使用的一些容器，我把它们藏在我小儿子的婴儿车中，骗过守卫在门口的哨兵，将这些东西暂存在烟台城中的英国圣公会牧师那儿，以免被日本人抢走。

◎ 毓璜顶，在烟台囚禁时期学校的临时校舍。这里有一座古庙，芝罘学校从1942至1943年，在这里度过了两年的囚禁生活。就在这座古庙中，在1876年，签订了《烟台条约》，在这份条约中，迫使清朝政府开放了新的对外贸易港口

◎ 1942年11月5日，我们被迫迁往毓璜顶集中营

然而，在1942年10月，断头台上的铡刀终于掉了下来。除去我们芝罘学校的师生之外，在烟台居住的所有西方人，被全部集中驱赶，关进了位于毓璜顶的一个院落。他们拥有的所有财物，全部被没收，当然也包括我们之前设法暂存在他们那儿的物品。我们绞尽脑汁试图藏匿的这些财物，反而成为我们最早失去的东西。很快，我们的好日子也到头了。不久，我们也被集中驱赶到了毓璜顶，这个日本人在烟台设立的专门关押西方人员的集中营。根据日本人给我们的命令，我们尽可能在每一座房子中，都安排了几个身体相对健壮的男性，以便照顾和保护其他人。在这里，日本人共分配给我们四座房屋，分别安置男校、预备学校的学生，以及部分学校老师；另一座相对较远一点的房子，用来安置女校学生。在11月4日，我们的行李以及一名打前站的老师就从芝罘学校的校园来到了我们的这一新安置点，第二天，所有的学校师生都来到了这里，斯坦利·霍顿带领着男孩子们，徒步从学校校园列队前往毓璜顶，他们一边列队向毓璜顶进发，一边唱着歌曲《神依然坐在宝座上》（*God is still on the throne*）。

自从战争爆发之后，一直有一些人批评中国内地会总部，认为是他们的决策失误，从而造成大量孩子被关进了集中营。为什么在日本侵略者垂涎芝罘学校校园之前，不把孩子们从烟台撤离呢？回顾1941年，芝罘学校有住宿制学生320人，以及一些走读生。自从1937年日本占领我们所在的中国部分领土之时，中国几乎所有的沿海地区全部沦陷，我们学生们的父母们，他们的所在区域，被分成了两部分，一部分是由蒋介石所控制的自由中国地区，另一部分则是日本人所占领的沦陷区，而从一个地区转移到另一个地区是非常困难的。

我们已经尽最大努力，让孩子们尽可能回到他们的父母身边，到1942年11月，在我们被关进集中营之前，我们已经转移走了几乎一半的学生，寄宿制的学生这时只剩下120人左右。我们能把这些孩子转移到哪里去呢？首先，将他们送到国民党统治区域，这是一件非常困难的事情，这需要得到日本人的允许，无疑这是极其危险的事情。其次，如何保证这些孩子们能够继续得到教育？其三，如果将这些孩子们送回各自的祖国，在当时情况下，这更是一件比登天还难的事情，同时，这还涉及中国内地会传教政策的根本性变化。

当时，非洲国家莫桑比克的首都洛伦索－马贵斯（Lourenco Marques，现在称为马普托），是距离中国最近的中立国港口，在那里日本和美国可以交换在日本和中国居住的西方人。中立国瑞典的一艘名为“格里普斯科尔摩城堡”号（*Gripsholm*）的轮船[①]，经常被我们提及，利用这艘轮船，这一交换就可以实现。任何一种有可能撤离的计划都认真地被研究讨论过，当时甚至有计划把学校撤离到南非。但这些计划，都因为各种各样的原因，而无法实施。

在烟台的学校老师，与在上海的中国内地会总部执行机构，一直保持着密切的沟通和联系，我们同时与英国外交部和美国国务院也保持着密切的联系，还有瑞士大使馆，在珍珠港事件发生后，瑞士大使馆给了我们很大的支持，很多方案都进行了认真的调查和分析研究。此外，不论是在烟台的学校师生，还是远在上海的中国内地会总部的决策者们，从来没有忘记向上帝祷告，以期能给我们指引一条道路，明示我们是要撤离还是需要留下。所以说，我们之所以最后被日本人关押，并不是愚蠢或者迟钝的结果，而是有着复杂的原因。

在毓璜顶，日本人不允许我们雇佣服务人员，虽然他们曾经答应过我们，每一栋房子可以雇佣两个服务人员。因此，为近 60 人安排日常生活的繁重工作就落到了学校的女教师身上。当然，给土豆削皮以及打扫地板之类的工作，可以由孩子们承担。我们还需要自己铲煤生火，以便能够为学校师生提供足够的热水。

在最初的几个星期，我们不得不想尽一切办法来维持我们的基本生活。之后，我们才开始有条件逐步恢复上课。我们还喂养了几头猪，以便养肥后，给学校师生提供肉食，也为以后可能的某次宴会做准备。我们还出版了一本杂志，名为《毓璜顶闲话》（*The Temple Hill Tatler*）。在艾琳·巴奇尔（Elieen Bazire）夫人的筹划下，我们还举办了一场音乐晚会。经过大家共同的努力，我们逐渐适应了这里的生活，尽可能将这里的生活安排得井井有条。但是冬天即将到来，我们如何去应付？明年夏天呢？到时候我们该怎么办呢？我们必须要清醒地认识到，我们将必须忍受一段时间的艰苦日子了，我们现在孤立无援，短时间内也看不到希望。

---

① 格里普斯科尔摩城堡，是瑞典最著名的中世纪城堡，这座复古风格的城堡建于450多年前，被公认为世界最为著名的九大城堡之一，现在这里也是瑞典国家肖像画廊所在地。

所有的孩子们每人都携带了完整的一套他们所处年级的课本。这一学年结束后，他们的这套课本还必须要留给下一年级继续使用。我不记得我们是如何解决练习本的问题的，我想我们一定是通过什么办法获得了一些。我们坚持分别在早晨和晚上进行祷告仪式，我一直记得很清楚，在这段时期，我们在《圣经》学习方面所取得的优异成绩：学会了 379 篇赞美诗和 107 首圣歌，朗读和吟唱这些赞美诗和圣歌，不但丰富和活跃了学生们的文学学习，甚至还提高了数学能力，更重要的是，让我们每天的生活，不再是对现实的绝望，而是通过长久的祈祷唤起了对未来希望的信心。

在如此狭窄空间生活的男孩子们，意想不到的是，他们呼吁开展童子军的活动。在我记忆中，这一活动是由斯坦利·霍顿和雷金纳德·哈里斯两人来具体指导的。罗伊·希曼（Roy Seaman）是我们的后勤保障负责人，他负责和日本人沟通。每天学校师生需要的蔬菜和其他生活必需品，都要委托日本看守从外面采购，罗伊·希曼就负责对这些物品的计划和接收。我记得有一次，罗伊·希曼正在一名日本中士面前，蹲着查验从外面采购的物品，这时，希曼夫人正好从厨房走出来，手里端着一个大碗，里面装着满满一碗坏鸡蛋，她将这装满坏鸡蛋的碗也放在这名中士面前的地上。罗伊·希曼向这名中士解释，日本看守从外面买来的鸡蛋中，有很多都是坏的。这名中士被罗伊·希曼的这一举动激怒了，他猛地抬起脚，向地下的这碗坏鸡蛋踢去。我们可怜的罗伊·希曼正好蹲在他面前，满满一碗散发着恶臭的坏鸡蛋全部泼在了他的身上。

我们安装了一个手工操作的石磨，孩子们喜欢把玉米粒磨成粉后，做成玉米饼吃。布鲁斯先生得到一个特许，允许他每天前往女生居住的那栋房子去看望那里的孩子。我记得我们还得到一个特许，允许兄弟姊妹之间也可以探望见面。和我们在一起的，还有一些退休了的中国内地会传教士，其中让我们非常感动的是，威廉·泰勒（William Taylor）夫妇付出了巨大努力，承担了繁重的工作，尽可能为我们的孩子们增加营养强壮身体，以及安慰他们共同度过艰难时光，这需要巨大的勇气和毅力。我们所身处的环境让我们非常忙碌，这对我们来说也是件好事，但在我们的记忆中，都是一些诸如此类的琐碎事情，没有什么特别的深刻印象。

在 1943 年的夏天，有消息传来，要将我们迁移到设在潍县的一座更大的集中营去。现在，在毓璜顶集中营大约有 400 人，但日本人依然觉得将我们这些西方人分别关押，在经济上有些太不合算。我们已经有点习惯了在毓璜顶的生活，真的是不愿意被迁移到别的地方。但是这未必也不是件好事，这里的生活，对于那些女士们来说，因为要为60多个孩子准备日常饮食和照顾日常生活，实在是一个沉重的负担。当我们到达潍县的时候，我们发现在那儿集中了大量的人员，其中有很多都是成年人，有能力承担沉重的工作。在毓璜顶，我们中间成年人很少，但要照顾大量的未成年人，所以感到非常的力不从心，但在潍县，很多成年人可以分担我们的一些工作，这难道不是上帝的特别安排吗?

我们尽可能将自己的所有东西都打包准备带走。我们将自己的行李打好包后，全部堆在门口，以便可以被统一运到港口。晚上我为了照看这些行李，就在行李顶上睡觉。在半夜，我忽然被一个声音惊醒，我看到有一个小偷正在拖我们的箱子，我立即大喊一声，小偷丢下箱子落荒而逃，我再也没有追赶，就让他逃走了事，好在也没有损失什么。看管我们的看守还算对我们友好，给了我们48个小时准备行程，我记得我们利用这段时间，将这些行李运到港口，看着它们装上一艘小轮船，随后，我们全部人员也登上这艘轮船，所有我们的行李，都装在轮船的最上面。

轮船出发的时候，为所有师生准备的早餐面包还没有发到他们手中，也就是说，我们所有人都还没有吃饭。然而，轮船驶出港口后，在港外忽然停了下来，负责饮食的老师们抓紧机会，给我们分发了这一天需要的食品，他们对自己承担的工作都极具责任心。我记得，那天在船上我们甚至还有西瓜吃。睡觉的问题我们就只能自己想办法解决，哪里合适

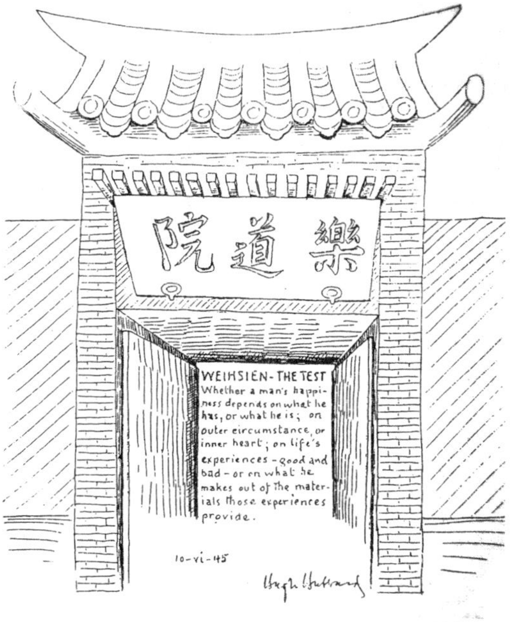

◎ 潍县集中营的大门。这里是原美国基督教北美长老会传教团在潍县的驻地，芝罘学校在1943—1945年期间被囚禁在此，在门上镌刻有三个中文大字“乐道院”

就在哪里睡，有很多人睡在轮船船舱光秃秃的地板上，我就带着许多男孩子睡在那儿。

就这样，有赖于好的天气，我们所乘的轮船绕过山东半岛到达了青岛。第二天，我们就又改乘火车前往潍县。我记得，当时大约是下午5点，我们满脸疲惫，筋疲力尽，甚至是蓬头垢面，在大约1200双眼睛的注视下来到潍县集中营，这个我们的新安置点。在此前，已有近1200名西方人士被关押在这里。他们已经为我们准备好了茶水来解渴（当然不可能有牛奶和糖），他们还安排了房间让我们休息，还借给我们许多毯子。但是他们却认为我们是不光彩的交易者，因为在此之前，在潍县集中营关押着近500名罗马天主教的神父和修女，这是一支很让人羡慕和期待的劳动力。但是他们的大主教和日本人达成了一个协议，将这500人转移到了位于北京的一座专门关押罗马天主教徒的集中营。这样，他们腾出来的地方，就用来安置我们这些来自芝罘学校的师生，这意味着我们这些人中，未成年人和老人占了多数，没有足够的劳动力，这的确是一笔很不合算的交易。

但是不久以后，我们的孩子们就得到了良好的赞誉，他们热情、活泼、忠诚、体贴人，我们这些新来的芝罘师生赢得了他们的尊重。当我们观察集中营中的其他人群的时候，我们更加感谢命运对我们的照顾。已经在潍县集中营中生活的这些西方人，他们之间并没有很好的组织，甚至还盛行恃强凌弱的丛林法则。但是我们来到这里后，就在集中营中建立起了讲究文明和注重合作的自治组织。我们对那些早于我们来到集中营，并且配合我们将之前的争吵转变为之后的协商、协作、重视秩序的人们心存诚挚的感谢。

对于我们的孩子们来说，这里的环境是一个全新的生存考验。在一定程度上，“欺骗”成为一种生活方式，通过集中营内的劳动获得“劳动补贴”，也是许多人的迫切希望，这两种现象之下往往就蕴含着不诚实的行为。在这里，“黑市”交易即使对于一个基督徒，也已经不是很陌生的行为。这些痛苦的问题也时常折磨着我们，有一次我们就看到，在围绕集中营的高墙上的电线上，悬挂着与集中营内人员从事黑市交易的中国人的尸体。

我们如何来适应集中营内的生活，这也是一件很有意思的事情。艾琳·巴奇尔在集中营找到了一些爱好音乐的志同道合的朋友，经常和他们在一起参加各种活动。我了解到集中营中有个教育委员会，就主动参与他们的活动，在组织的夜校上课和开讲座。因为芝罘学校的学生人数已经大大减少，学校已经不需要那么多专职老师了，一些老师就改行做其他工作，高登·韦尔奇（Gordon Welch）和巴奇尔就被安排从事教学之外的工作。但是金子无论到了哪里都会发光，最初一段时间巴奇尔是一个木匠和鞋匠，但是不久，他就在大家的支持下，在集中营内建立了一所提供特殊教育的学校。因为集中营中的孩子们来自不同的学校，使用千奇百怪的教材，所以在集中营中建立一所统一的学校显然非常不现实，于是我们在集中营建立了三所学校，一所就是我们的芝罘学校，另一所是天津文法学校，由雷金纳德·哈里斯负责，还有一所，就是罗马天主教学校，这样就将集中营的孩子们都纳入这三所学校接受教育。韦尔奇刚开始也是一个在集中营内设工场中劳动的普通工人，承担搬运煤炭和面粉的工作，不久之后，他就成为这一工场的负责人，成为管理这些工人的工头。不久之后，他又转行成为一名面点师，并在不久，就成为面包房的负责人，负责为我们提供每天的主食。后来，他还成为集中营自治管理委员会的成员，这个委员会是集中营的日常生活管理机构，更重要的是，负责和日本人之间的沟通和交涉。

在潍县集中营，我们全家分配到了两个小房间，在很长时间，有一些孩子，以及我们在集中营找到的一个专门照顾这些孩子的保姆则住在与我们邻近的几个房间里。这些房间的面积是 7 英尺宽，10 英尺长，每个房间有一个窗户和一个通向户外的门。日本人还提供了一些木料，我们用它做了一个上下床，我和我的三个大孩子就睡在这张上下床上。我们最小的孩子迪克则睡在一个储物箱上，所有这些人都挤在一间房子里。我的妻子，则睡在隔壁房间，我们特别为她找了一个床垫，在这间屋中，还安放了一张桌子，这样，这间房子就既是她的卧室，也是我们的餐厅和客厅。我们还找到了一些砖块，在屋中修建了一个小的带烤箱的壁炉，这样当冬天到来的时候，可以给房间一些温暖。一对喜欢我的讲座的年轻夫妇，帮我在门外又修了一层夹门，这样在寒冷的冬天，也让房间暖和不少。我还在我们两间房子之间的隔墙上开了一扇门，这样在冬天不至于从外面出门再进门，方便两间房子之间的往来。我们还得到了四个钢丝垫子，刚好可以安放在我们的床架上，在之后的两年中，我很高兴可以享受在上面睡觉的舒适。床上经常有虱子和蟑螂之类的小动物活动，这是件非常让人讨厌的事情，但是在和它们的战斗中，我们最终还是取得了胜利。我们拿着燃烧的蜡烛，认真把床的每个缝隙都用烛火烧烤，直到把它们全部彻底地消灭。大大小小的老鼠也常在墙角乱跑，我们和它们也开始了战斗，我们先是用碎草和泥土混合成的稀泥，将它们的洞口封住，它们就在稍高一点的地方继续开洞，我们继续用这种稀泥把洞口再封住。这场战斗持续了好长一段时间，一直到最后它们用来进出的洞口离开地面甚至有 3 英尺高，但是到最后，还是我们取得了胜利。

日本人给我们提供的所谓煤炭，实际上就是煤炭的粉末，对此我们已经非常有经验了，能技术熟练地将这些煤粉制作成小的煤球，以方便我们的小火炉使用。关于每天的吃饭问题，集中营设立了两个大食堂，还设立了专门的营养厨房。有时候专门给老人和孩子，还提供牛奶和鸡蛋。大家可以在食堂吃饭，但是我更喜欢在家里吃饭，所以我经常都是带着盘子将家人的几份饭菜打回家来和家人一起吃。

有一次我记得在我排队打饭的时候，我意识到供应的饭菜快没有了，果然轮到我的时候，什么都没有了，我当时感到那么的气愤，我像是中邪了一样，对那些排在我前面的人是那么的仇恨，痛恨这些人是那么的贪婪。但我马上意识到，这不正是"摩西十诫"（the Commandment）[①]中第十条戒律告诫我们要摆脱的罪恶吗？我知道，这时我能做的，就是赶快离开这里，站在一边平静自己的心情，然后拿着空盘子回家。当然，在家中我们还存有一些面包，还不至于全家挨饿。这件事情之后，让我想到了很多东西。

看管我们的日本指挥官下达了一个命令，要求我们要在平时，体现出对日本人的绝对尊重，比如，如果我们在路上遇到日本兵，我们必须要给他们让路，让他们先走。作为一个自负的英国人，我痛恨这一规定，当我遇到日本兵的时候，我甚至看都不想看他们，直到他们从我面前消失。我似乎还感觉到了一点自欺欺人般胜利的自豪，然而很快我就意识到，我是多么渺小的一个可怜虫，用这种方法获得自己内心的那么一点点骄傲。我

① 摩西十诫，据说是上帝在西奈山的山顶亲自传达给摩西的，是上帝对以色列人告诫，作为《圣经》中的基本行为准则而流传了下来，影响深远。它是以色列人一切立法的基础，也是西方文明核心的道德观。其中在第十条戒律中，规定有一些不许贪婪的内容，其原文是："不可贪恋人的房屋；也不可贪恋人的妻子、仆婢、牛驴，并他一切所有的。"

必须要解决我的心理问题。作为一个组长（在集中营中分为许多组，组长负责管理和协调组里的各项事务），我尽可能将每天日本人的例行检查作为一个正常的管理工作，而不是痛苦的折磨。当见到来我们组检查的日本军官时，我就在外面主动迎接，给他鞠躬，并用一种日本人的欢迎方式欢迎他，然后用日语向他汇报：我们组应该有多少人，现在有多少人在家，有多少人生病，有多少人正在劳动。不停地给他们鞠躬，一直陪着他们并把他们送出小组，和他们说再见。应该说我做得非常好，我也不知道我这样做，对我们到底有没有好处，或者有多少好处。

对于芝罘学校的男女学生，身处潍县集中营这样一个混杂的社会，对他们既是一次考验，也能让他们受到很好的教育和锻炼。在这里，圣人和妓女共存，商人们也可能表现出可贵的奉献意识，传教士则可能和普通人一样自私自利。学校中的个别年轻学生，在这口大染缸中，也受到了一些不良习气的污染，但对于其中的绝大多数，则是经受住了这一考验，并且意志得到更加的锻炼和强化。

学校中那些年纪较大的孩子，他们已经完成了学校规定的课程，本来应该升入大学学习或者在社会上开始他们的世俗生活，但现在，他们的处境就非常尴尬，仍然让他们在我们的照料和管理下生活，明显对他们已经不太适合。在这里，我们需要非常感谢约翰·海斯（John Hayes）先生，他用自己全部的仁爱和精力，来指导和照顾这些高年级的孩子们。约翰·海斯先生也是一名芝罘学校的老毕业生，对学校充满了热爱。他虽然是一名美国人，但在英国人中有很大的影响力。他对芝罘学校师生此时的处境充满同情，但是他毕竟不是学校教师，是个局外人。尽管如此，他还是给予我们极大的帮助，特别是对那些高年级的孩子们。约翰·海斯先生曾经在北京语言学校担任校长，在潍县集中营，他的工作是第一食堂的一名司炉工。在这一艰苦的工作岗位上，他需要穿连衫裤工作服，但在工作服上面，他常常披一件樱花粉色的围巾，以显示他是里安德俱乐部（Leander Club）的成员[1]，这是设立在英国的一个名声显赫的赛艇专业俱乐部（我猜想，在芝罘校友中，第二个获得这个俱乐部会员资格的，就是我的儿子理查德）。约翰·海斯先生还经常戴着他在芝罘学校时，因为在赛艇运动中的优异表

① 里安德俱乐部，又称里安德会，1818年在英国伦敦建立，是世界上最早的赛艇俱乐部。

现而获得的帽子，在学生时代，他在学校各方面表现都非常优秀。他是我们在潍县集中营中所遇到的，让我们充满敬意，并且永久难忘的朋友。

在有些集中营中，所关押人员中的大部分，甚至全部，都是由成年男子组成，所以每天的工作两到三个小时就能全部完成，其他时间，这些被监禁的囚徒就只好愁眉苦脸、百无聊赖地打发他们眼下遇到的悲惨生活。然而在潍县集中营，虽然集中营中的工作是由所有人共同完成的，但对我们来说，我们需要终日劳作才能保证生活继续下去。比如说，我在集中营中的任务就是担任老师，负责教育孩子们；我妻子的任务就是照看我们的四个孩子。此外，我还要完成一些额外任务，比如必须完成分配给我的搬运面粉（每袋 120 镑）和装卸煤炭粉末的工作。此外，我还被要求和一名来自天津的西方商人一起，负责管理集中营中青年俱乐部的运行。我还记得，当时我们到处张贴海报，以吸引更多年轻人参加活动。

就是在这一时期，我开办了一些有关介绍中国文明和历史的讲座，这是一件极具挑战性的任务，因为在我的听众中，就有一些来自北京燕京大学的师生[①]，他们在这方面的知识比我要丰富得多。我还给听众们介绍了一系列的“必读书”，所谓的“必读书”，就是我本人非常喜欢的书，包括希罗多德的《历史》、柏拉图的《理想国》，以及其他一些现代作者的经典著作。其中柏拉图的《理想国》则是其中最为流行和最具声誉的一部书。根据柏拉图的记载，苏格拉底（Socrates）曾经讲过一个故事：如果你想去买一匹马，是要向对马匹非常了解的人询问建议，还是向诚实的人询问建议。在我们集中营中，我们也常常面临这样一个与此非常类似的两难选择。如果你要为集中营的集体食堂选择厨师，是要选择那些精于厨技的人（他们可能会偷给我们分配的食物），还是那些老实可靠的人（他们可能会因为厨技欠佳浪费原料），这真是一道哲学上的两难选择题。诸如此类的这些工作，让我们也是终日从早到晚忙忙碌碌。在我的记忆中，如果我们提前三周计划一件工作，那完全是一件愚蠢的行为，因为经常发生变化，或者是因为季节天气的变化，或者是源于日本管理者的命令。现在我回顾这

① 燕京大学（Yanching University）是20世纪上半叶四个美英基督教差会在北京开办的一所著名的教会大学，在1952年的全国高等学校院系调整中，燕京大学被撤销，所属专业并入现在的北京大学。现在北京大学的校园，就是原燕京大学的校园。

些事情，真是觉得当时实在是太不容易了，在世事变化如此巨大，每天还要如此辛苦劳作的情况下，一天天地度过漫长看不到希望的日子。

艾斯特·诺瓦克·赫斯（Esther Nowack Hess）这样记载当时的生活：

> 我们变得非常精通于捡拾树枝、树皮以及任何可以用来燃烧的东西。我们还和一位传教士求教，掌握了中国人习惯食用的一些野菜的知识。最终，我们选择了五种可食用的野菜，种植在集中营空旷的院子里，它们长得非常旺盛，郁郁葱葱，生机盎然，足够我们采摘食用。有了这些野菜，不但可以补充供给食物的不足，还可以丰富我们的食物品种。

有关我们在潍县集中营的生活，特别是那些我们苦中寻乐，难以忘怀的快乐轻松的记忆，大部分在由戴玛丽（Mary Taylor）夫人所撰写的回忆录中都有详细的描述，她的这篇回忆文章，后来发表在1985年8月号的《费城探究者》（*Philadelphia Enquirer*）杂志上。这篇文章在发表的时候，还配了几张彩色照片，更加形象展现了我们在集中营的生活，其中一张照片，展现的内容还是被派遣来解救我们的美国空降兵所乘坐的飞机。

在集中营，我们也组织了一些运动会以及各种娱乐活动，最主要的，就是垒球运动，也有人更喜欢玩网球。其中朗东·吉尔凯（Langdon Gilkey）是一个擅长体育运动的年轻人，在北美网球界有非常高的知名度。还有些年轻人的曲棍球技术也非常娴熟。非常幸运的是，我们在这有条件洗热水澡。此外，我们还经常举办音乐会，在潍县集中营中，甚至有一支完整的爵士乐队和救世军乐队。还有一台哑剧《迪克·威廷顿》（*Dick Whittington*）①，也经常在集中营上演。在某些场景的演出中，找到一些例如死老鼠来增强舞台的表演效果，在集中营是件非常容易办到的事。当然，芝罘学校自己传统的节日，我们自然也不会忘记，虽然具体的庆祝仪式只能凭借我们的想象来实现了。我一直设法保留着一台幻灯机，以便可以让学校师生能经常回顾学校的场景，这台幻灯机从毓璜顶到潍县，一直陪伴着我们。

有一位名叫斯坎伦（Scanlan）的天主教神父，偷偷进行“黑市”交易，用这种方式，换取鸡蛋满足家庭需要。他在集中营围墙的一处墙脚下，设

① 《迪克·威廷顿》是英国一部著名的童话故事，讲述的是14世纪时一个名为迪克·威廷顿的孤儿来到伦敦闯荡，最终由穷变富，并成为伦敦市长的故事。

法移去了几块砖头，这样就能和墙外相沟通，通过这个洞口，他可以从外面得到他需要的东西。一天晚上，通过这个小洞，他正在接收墙外给他的鸡蛋时，他听到日本巡逻队的脚步声正在逼近。他赶快慌忙告诉墙外的人，先不要往洞里塞东西。日本巡逻队走到近前时，看到这位神父正盘腿坐在那里，专心致志地祈祷。但是可笑的事情发生了，墙外给他提供鸡蛋的人并没有听到神父的通知，一连串的鸡蛋正好滚落在他的面前。就这样，这位神父被抓了起来。愤怒的日本人严厉地惩罚了这位神父，将他单独关了很长时间的禁闭。

碰巧这位神父是天主教西多会中的特拉普派教士，这一教派的教士热衷于苦修和沉思。对他来讲，在一间宿舍里和 20 多名整天吵吵闹闹的未成年人在一起生活，更是一种痛苦的折磨。单独关禁闭，对他来讲就像是在海边度假，是一件求之不得的事。我们知道以后忍不住大笑起来。

集中营的生活给学校的统一和完整带来了很大的不便。因为学校师生并没有被安排统一住在一起，而是被分别安排住在集中营的不同院落中，所以我们之间并不能天天见面。因而，当布莱恩·汤普森（Brian Thompson）在 1944 年 8 月 16 日因触电事故不幸身亡时，我并不在场，直到第二天的晚上我才知道此事。那些住在男生和女生宿舍附近的老师们，有一个繁重的工作，就是要为他们洗衣服，督促他们洗澡，照顾他们的生活。在不同

◎ 潍县集中营

◎ 潍县集中营医院，一度是芝罘学校上课的教室

人心中，有对这一段生活不同的记忆，对我来说，每个周二的下午就是一个难挨的日子，因为在这时候，学校的男教师要为男学生们洗床单。既没有足够的热水，也没有足够的肥皂，往往费了很大劲，也很难将床单彻底洗干净，这种感觉，就像是打了一场败仗般沮丧。在毓璜顶的时候，日本人还允许我们可以将衣物送到学校的洗衣店去，但在潍县，则不再允许，我们只能自己来洗。

有一个记忆，非常奇怪，在我头脑中一直历历在目，犹如发生在昨日。我曾遇到过一个比利时人，他带着他的孩子，那孩子脸色看起来非常的苍白。我询问这位比利时人，他的孩子是否有什么不妥。那个父亲先让孩子自己回家，然后告诉我说，这个孩子是因为在集中营的停尸房中，看到了一具装在棺材里还未埋葬的尸体，受到了过度惊吓。集中营的停尸房是一座不大的砖石结构的建筑，在建筑的一头有一个很大的双开门，在另一头有一个小窗户。因为幼稚和好奇，这个男孩爬上了那个窗户，并设法将那扇原本关闭的窗户打开。之后，他先将头伸进了半开的窗户，看到房间中有一副棺材，棺材上没有盖盖子，而是覆盖着一块淡颜色的布作为殓衣。忽然打开的后窗，导致房间中吹进了一阵风，碰巧这股风吹起了殓衣，露出了里面的尸体。这个男孩子吓坏了，着急要把头缩回，但不幸的是，窗户的插销这时掉了下来，窗户无法再打开，孩子的头就这样被卡在了那里而无法动弹。就这样，这个可怜的孩子就只能一直这样卡在那里，眼睁睁看着眼前的殓衣被风吹起，落下，再吹起，再落下。幸运的是，有个路过的人看到了这个挣扎的孩子，帮助他从窗户上下来，可是他已经受到了极度的惊吓。我们在集中营参加过多次的葬礼，几乎都是自然死亡。集中营的看守所提供的棺木，随着时间的推移，越来越单薄和简陋。我有几次和其他几位男士一起抬着棺木到墓地，幸运的是，负责抬棺木的人，都是由教堂出面组织的、专门提供葬礼服务的人员，对于这种便宜劣质的棺木，我们都有经验来应付。我们一般所采用的办法，都是用绳子将棺木先捆扎一下，再将它抬到墓地放入墓穴，这时葬礼才能开始，不要让别人看到棺木的样子，也不要让棺木在地面停留，否则就有可能散架。每当在这个悲伤的时刻，我们都在一边默默伫立。直到今天，我想，就是死者的家属和朋友，很多人恐怕也不知道，他们的亲人是被装殓在这样的棺木中下葬的，这真是让人伤心的事情。

葬礼结束后，在基督教信徒的坟墓上，竖上临时的木质十字架。在潍县集中营中，还有不少印度拜火教信徒帕西人（Parsee）①，在他们的坟墓上面，他们放置了一个木制的圆盘，代表太阳，他们的信仰是崇拜火，也称为琐罗亚斯德教教徒（Zoroastnan）②。帕西人在集中营中还曾举行过一两次火葬仪式，在仪式上，根据教义规定，他们只能给死者一个临时性的名字，因为如果没有占星师在葬礼上根据死者的星象来宣布死者的名字，他们无法给死者一个固定的姓名。

雷震远（Raymond J. Dejaegher）神父，是一名来自比利时的罗马天主教传教士，执着地一直保持着和集中营高墙之外的中国人之间的联系，在他的组织实施下，被囚禁的两名年轻人成功从集中营中逃出，他们就是劳瑞·提普顿（Laurie Tipton，原英美烟草公司职员，中文名狄兰）和恒安石（Arthur Hummel，之前是北京的一名学校教

① 帕西人，一群生活在印度的伊朗先知琐罗亚斯德教信徒。Parsee的意思就是“波斯人”，他们是在公元8世纪前后，从波斯移居印度的琐罗亚斯德教徒的后裔。他们主要住在孟买市以及市北一带的几个城镇和村庄里，但在巴基斯坦的喀拉蚩和印度的班加罗尔（Bangalore）也有一些。

② 琐罗亚斯德教是流行于古代波斯（今伊朗）及中亚等地的宗教，中国史称祆教、火祆教、拜火教。琐罗亚斯德教在基督教诞生之前是中东最有影响的宗教，是古代波斯帝国的国教。琐罗亚斯德教的教义一般认为是神学上的一神论和哲学上的二元论，其主要经典是《阿维斯陀》，意为知识、谕令、经典，通称《波斯古经》。

师）[1]。在雷震远神父的策划下，他们同在附近地区活动的一支国民党游击队取得了联系，得到了他们的接应。在一个没有月亮的漆黑夜晚，他们两人翻过集中营的高墙，躲过了墙上的电网，悄无声息地逃出了集中营。

◎ 恒安石

恒安石和劳瑞·提普顿两人的逃亡，在第二天日本人的例行点名中居然没有被发觉，但是根据之前商量好的对策，集中营自治管理委员会的主席迈凯轮（McLaren），还是主动向日本看守汇报了此事，以免得日后受到日本人的报复而平添麻烦。日本看守非常生气，为了对其他人有所惩戒，就对他们两人的全部室友施以惩罚，将他们搬迁到另外一个地方居住，相应地整个周边的宿舍也进行了调整。这给我们造成了很大的麻烦，因为对于某些搬迁者来说，搬到的新地方非常简陋，条件极差，有些地方甚至只是用破布条或者简单的木条分割成房间，简直就是窝棚。

我们的学生们，包括和他们同住的老师，也受到了这一命令的影响。学校中的一些人宣布要拒绝搬迁，因为我们是无辜的。但是我记得海宽厚女士劝告大家："我们还是不要意气用事，我们的每一步，可能都是命运的安排。"于是，我们就都接受了现实。果然，这一次，我们的大部分学生都被安置在了一栋医院楼的上层，以前他们住的地方编号是第 23 区，房间黑暗而且潮湿，现在搬到医院楼上，他们终于可以晒晒太阳，呼吸新鲜空气了，这对他们的健康状况有很好的改善。

① 恒安石，美国外交官。1920年6月出生在中国山西省汾阳县，他的父亲恒慕义是位传教士，在中国传教多年，同时也是著名的汉学家，曾任美国东方学会会长。1941年，太平洋战争爆发，美国对日宣战以后，恒安石因为是美国公民而被当时占领北京的日本军队关押起来，并送到山东潍县的集中营。1944年6月9日，恒安石在地方抗日部队的帮助下成功越狱。他1949年回到美国，后来进入美国国务院，开始了职业外交官的生涯，1981年至1985年任美国驻中国大使。2001年2月6日，恒安石在华盛顿逝世，享年80岁。一个世纪以来，他和他的家族与中国结下不解之缘，经历了中美关系的风风雨雨。

现在看来，听从海宽厚女士的劝告，让我们随遇而安是正确的，虽然我们对日本人恨之入骨。回想最初，是日本人将我们强迫赶出自己的校园，来到毓璜顶集中营，但同时也意味着，日本人必须为我们提供食物和冬天的燃料。要想到，在当时的烟台，这些物资极度缺乏。而从毓璜顶到潍县，换一个角度来看，也是日本人帮了我们的"忙"，特别是对学校的女士们来说，要为如此多的孩子准备饮食、照料生活，在当时那种困难的情况下，我们基本上已经弹尽粮绝，到了忍受的极限，几乎就要崩溃了。

那两名逃出集中营的年轻人，在此后的18个月中，同在这一地区活动的中国游击队生活在一起。在我1983年访问中国时，恒安石正在担任美国驻中国大使，因为和他相识，所以我和他取得了联系。在他招待我的酒宴上，还有两位美国女士参加，我们进行了非常愉快的交谈。他告诉我，在他和中国政府打交道时，他拥有一些额外的影响力，这借助于一个事实：他曾经和中国的游击队一起，与日本侵略者进行过战斗。

在意大利宣布投降，而不再属于轴心国的一部分时，潍县集中营的规模又有了扩大。日本人好像非常痛恨原来他们同一阵营的这位投降者，不但将意大利人也关进集中营，而且还视他们为集中营中的二等公民。他们在集中营中的活动也受到很大限制，不能得到和我们一样的待遇。有一年的圣诞节，我正在给孩子们表演木偶剧《潘趣与朱迪》，意大利人听说了这件事，就来请求我给他们的孩子们再表演一场。当然，意大利人也有自己的小丑戏。就这样，我在看守的监视下，前往意大利人居住的区域，给他们专门表演了一场。还有一次，意大利人为我们表演了一台晚会，有意大利歌曲和音乐，在舞台上还布置了一座意大利风格的乡村小店做背景，节目精彩，气氛热烈，这个晚上也是在我的记忆中，在集中营生活的那几年里，最快乐的夜晚之一。

1944—1945年的那个冬天，是日子最难熬的。日本军队发动了一次新的向中国内陆地区的进攻，几乎逼近了自由中国的战时首都——重庆，这是抗战时期战场最接近重庆的一次。来自欧洲战场的消息也是有点让人沮丧，盟军在法国西北部的布列塔尼半岛快速推进至比利时后，受到德国军队的顽强抵抗，无法再向前推进，而德国发动的阿登战役（Battle of the Bulge）

表明[①]，希望德国很快投降是不现实的。

在潍县集中营，天气非常糟糕，一般中国北方的冬天还是经常会阳光明媚，但在那个冬天，几乎天天都是铅灰色的阴沉天气，难得看到一缕阳光。这样天气的一个后果，就是我们用来和煤炭粉末混在一起制作煤球的泥土，冻得像铁一样坚硬。真是感谢仁慈的上帝，这时美国红十字会的大量救济物资，克服重重困难运到了潍县集中营，并且数量充足，集中营中每人都能分到一个大约60磅重的大包，里面装满了各类救济品。

曾在集中营生活过的许多美国人，也许一直保存着这个包裹袋子，美国红十字会的慷慨大方，不但让集中营中的每个人得益，甚至就是救了我们的命。我家按人口就分到了六个包裹，我们夫妻和四个孩子，一人一个。学校的男女学生们也是每人获得一个。我记得，我们先是丰盛地吃了一顿，然后将剩余的东西收藏好，每次吃饭时取出一点。在包裹中，有听装的肉、奶酪、饼干、巧克力、口香糖和香烟。我们不能用这些东西来相互交换，这是集中营中的道德规范，对此，大家都能遵守。

在潍县集中营，我们和高年级的学生们养成了定期在一起聚会的习惯，一般情况下一个月两次，主要是交流沟通战争的进展情况。日本人也允许我们阅读他们在北京出版的一份英文报纸。在这份报纸上，连篇累牍地宣扬日本在太平洋战场的一系列胜利，但是我们也发现他们所宣扬的胜利越来越接近他们本土。关于欧洲战场的报道相对还是比较客观的，好像日本人也不太在乎是否德国在节节败退这一事实。因此，我们对欧洲战场的近况了解还是比较及时准确，甚至在当年5月份，关于德国投降的消息，我们也是很快就知晓了。

就在得知德国投降的那天晚上，在集中营中有两个讨厌的家伙偷偷跑了出去，没有遵守集中营晚上10点的宵禁规定，并且因为兴奋，敲响了集

① 阿登战役，又称为凸出部战役或凸角之战、坦克大决战等，是第二次世界大战期间纳粹德国在1944年冬季在西线发动的最大规模的一次阵地反击战，双方有100多万士兵参战，德军伤亡10万人，损失坦克和重炮约700辆、飞机1600架。盟军损失约8万余人，包括1万人死亡，4.7万人受伤，2.3万人失踪，其中7.7万人是美国军人。阿登战役之后，希特勒再无后备力量可以补充，德军在西线再也无力阻挡盟军的前进了。所以阿登战役当之无愧被称为历史的转折。阿登战役与库尔斯克战役（The Battle of Kursk）、西西里岛登陆（the Invasion of Sicily）史称二战时期的三大著名战役。

◎ 埃里克·利德尔

中营中的大钟。这是一件非常恶劣的事情，因为敲响那个大钟，就意味着发出了求救信号，一般是为了在游击队进攻集中营的情况下，给在潍县县城驻守的日本军队发信号求救。所以我们所有人都被从床上赶了出去，在院子中列队，一遍一遍地点名，一直到半夜2点钟才被允许回到房间。我们的自治委员会严肃批评了那两个冒失鬼，我猜想他们可能还被押解到日本看守那里，给指挥官赔礼道歉。我们感到“幸运”的是，日本看守允许我们自己管理内部事务。

在1945年2月21日那天，那是一个阴沉的冬日，埃里克·利德尔（Eric Liddell）[①]去世了，他曾是奥运会的金牌获得者，曾经在1924年举行的巴黎奥运会上，因为比赛安排在了星期天而拒绝参加比赛。他的父母是受基督教伦敦会（London Missionary Society）派遣来中国传教的传教士，而他的妹妹詹尼（Jenny），就是芝罘学校的毕业生。埃里克·利德尔则毕业于英国一所专门为传教士子女开办的学校——布雷克西斯（Blackheath）传教士子女学校，这所学校就是现在英国肯特郡的伊尔撒姆学院（Eltham College）。

① 埃里克·利德尔（1902—1945），中文名李爱锐，1902年出生于中国天津，父母是从英国来华的传教士。1924年，埃里克·利德尔代表英国参加巴黎奥林匹克运动会，因男子100米预赛被安排在星期日而拒绝比赛，但在随后的男子200米比赛中获得铜牌，在400米决赛中更是打破世界纪录获金牌。1925—1943年间，他以传教士身份回到中国，主要在天津等北方地区从事传教事业。1943年，埃里克·利德尔在天津被日本侵略者拘留（但在本文中，作者称他是在青岛被捕，可能有误），和芝罘学校的师生一起关押在山东潍县的乐道院集中营。由于被迫过度劳动和营养不良，1945年2月21日因脑肿瘤病死在集中营。战争结束后，埃里克·利德尔被安葬于河北省石家庄市的华北烈士陵园，那里还长眠着白求恩、柯棣华等人。埃里克·利德尔的故事，在1981年被改编为电影《火战车》（*Chariots of Fire*），该片在当年的奥斯卡电影评选中，夺得了包括最佳影片在内的四项大奖。

1925 年，埃里克·利德尔再次来到中国，作为一名教师，在伦敦会于天津创办的英华学院服务。后来，他直接成为传教士，在中国的广大农村传教布道，坚持度过了那段最糟糕的年月：军阀混战、日本入侵中国东北、中国军队进行艰苦抵抗等等。但是珍珠港事件的发生，真正结束了西方传教士在中国的工作。从 1942 年 3 月底开始，所有被视为敌对国家的公民都被集中监禁。潍县集中营中关押的人员，包括来自北京、天津、青岛等地的敌对国家的公民。埃里克·利德尔就是当时在青岛活动的西方传教士。幸运的是，在当时，他的妻子和两个女儿已经离开中国回到了加拿大。

在潍县集中营设立的初期，那时的被关押者们都记得，当时这里几乎就是一个破烂不堪的垃圾场，到处是残垣败壁，破旧的床板、桌椅被随便丢弃，还有各种废弃的汽车零件等杂物。卫生间肮脏难以下足，最起码的生活条件都不具备。如果要在这里生活，必须要有所改变，于是他们开始清扫工作，环境逐渐有了很大改观。当我们从烟台到达这里的时候，那是在集中营建立六个月之后，周边环境已经得到很大整治，文明生活方式也已初步建立，措施之一，就是建立了几个专门的自治管理委员会。其中，居住区委员会负责监督生活区的卫生和环境，教育委员会负责管理学校，劳动委员会负责集中营的公共事务安排。人们根据各自的分工，负责诸如做饭、烘烤、维修、医疗服务、宗教服务等工作。所有这些工作，都在管理委员会的领导之下，这个机构是我们在集中营，这个民主社区成立的最高自治管理机构。埃里克·利德尔就在这个管理委员会中担当着一方面的领导工作。我和他打过几次交道，

◎ 潍县集中营中陈列的埃里克·利德尔纪念牌

是商讨如何更好地安排青年人的活动，我们在集中营成立了一个青年俱乐部，还组织了多次体育比赛和运动会。

关于埃里克·利德尔的性格和特点，许多人都有过详细的描述。他在我们集中营中被大家公认是一个在逆境之中，能将自己的全部献给别人的人，实践着真正的基督精神。

困难的冬天终于过去了，随着夏天的到来，令人欣喜的消息也传来了。在8月，终于盼来了胜利的传闻。芝罘学校的一些胆大的男学生们，做了大人不敢做的事情，当面去向日本看守询问是否战争已经结束了。日本看守模棱两可的回答，进一步证实了我们的希望，到了8月17日，这天是星期五，大约在早晨11点左右，有一架飞机低空从集中营的南面飞来。有经验的人们就听出这架飞机的引擎声音同平时听到的日本飞机不同，等到飞机飞到近前，机身上代表美国军队的五星图案终于被大家看到，它轰鸣着飞过集中营。整个集中营欢腾了，我们一面大声呼喊，一面拼命晃动着双手。

飞机好像是飞走了，但是我们互相鼓励："他们看到我们了，不久他们一定就会回来接我们离开这里。"我们本来还以为，这一天的到来，恐怕还需要几周时间。然而，这架飞机马上就又飞了回来，在集中营的上空，有七个伞兵带着降落伞从飞机上飘了下来。我们不顾一切地越过日本看守的警戒线，向着他们着陆的地方奔去，那些日本看守好像也没有准备来阻止我们。我兴奋地冲出集中营的大门，也想跑向他们着陆的地方，但刚出大门我就无法再挪动脚步了。原来，我浑身上下，除了穿着一件卡其布的短裤，再什么都没有穿，裸露的脚上没有穿鞋，而集中营墙外壕沟边生长着许多带刺的植物，刺得双脚生疼。那七个伞兵选择了一片绿色的庄稼地着陆，但那片庄稼地种的是高粱，粗大的高粱秆有近12英尺高，他们着陆之后，就被埋在了里面，也不知道他们受到了怎样的欢迎方式。是机关枪的开火吗？事实上，他们发现自己被一群妇女和孩子们包围了。我在远处听到有人在那里高喊："他们需要一些人来帮他们拿东西。"我就冲着那人大喊："把你的鞋借给我，我来帮你。"于是就有人给我扔过来一双鞋，终于我不再惧怕那些硬刺了。于是，这七个伞兵被我们热情地抬在肩膀上走进了集中营。其中的一个人，是一名中尉，是这支伞兵分队的第二指挥官，他向我打听布鲁斯先生的消息。这名中尉名叫吉米·慕斯（Jim Moose），原来他就是一名芝罘学校的毕业生。

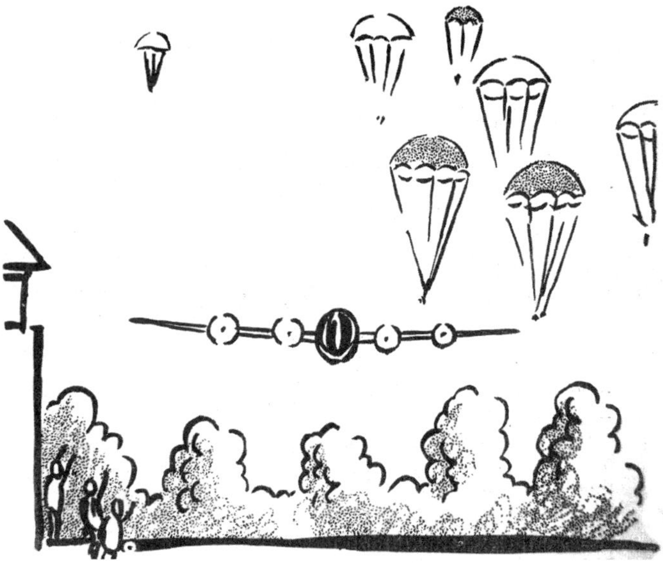

◎ 1945 年 8 月 17 日，7 名美国海军陆战队军人采取空降的方式接管了集中营

这支伞兵分队的指挥官名叫施泰格（Staiger），军衔是一名少校，这时他发现集中营的日本看守们已经自动缴械了。他走到集中营的日本指挥官面前，对他说："我们是执行人道主义使命的军队，我们来到这里，是疏散解救老人和病人的。你仍然是这里的指挥官。你和你的军队将继续看护集中营，以免受到外来攻击，同时还要保证他们的食物供给。"这是一段非常让人敬佩的宣言。集中营的日本指挥官依然保持了他的尊严，虽然他已经交出了佩刀表示投降，但依然没有让他太过于丢失颜面。在此后的几天里，美国军队派来了更多的飞机，像下雨一样，给我们空投了许多物资，包括衣服、食品、药品等等。就在集中营的北面，我们找了一个开阔地，做了特殊的标记，以便于飞机空投物资。也许被胜利的喜悦冲昏了头脑，也可能沉浸在这巨大欢乐之中往往就会有些粗心大意，有时飞机给我们空投的物资，远远偏离了目的地，害得我们需要到两英里之外去拾取。

和这些物资同时空投下来的，还有写给我们这些"盟军俘虏"的通告，上面写着：

日本政府已经投降。你们将被联合国军队尽快安排遣返。在这之前，你们的供给，包括衣服、食品、药品等，将由美国空军用空投的方式

◎ 美军给潍县集中营空投物资

予以保证。第一批物资将于一到两天内送达。注意不要吃得太多，也不要过度医疗。希望你们遵照执行。

与这一指令同时到达的，是保证100人生存三天的生活物资。

此后，其他的美国伞兵也陆续到达，来帮助前期到达的这支小分队。其中有一名来自美国得克萨斯的中士，非常的活跃和热情，但他不知道的是，我们有多么虚弱。他在集中营架起了有线广播，安装了大喇叭，在每天早晨6点，我们就被大喇叭中传来的“啊，这是一个多么美好的早晨”之类的声音吵醒。我们简直无法忍受这些，有一些年轻人就偷偷爬上去把喇叭线剪断。他对我们这种缺乏激情和不愿配合的态度感到非常沮丧，他建议我们：“我们应该在星期六给孩子们组织一场运动会。”他不知道的是，在这三年来，每隔几周我们都要组织一场运动会，但现在，谁也没有这种兴趣，自然也没有人来给他帮忙。

但让我们非常高兴的是，我们有衬衣、裤子和靴子穿了，这可以让我们去集中营外面散步。我记得在散步时，我曾问一位附近的农夫，他的庄稼今年收成如何，他露齿而笑，满脸喜悦地说：“今年的收成一定很好，今年这些庄稼就可以我们自己吃了。”对于中国人来讲，重获自由也是非常令人兴奋的事情。在集中营的大门口，甚至还形成了一个市场，当地农民向我们出售鸡蛋、小鸡、蔬菜以及水果等，来交换我们的空罐头盒，以及其他一些我们将要丢弃的东西。我记得我还用一件我冬天穿过的外套和他们换过食物。

在那段时间，随着战争的结束和遣返工作的开始，让人们保持平静的心态来继续每天的工作，成为一件非常困难的事情。打水和挑煤这些工作已经远远没有了吸引力，人们热衷于猜想从天上还会给我们空投下来什么东西，或者什么时间童话中的仙女会把我们送回家乡。在那些日子里，恒安石和劳瑞·提普顿，就是那两个从集中营逃跑的家伙，再次回到集中营，

◎ 原潍县集中营旧址

对他们的成功逃跑非常的自豪。但是那位负责管理集中营的美国军官把他俩传唤过去，对他们说：“你们两人到底属不属于这座集中营中的人员？如果你们是，我有责任把你们送到北京或者美国，或者任何你们想去的地方。如果你们不属于这个集中营，我就没有这个责任了。”这两个人只好灰溜溜地夹起尾巴，收起了他们的骄傲，老老实实回到了集中营他们自己的住处。

我们这些希望回到自己祖国的一大批人，被组织起来第一批离开了潍县集中营。首先我们被安排乘坐火车到达了青岛，在那里，我们遇到了前来迎接我们的英国皇家海军，他们穿着白色的夏装，精神焕发，让人眼前顿时一亮，还有皇家海军陆战队以及巡洋舰“百慕大”号（*Bermuda*），他们是专程前来迎接我们的。在火车站，当我们等候来接我们的车辆的时候，

◎ 2012 年 7 月，芝罘学校校友参观潍县集中营

我询问一名年轻的军官，今晚他们将把我们安置在哪里？他回答说："我想，我们已经给你们找好了很好的住所。"他留下一个悬念，但当最后把我们带到当时青岛最豪华的酒店水边大厦（Edgewater Mansion Hotel）①时，依然让我们兴奋地惊叫起来。水边大厦绝对是座一流的饭店，每一个房间都有一个阳台，每一个房间都面向大海，还有私人卫生间，真是太棒了！在青岛，我们得到德国传教士们的热情接待，他们也属于中国内地会传教团。

之后，我们乘坐一艘美国邮轮"日内瓦"号（*Geneva*），到达了香港。这艘轮船设施先进舒适，船上饮食丰富，但美中不足的是天气不是很好。我们学校的老师还要格外操心，因为我们发现，我们的女学生们和船上的美国船员关系密切，互相都觉得对方很有吸引力。在香港，在我们等候合适的轮船期间，我们被分别安排住在几处空房间里。最后，在这里我们被分散，其中的大部分人员返回了英国，回国之后更是各自回到家乡分散各处。其他人则分别去了加拿大、美国、澳大利亚、新西兰和南非。在很短的时间里，原来的芝罘学校就这样消失了。

① 水边大厦，即今天的青岛东海饭店，坐落于青岛前海著名风景疗养区汇泉湾畔，三面环海、一线连陆，左邻第一海水浴场、右邻第二海水浴场。饭店由美籍华人陆云洲设计，造型奇特，结构合理，每间客房都能照进阳光。30年代初，经当时青岛工务局批准，由青岛明华银行出资兴建。曾拟名"四海饭店""水边大厦"，堪称当时中国北方最大、设备最完善的假日型旅馆，当时中外达官贵人咸以入住东海饭店为身份象征。曾有记载，在美国芝加哥的密执安湖畔，有一幢与东海饭店造型完全相似的姊妹楼，系同一建筑师设计，称为"LAKE TIDE HOTEL"（湖边大厦），现该楼已毁。

第十一章　预备学校的补充材料

如果说运动是生命的一个重要特征，那么芝罘学校一定具有非常强盛的生命力。芝罘学校，或者芝罘学校的一部分，曾因为这样或那样的原因，经历过多次搬迁，从一个地方到另一个地方，虽然搬迁经常发生，但学校的进取精神和良好声誉并没有丢失。多次搬迁的原因是因为，生存对于芝罘学校来说，是始终面临的一个问题。

芝罘学校的预备学校是搬迁最为频繁的。早在1895年，在烟台附近属于中国内地会的一座建筑里，就设立了一所预备学校，但这所学校和内地会在烟台设立的疗养院是相分离的，也不隶属于芝罘学校，而是位于芝罘学校以西5英里的一个称为通伸村的地方。这座建筑一定不同寻常，因为它被称为“大理石宫殿”。在预备学校最初设立在那里的时候，只有24个孩子，年龄都在10岁以下。四年以后的1899年，就已经有大约40个孩子了，预备学校也搬迁到了烟台东海岸的芝罘学校校园附近，在那暂时租借了一个院子，由麦克欧文（B. M. McOwan）夫妇负责预备学校的运转。此后不久，麦克欧文先生被正式任命为校长。麦克欧文在1929年之后，成为英国圣公会驻烟台的牧师。两年之后，中国内地会在芝罘学校附近，购买了一座名为“家庭饭店”的旅馆，并将其加以改造，成为预备学校的校舍，自此，一直使用到1934年。

大约从1916年开始，阿瑟·劳斯（Arthur Rouse）一家一直生活在“大理石宫殿”有六七年，它的确是由大块的大理石建造的。当以后劳斯先生在詹姆士·马茂兰（James McMullan）的仁德洋行工作的时候，安妮·劳斯（Annie Rouse）夫人就在这里开设了一个妇科门诊，还给一些中国女孩开设了日班学校，此外还创办了一个技艺学习班，专门教中国妇女编织蕾丝花边。学会之后，这些妇女可以通过编织蕾丝花边，赚取一些零花钱。在学习编织花边的同时，也可以学习聆听一些福音。在她的这一系列努力之下，甚至还组建了一个专门针对中国人的教会，几个中国内地会的工作人员经常参加他们的集会，特别是弗雷德·德雷尔（Fred Dreyer）先生和乔治·安德鲁（Ceorge Andrew）先生。劳斯的孩子们都在芝罘学校读书，每天往返于学校和家庭之间，由黄包车，或者是驴车接送。

在1909年年初，中国内地会在江西庐山的牯岭又建立了一所预备学校，庐山是中国中部一座风景秀美的度假胜地。中国拥有广袤的版图，作为中国内地会的传教士，这些孩子的父母们，他们终日在长江流域，或者中国的南部、西部各省份忙碌传播福音，一定是认为烟台实在是太遥远了，几乎是去北极点的一半路程。因此，他们更希望在中国的中心地区能建立一所预备学校，给年幼的子女们提供照顾。因此，当时林赛（Lindsay）夫妇从烟台来到牯岭，在那里，中国内地会已经购置了一些产业。牯岭，位于中国江西省的庐山，海拔高度4500英尺，是在长江流域生活的人们向往的著名的夏季避暑胜地，因此，在差不多五年时间里，中国内地会在这里一直保留有一所预备学校。这是一个非常迷人的地方，但不幸的是这里后来发生了一场大火，将预备学校的主体建筑完全烧毁，所幸没有人员伤亡。这事发生后，预备学校暂时在附近另找地方继续开办，但终究不是长久之计。于是在不久之后，这些孩子们就被送到烟台，和在这里的中国内地会预备学校合并。在牯岭，林赛先生被人们永久地怀念，专门有一条小路就被命名为“林赛小路”。这是一条环绕山峰的小路，对于那些不愿过于疲惫的度假者，在这条路上散步非常适合。在40多年之后，整个芝罘学校又有一次机会，再次前来领略牯岭的迷人风光。

有一张1914年的照片显示，在此之后，许多人都和芝罘学校产生了联系，其中的多人日后就成为芝罘学校的教师，还有许多当时在中国生活的著名西方人士的子女，他们的名字都曾出现在芝罘学校的历史记录中。

日本入侵中国，是芝罘学校再次搬迁的一个原因。战争不但将中国分裂为两个部分，也将中国内地会在中国的工作区域分裂为两个部分：一个是“敌占区的中国”，另一个是“自由中国”。日本占领了中国的东部，几乎所有的港口以及平原，这些地区是中国人口最为稠密的地区，大部分中国人都居住在这里，也是中国最主要的大城市所在地，比如北京、上海，天津，广州等，同时也是中国铁路交通最为发达的地区。不得已，中国政府迁入了中国内地，提出“以空间换时间”，在中国西部的崇山峻岭间顽强阻击日本军队的进攻。许多中国人也从东部迁移到西部，许多大学整体搬迁，跋山涉水向西部迁移，同样的，中国内地会也决定在重庆设立紧急总部。在“自由中国”工作的中国内地会传教士父母，无法将自己的孩子送到芝罘学校来读书，因此，中国内地会为了满足这些需要，又设立了一所临时学校，中国内地会西部预备学校就这样建立了起来。这所学校设立在四川省的乐山（又称为嘉定），位于重庆以西大约150英里的地方，在著名的峨眉山附近。峨眉山是中国的佛教名山，海拔接近10000英尺，是著名的朝圣之地。在1941年10月，露丝·波蒂厄斯（Ruth Porteous）小姐和其他一些人，正式开办了这所学校，学校刚开始只有八个孩子，并事先承诺也要招收中国孩子。但到12月份圣诞节之前，学校就由八个孩子扩大到了25个孩子，他们的年龄从五到九岁之间。在战争期间，要想设施完备几乎是不可能的事情，但一些必备的教学设备，也都尽量置办配备。有时遇到日本飞机前来空袭，还需要赶快将孩子们藏在防空洞里，但是还从来没有遇到过真正的危险，孩子们也从来没有遭受过疾病的困扰，能够健康快乐地成长。

非常有幸的是，通过当时在这里生活的一个孩子的眼睛，我们可以更多地了解到当时这所预备学校的情况：

当我6岁那年，我被送到嘉定的预备学校。在学校的第一年，我几乎对学校生活没有什么记忆。只记得有一次我生病躺在床上，和其他生病的孩子一起，这是我对学校的第一个记忆。没有玩具，也没有探望者，除去一位上了年纪的照看我们的阿姨，在一边使劲地甩温度计。每天早晨，我们都要排队做检查。在这儿大约有50名孩子。我们安排有许多关于《圣经》学习的课程，我们被教导：上帝爱你，然而当我最需要父母的爱的时候，他们却不得不离开了我。学校只有非常小的一点院子能玩耍。在这里潮湿的天气里，我们只能在顶层的阁楼里玩耍。在那里，我们将教堂里的旧长椅子排起来，当公交车或火车玩。我喜欢自然课，老师给了我和姐姐一些甜瓜种子拿来种。每天我都要照顾它们，直到有一天它们开始开花，然后慢慢长出一个小甜瓜，我兴奋地看着它一天天地长大。但不幸的是，有一天这个小甜瓜不见了，一个中国雇工把它给偷吃了。

我喜欢在上床睡觉前唱赞美诗，有时候，老师会在留声机上放唱片让我们听，或者是《哈利路亚合唱曲》（*Hallelujah Chorus*）①，或者是保罗·罗伯逊（Paul Robeson）②演唱的《伏尔加船夫之歌》（*Song of the Volga Boatman*），那么美妙的声音，永远在我的记忆中回响。偶尔也能奢侈享受一次，那就是每周一次发糖果的时候。还有一次，领我们在城里观赏中国人的花灯游行。我们很少离开我们的学校，但是有一次带我们去了江边，我们乘船渡过江，去爬一座山，山路两边的大树郁郁葱葱，我们一直爬到山顶，去看一座巨大的佛像，这座佛像凿刻在山崖上，这就是乐山大佛。还有一天，有一架美军的小型侦察机迫降在江边，它的螺旋桨或者机翼被损坏。在等待换新螺旋桨的时候，几个飞行员来到我们学校访问。他们邀请我们参观停在江边的飞机，最后将那个已经损坏的螺旋桨送给了我们。这让我们展开了飞行的想象，以后我们经常玩飞行的游戏，将螺旋桨放在院子里，在螺旋桨后面用石头摆出飞机的轮廓。毕竟在那时候，很少有玩具能启发我们的思维和想象。

假期到来了，但是我是那些不能回家团聚的孩子之一。因此，有

◎ 四川的乐山大佛

① 哈利路亚是希伯来语，意思是赞美耶和华。这是教堂唱诗班，特别在圣诞节来临的时候，最常演唱的赞美诗。

② 保罗·罗伯逊（1898—1976），美国黑人歌唱家。

◎ 再见，嘉定
(1944 年 12 月)

几位老师带着我们去了峨眉山，在夏天这是一个避暑胜地，也是一个朝圣之地。老师中有一位热衷于采集各种昆虫和蝴蝶，不一会儿，在他的采集瓶中就装满了五颜六色的各种小生物。在采集的过程中，让我们异常兴奋和欢快，有体型硕大的蜻蜓、色彩斑斓的凤蝶、带刺的竹节虫、带彩条的甲虫，此外还有那些丑陋的家伙，有一种灰黑色的虫子，有近 4 厘米长，头上还长着像鹿似的触角。

但是在 1944—1945 年的冬天，日本军队又一次发动了旨在意图占领重庆的进攻。许多西方人都被疏散了，其中包括一些中国内地会的传教士。这时有个计划，准备关闭设在嘉定的这个预备学校。我们通过这名孩子的记录可以了解这一过程：

根据形势的变化，最后决定，预备学校将随着中国内地会的大撤退撤出中国，我们开始紧急收拾行装。于是，学校联系了多辆美军的军用卡车，每辆卡车上都装满了各式箱子和行李，只在车厢的尾部留有一点空间，装载了 10 到 12 个孩子以及两名老师。汽车在巨大的轰鸣声和漫天的尘土中出发了，我们在心中默默说：再见了，嘉定。在飞机场，我们发现自己处于一个陌生和新奇的世界，收音机中放着音乐，很多人在那抽烟，还有嚼口香糖的！美国飞行员用糖果和许多好吃的热情招待我们，带着我们集体去参观他们的轰炸机，把我们抱起来放到飞行员的座位上、机枪手的座位上。这一切都让我们那么兴奋。

但可惜的是，不一会儿，我们就乘坐一架 DC-3 型飞机[①]飞往昆明。

全部 27 个孩子，最大的只有 12 岁，全部乘坐一架飞机，飞往昆明，这真是一次惊险的空中旅行。由于天气原因，飞机无法在昆明降落，只好准备改降云南驿[②]。但是由于云层又低又厚，导致飞机在此也无法降落。飞机上的航油指示表已经多次报警显示航油即将耗尽，飞机在机场上空转了一圈又一圈，努力寻找时机。忽然，飞行员看到在两团浓云之间有一条缝隙，果断冲了下去。当飞机着陆时，航油箱已经空了，幸亏了这位技艺高超的飞行员。等候在那里的许多孩子的家长极度紧张的情绪这才放松下来，他们一直在祈祷，真是要感谢上帝，否则这将是一次巨大的灾难。

再之后，他们平安到达了印度加尔各答，但是在那个炎热的地方，如何安顿学校呢，特别是在战争年代？在一些热心朋友的帮助下，特别是伯纳德·施达德（Bernard Studd）先生，他是施达德（Charles Thomas Studd，著名的“剑桥七杰”之一，在 1885 年就加入了中国内地会）的侄子，他为 35 名孩子和几位老师在印度东北部边境城镇噶伦堡（Kalimpong）找到了一处地方。这是一个景色秀丽的度假胜地，位于加尔各答以北 300 英里，从校园向北可以看到喜马拉雅山东部的高峰干城章嘉峰（Kanchenjunga）[③]。伯纳德·施达德先生是噶伦堡圣安德鲁教会（St. Andrew's Home）的负责人，他特意购置了这处房产，就是准备给中国内地会使用的，为此他在加尔各

① 这是美国道格拉斯飞机公司制造的一种运输机，自1935年首次飞行以来，据说至今仍然在飞行，被认为是航空史上最具代表性的运输机之一，被称为“第一架依靠运载旅客能够赚钱的飞机”。二战前夕，世界各国乘客乘坐飞机旅行，90%以上是用DC-3飞机。在二战期间，DC-3 一共生产了13000余架，是美军最主要的运输机型，在中国战场，著名的驼峰航线，使用的就是这种机型。

② 云南驿位于云南省大理市祥云县，东距昆明约260公里，距大理约80公里，是一座历史文化名镇，具有几千年历史，是古代云南通往东南亚的重要驿站。在近代，特别是在第二次世界大战期间，云南驿成为中缅战区的重要军事基地，举世闻名的滇缅公路由此通过。云南驿机场是著名的驼峰航线的航空转运站，是国民党空军第38站和从杭州迁来的国民党中央航空军官学校驻地，这里云集了盟军军人和来自全国各地的人员，那时古驿道上开设了众多各地口味的中西餐厅，许多来华参战的美国军人不知道云南，但都知道云南驿。

③ 干城章嘉峰坐落在喜马拉雅山脉中段尼泊尔和印度边界，海拔高度为8586米，是世界第三高峰，“干城章嘉”的意思是“雪神五项珍宝”之意。它的知名度虽然远不及只高它300多米的珠穆朗玛峰，但在世界第一高峰被确认之前，它曾被以为是世界最高峰。

答还专门设立了一个办公室负责这项工作。这个办公室为这所学校采购了大量的教学设备，其中为了购买各种容器和厨房用具，就专门设法提供了一张 800 卢比的支票。巧合的是，就在同一天，中国内地会位于加尔各答的办公室就收到了一张 1000 卢比的赞助，指定用于这次搬迁的费用。在这片陌生的土地上，也让我们感受到爱的温暖。

我们的那位小朋友对在噶伦堡的生活有如下描述：

在噶伦堡的日子里，要比在嘉定快乐许多，也更加自由。在这里没有那么多的孩子，我也已经长大了一点，开始习惯寄宿学校的生活。有一段时间，埃利奥特（Elliott）小姐负责看护我们。她悉心照顾我们，用她慈祥、宽厚、爱心、体谅等这些美德，来教育和感化我们。但在这里依然有非常严格的各项纪律要求，宗教课程依然非常繁重，要求背诵经文和一些赞美诗。然而，离开了学校，我们就可以尽情自由地在山边玩耍。在晚上我们经常能听到豺狼像哭一般的嚎叫，据说在山上更高一点的地方还有老虎出没。这里的天气非常闷热，我们平时都是赤脚，这导致我们脚底的皮肤都非常厚实和粗糙，以至于可以赤脚踢足球。印度的孩子们都很擅长玩曲棍球，我们从他们那里借来了曲棍球的球具，不久，曲棍球也成为我们非常流行的运动。我们还曾经尝试玩高跷，踩着高跷走路，在一段时间成为非常时髦的事情。在晚上最有趣的事情，就是听故事，像《格林童话》（*Grimm Fairy Tales*）等。

有一次，我们被带到噶伦堡，在那里给我们每个人买了一个新的毯子，根据我们每个人的喜好，喜欢什么颜色就选什么颜色。还给每人一点印度的零币安纳（anna）①，我用它给自己买了一支铅笔和一个图画本，我把这个图画本称之为“安纳书”。

战争终于结束了。

这是一个星期六，为了庆祝胜利，学校组织我们集体排队去山下的教堂，在那里，我们和许多来自政府部门和其他地方的白种人一起参加祈祷仪式。穿着长袍的牧师和穿着洁白服装的由印度孩子组成的唱诗班一脸的庄严和神圣，和我们平时看到的完全不一样。在教堂仪式结束后，我们再次恢复了自由，在山坡上尽情玩耍。从噶伦堡，虽

① 印度货币单位，1卢比（rupee）=4安纳（anna）=100派士（paisa）。

然我们看不到珠穆朗玛峰（Mount Everest），但是我们可以看到干城章嘉峰，这是一个比珠穆朗玛峰稍低一点的高峰。当太阳从我们右边升起的时候，白雪覆盖的顶峰最初慢慢呈现出温柔的像珍珠一样的粉红色，但是很快变成火红，更进一步变成灿烂的金黄色，这时，群山之中的山谷之间也从刚开始的深紫色变成鲜艳明亮的紫罗兰色。这真是一幅壮观的景象，令人永远无法忘怀。战争结束了，当然就要举行一次庆祝活动，格雷厄姆·霍姆斯（Craham Homes）先生组织了一场篝火晚会和野餐会，在晚会上还上演了由一些成年印度人表演的莎士比亚名剧《第十二夜》（*Twelfth Night*）①。再之后，我和姐姐接到通知，我们将要离开学校去和妈妈会合，然后返回英国。

因为战争的关系，关于这些孩子和芝罘学校的故事，还有一条信息，虽然简单，但也是另一条线索，有记录记载：“在中国内地会的上海总部，还有两个孩子，他们是卡罗尔·帕里（Carol Parry）和弗洛拉·内尔·豪斯（Flora Nell Howes），对于他们俩，芝罘学校也专门设立了一个机构给他们提供单独的照顾。”

从嘉定，到噶伦堡，再到上海。这就是这所在战争时期设立的预备学校的迁徙轨迹，这个预备学校，被一直看作是芝罘学校预备学校的临时分校。这一学校的创办，延续了芝罘学校的香火，也在极其困难的战争年代，为中国内地会部分传教士的孩子们提供了必要的教育机会，也续写了芝罘学校的历史，使其在之前的烟台和之后的牯岭两地之间，架起了一座连接的桥梁。

① 《第十二夜》是莎士比亚早期喜剧创作的终结。这部作品以抒情的笔调、浪漫喜剧的形式，再次讴歌了人文主义对爱情和友谊的美好理想，表现了生活之美、爱情之美。

第十二章　芝罘学校的重建

战后，芝罘学校再也没有回到烟台，中国共产党在中国北方地区建立了巩固的政权。从 1940 年开始，中国共产党的游击队和正规部队就已经开始逐渐渗透到了山东部分地区，虽然此时这些地区名义上还是在国民党的控制之下。

在我的记忆中，在 1940 年，有一次我带着芝罘学校的学生去爬山，当我们翻过学校后面的小山，在竹林寺附近风景秀丽的山谷漫步时，我遇到一个老农，我就和他聊天，询问他这里日本人的统治是否稳定。“稳定？”他用一种嘲弄的口气说，同时，伸出手，将拇指和食指伸出，其他三个指头缩回，摆出一个中国人习惯中的“八”的手势。他将这个手势在我面前晃了晃，以便让我看清楚。他的意思，就是指这里有中国共产党领导的八路军活动，但是他并没有说出那几个字。

◎ 孩子们在竹林寺郊游

◎ 在竹林寺野餐

因此，当日本侵略者在1945年投降、战争结束的时候，红色中国已经实际控制了中国北方从陕西到山东的很多省份。在1945年9月，美国海军派遣了几艘军舰前往烟台，希望能在那里建立一个落脚点。但是，在烟台的中国共产党地方政府官员拒绝他们登陆。美国人用尽了甜言蜜语，比如："在以前，我们就经常在夏天来这里度假，请允许我们参观这座熟悉的城市。"但是，换回来的还是"不"。尽管美国军舰有足够的火力摧毁这座城市，但是他们并没有做好武力登陆的准备。因此，他们只能一直停泊在海上，屈服于这位中国共产党地方领导的勇气和毅力。

中国内地会在战后曾派遣了一位代表前往烟台，他被允许去察看芝罘学校、疗养院等这些中国内地会过去在烟台置办的产业。他看到的是，芝罘学校的男校在战争中已经被毁，好像是因为一次火灾，其他的几栋建筑也已破烂不堪。但是在中国共产党控制下的烟台，我们是不可能再找到其他地方去重新恢复我们的学校的。

战后，传教士们重新被召集返回中国，他们的孩子们也与他们同行返回中国。在这一情况下，中国内地会总部同意从位于上海的中国内地会总部大楼中分出部分房间建立一所临时学校。这是一个非常慷慨的决定。在仅有的两栋建筑中，中国内地会的总部工作人员要与终日吵吵闹闹的学校师生们成天一起生活、工作，这一定是件让他们非常头疼的事。但是，他们还是提供了热情的欢迎和巨大的帮助。

◎ 二战期间被烧毁的男校（1）

◎ 二战期间被烧毁的男校（2）

此前分散至世界各地的芝罘学校老师，也千辛万苦地从各自的国家返回中国，学校的学生数量自然也不断增长。有一段时间，在这里只有我和斯坦利·霍顿两位老师。我们无法将那些年幼的还处于学前阶段的孩子同其他孩子分开，所以有一段时间，我和斯坦利·霍顿还必须照顾几个八岁孩子的洗澡和睡觉。我记得有一次，一位中国内地会总部的管理人员将发表在《星期六晚邮报》（*Saturday Evening Post*）上的一幅漫画裁剪下来，送给我和斯坦利·霍顿看。在漫画上面，表现的是一个笨手笨脚的父亲，在给孩子洗完澡后，正慌乱地伸手去取毛巾，但在他的另一只手上，提着一个孩子的脚后跟把他拎起来，而不顾孩子正脑袋朝下。在下面写着一句抱怨的话："妈妈不会这样给我洗澡！"

◎ 孩子们的漫画，对我们老师是个很好的建议。图画中写着：“妈妈不会这样做！”

中国内地会总部的工作人员，都是意志坚定和和蔼可亲的人。大主教弗兰克·霍顿（Frank Houghton）也在这里，我们还拜访了总部的一些社团负责人，其中有来自澳大利亚的奥斯瓦尔德·桑德斯（Oswald Saunders），有来自美国的赫伯特·格里芬（Herhert Criffin），有来自英国的弗瑞德·米歇尔（Fred Mitchell）等等。随着芝罘学校老师的逐渐归来，开设课程也逐渐丰富，但是由于条件所限，体育活动则无法开展。我记得，有一次我带孩子们出去散步，在拥挤的上海街头，带着一大群孩子实在是件很危险的事情。但是后来，我们获得了一次学校所有师生分两批前往莫干山（在杭州附近）度假的机会，第一批由斯坦利·霍顿夫妇带领，第二批则由我和我的妻子带队。离开乌烟瘴气、嘈杂喧闹的上海，在宁静优美的山顶度假真是一件美妙的事情。我们在山顶上野餐，在山顶的池塘中洗澡，爬到山尖去看日出，还和一些孩子在野外露营。

学校的学生很快就超过了 100 人，随着学生数量的快速增加，学校宿舍和教室越来越局促。中国内地会总部的工作人员，尽管对我们非常耐心，尽可能在总部机关的办公楼为学校安排了房间，但这毕竟是权宜之计，现在开始考虑为我们找一处长期的校园。真是太凑巧了，这时，正好美国圣公会（American Church Mission）同意将他们在庐山牯岭的美国学校（Kuling American School）转让，最初计划租给中国内地会，后来以非常合算的价格卖给中国内地会。这所牯岭美国学校，和芝罘学校一样，招收的也全部是在中国生活的非中国籍孩子。但是其实在战争期间，甚至早在战争爆发之前，这所学校就一直空置，因此需要大规模进行一次维修改造。

我们首先派遣高登·康威（Gordon Convey）和他的妻子前去牯岭接收这些房产，并开始维修工作。斯坦利·霍顿带着道格拉斯·罗伯特森（Douglas Robertson）在这个夏天已经考察过牯岭，他回来之后给我们报告了一个好消息，在那里开办学校真是一个理想的地方。在10月份，霍顿先生和海宽厚女士再次飞到那里（我们似乎觉得自己已经处在中国旅行的一个新时代了）去指导维修工作，根据他们的报告，当时已经完工的宿舍楼，足可以容纳现在的119名孩子入住，现在的问题是我们还需要更多的宿舍，以应对来年接纳预料中更多的孩子入校。还有一个最大的问题是，我们需要一个新的锅炉，以便在冬天为两栋主要的建筑供暖。

学校供暖需要的煤炭，则得到特别的供应，煤炭来自九江的一座煤矿，这座煤矿通常只是专门为政府部门提供服务的，这要特别感谢蒋介石的夫人，她非常乐意给我们帮这个忙。一名中国内地会传教士的朋友监督把煤炭从煤矿用船运到学校，途中要阻止各种偷盗煤炭的行为。在战后，中国还是非常贫穷和混乱，很多地方依然处于无政府状态，因此，搬迁学校也是一件非常困难的艰巨工作。在牯岭，那些原本靠将货物从山下运到山上来讨生活的挑夫们，在战争期间也因无事可做而四散谋生，现在有这样的机会，无怪乎他们会有贪婪之心，这对于高登·康威来说，的确是一件非常棘手的事情。

根据协议，美国圣公会将位于牯岭的这片房产卖给我们的时候，只收取了1美金，这当然是一个极其慷慨的价格。因为他们知道，我们还必须要修缮这些房子，恐怕至少需要花费10000英镑。但是他们还和我们约定，我们应该允许所有美国圣公会传教士的孩子也能进入芝罘学校上学，只要他们喜欢这所学校。同时，如果我们停止开办这所专门为传教士子女提供教育的学校，那么学校的所有财产就要归还给他的原主人，也就是美国圣公会。这些限定的购买条件，在此后给我们带来了很大的麻烦。

在1947年12月份，在中国旅行可不是一件容易的事，特别是我们还要带领如此庞大的队伍和携带大量的行李，大概有超过1000件的家具，包括桌子、床等这些我们所必需的东西。大约有50人坐船走水路，船舱非常拥挤。另外有 50 人乘坐飞机，是路德会传教团（Lutheran Mission）的飞机“圣保罗”号（*St. Paul*），这架飞机正在匆忙地将传教士从内陆往沿海运输，但我们是从沿海去内陆，这给了我们这次机会。从上海飞到庐山脚下只需要 2 个小时，这真是件惬意的事情，省去了许多旅途劳顿。之后，我们就在阳光照耀下开始爬山，许多人坐着上山的轿子滑竿，然而身体条件稍好的，则是步行。

芝罘学校在牯岭那段时间的具体情况，我们从一名当时来自澳大利亚的学生的回忆文章中，可以有一些基本的了解：

在 1948 年 1 月 18 日这天，我 7 点就起床了，今天，我将前往一所寄宿制学校读书，在上海龙华机场的停机坪上，停着一架不算大的飞机。我穿的厚实保暖的衣服让我看起来非常臃肿，显得有些滑稽。我的姐姐玛利亚（Marian）也只有 8 岁，我的哥哥西奥（Theo）已经 11 岁了，还有我，我们三人都要去那里。我们三人紧紧跟随着父母，在拥挤的人群中穿行，终于挤过了飞机的登机警戒线。我期盼这一天已经好久了。

“圣保罗”号是属于路德会传教团的一架 DC–3 型飞机，飞机机舱内的龙骨裸露在外，在机舱中就能看到。金属座椅靠两边排列，乘客脸对脸坐在那儿。笨重的安全带把我们紧紧绑在座椅上。行李就放在两排座位之间的空间中，高高码在一起，几乎挡住了我们的视线，看不见对面。我们艰难地扭过脖子，通过飞机的舷窗，我们看到我们伤心的父母正在和我们招手再见。我第一次感到和他们分离的伤心，我是那么不愿离开他们。但是很快，伤心就被飞行的冒险刺激带来的兴奋欢快所代替，简陋朴实的“圣保罗”号轰鸣着冲向跑道的尽头。除了放置在过道中的沉重行李外，所有机舱中的东西都随着金属机身剧烈抖动。

大约在一个小时的飞行过程中，我们都是向西平行于长江飞行，之后我们感到安全带猛地被拉紧，飞机开始下降，降落在南京机场加油。之后，飞机再次起飞，通过一个空气气旋时，飞机像打嗝一样抖动，耳朵嗡嗡作响，就这样，又飞行了一个半小时。当飞机盘旋着在庐山脚下着陆的时候，虽然筋疲力尽，但对这次飞行，我们还是非常满意。

下飞机之后，我们被等候在这里的卡车接走，卡车摇摇晃晃地在湿滑的道路上行驶，在路上，我们看到稻田、村舍、猪群，以及长着像彩虹一样鲜艳羽毛的大公鸡。在道路的尽头，汽车停了下来，前面只有一条险峻的小路通向牯岭山顶，山顶离它下面的平原有4500英尺高。

只有一些年龄稍大的孩子被允许自己步行爬山，其他的人都必须要坐滑竿，这是一种专门用来登山的轿子，用两根竹竿绑在一把椅子的两侧，需要四个抬夫来抬，两个在前面，两个在后面。四个人收取的费用各不相同，他们为此激烈地争吵，甚至到了相互挥动拳头的地步，还有的掉头就走，但不一会儿又回来，继续争吵，我想他们之间一定会打起来的。但是最后，各自的费用仍是达成了一致。虽然嘴里还在抱怨，但他们还是抬起了滑竿。

较大一点的孩子自己一人一个滑竿，我和我的姐姐一起分享一个滑竿。抬夫们抬起绑着我们坐着的椅子的两个竹竿，放在他们因为出汗而湿漉漉的肩膀上。在短暂的摇晃颠簸之后，四个抬夫找到了各自的平衡点，就开始往前走了。虽然步伐不是很大，但速率很快，小步快走。绑着椅子的两根竹竿，就像是两个巨大的弹簧，我们有节奏地随着他们的步伐上下一颤一颤。上山的路两边都是红土，台阶非常陡峭，在攀登台阶的时候，前面两位抬夫的草鞋的高度，基本和后面抬夫的帽子处在一样高度上。在山路转弯的地方，脚下就是万丈悬崖。在我们前方，还有一些挑夫，肩上的扁担两边挑着我们的行李，行李将扁担两端压得低低的。几乎在三个小时时间里，我和姐姐静静坐在那儿任凭四个抬夫抬着我们，他们一直没有休息。在道路平坦的地方，建有一个小亭子。当队伍到达一个山涧的时候，速度明显加快，这个小地方据说是庐山上唯一有一些商店的地方。之后，我们又沿着一段较缓和的下坡路在下午天快黑的时候赶到了学校。跨过奔流的小溪，绕过最后的山弯，穿过学校大门，最后滑竿停在了水泥台阶下面。在学校前面的石头路上，滑竿慢慢放了下来。我们终于来到了学校。

我的宿舍在麦卡锡楼的顶层，我和三个男孩子一起分享一个房间。床上铺着一块淡蓝色的床单，在我的床旁边还铺着一块垫子。在床头的一侧，有一个床头柜，柜子里面放着一个搪瓷缸子。我打开我随身携带的行李箱，从里面取出一个小盒子，上面用金色打印着“FRK”三个字母，这是一个扁扁的盒子，上面包着灰色的包装纸。我的姐姐和哥哥也有一个同样的盒子。我们被告诉在到达学校之前，不要打开它。我希望能得到一个玩具或者什么好吃的东西，但是这个盒子的外观太扁平了，估计不会是玩具或者吃的东西。我打开了这个盒子，里面是一个相框，相框里是一张全家的合影，是我们离开墨尔本之前拍的。对于这么一个不实惠的礼物，我真是有点失望。我将照片面对着床，放到床头柜上。

那天晚上我哭了。我从来没有想到，我会在寄宿学校感到难过。所有中国内地会传教士家庭的子弟都是在寄宿制学校生活的，我很早就有这样的心理准备，并且也已经尝试过几次这种感觉，但是我对离开家，单独在陌生的地方生活还是感到恐惧。但是这里的老师对我非常和蔼亲切。我的姐姐玛利亚在我的枕头下面偷偷放了一些颜色漂亮的"M&M"巧克力豆，期望能让我高兴起来。

我们不是第一批到达牯岭的孩子，在此之前，已经有一些孩子先期乘船到达了这里。他们要花费三四天时间沿着长江航行 450 英里才能到达这里。但是船非常少，因为大部分船只都被军队征用运输部队，因此我们这部分孩子只能乘坐飞机。

有一些孩子是从战争期间在印度噶伦堡开办的临时学校搬迁过来的，在那里他们可以看到世界上最高的山峰。最老练的是一些年龄稍大点的孩子，他们是从烟台搬迁过来的，因为共产党已经控制了那个地区，之前的芝罘学校只能放弃在烟台的重建。

我在学校的第一年，因为年龄太小，我还不能加入童子军。当我们有资格穿上童子军的服装，绿色的套衫、围巾、臂章、短袜，那真是让人非常兴奋的一天。我们必须学会在加入典礼上的仪式，以及牢记口号："安克拉（幼童军的领队人），我们要全力以赴。"我被分配到了白色小队。那天，我们在童子军大厅前面的广场上集合，在操场的三面整齐列队。赫尔斯（Hulse）和卡尔伯格（Carlburg）先生站在我们队伍的前面，一些年长一点的童子军骄傲地站在那里，胸前挂满了各种勋章。我是第一次参加这样的活动，感到非常紧张，有些手足无措，其他和我在一起的人也是一样紧张。我现在已经是一名幼童军了，以后我就要为能获得勋章努力了，包括生炉火、倒立、翻跟头等这些活动，都可能获得勋章。

我们都非常羡慕那些高年级孩子的童子军军服，宽沿帽子，脖子上围着围巾，长长的卡其色袜子。他们手中经常拿着粗大的木棍。我们曾偷偷观察过他们神秘的训练，包括连接绳索、向上爬绳索、从一棵树上爬到另一棵树上等等。我们曾被安排参观过他们在童子军操场上布置的营地，那儿有两排帐篷，帐篷上覆盖着帆布用来防水，在帐篷的周边还挖有壕沟，以防止突如其来的洪水。为了欢迎我们的到来，他们列队为我们合唱了一些童子军的战歌，响亮的合唱声在山谷中久久回响。高年级的女孩子们则参加女童军，七到十岁的孩子则参加幼年女童子军（Brownies），穿着棕色制服，我的姐姐就是幼年女童子军成员，幼年女童子军还有个非常女性化的名字：棕仙，也称为精灵，这是传说中在夜间帮人做好事的小精灵。这在我们这些小孩子中间，还导致了一阵哄笑，为此开玩笑打闹，真是一群快乐的小大人。

吃东西占据了我们生活中的大部分时间，一天吃三顿饭。在每天早上洗完手和梳好头发之后，我们就来到位于地下室的饭厅。我们坐在长条桌的两边，长条桌宽大厚重，显出苍老的深褐色，上面没有铺桌布。有一名老师坐在长条桌的一头，带领我们祈祷。在做完祈祷或唱完赞美诗之后，我们就一头扎进我们的食物中狼吞虎咽。早饭的安排，一般都是一大碗粥，或者是大米粥，或者是燕麦粥，或者是小麦粥，或者是小米粥，最常吃的是小米粥，尽管它看上去好像是鸟食。在粥的上面，我们通常都放一块红糖。除此之外，早饭还准备有鸡蛋、肉馅糕和烤面包。烤面包上都涂有花生酱或者糖稀，在冬天涂得厚一些，在夏天则涂得薄一些。有时，在上面还会涂一些类似黄油一样的东西。也有牛奶，但不是鲜奶，而是用奶粉冲泡的。牛奶是最后才喝的，冗长的过程让我们很多人都极不耐烦如此长时间坐在饭桌上，匆忙喝完后赶快就离开了。鱼是我们常吃的，经常是很大的鱼。这些鱼都捕捞于山下的鄱阳湖。我们经常能看到这些大鱼张着嘴装在篮子里运到学校。这里富产大米，米饭是我们常吃的主食。我在学校吃过的一道菜让我非常喜欢，就是豆腐。虽然它看起来非常难看，就像没有咀嚼过的口香糖。我们一般都是煮着吃，有时候也炸着吃。

学校提供的甜点简直是场噩梦，非常的难吃。我们的厨师不会做巧克力布丁，而牛奶冻很可能会卡在你的嗓子里。

在漫长的夏夜里，我们常享受的一个特别的招待，是斯塔克（Stark）

小姐邀请我们一些孩子出去喝茶。我们来到离学校不远的地方，在一块大石头上，呈半圆形坐在一起。斯塔克小姐将我们的食物放在一个多层的食盒中，这样可以保证食物还是热的。米饭蓬松酥软，菜喷香扑鼻，生活真是太美好了。

在星期六下午，学校会分发给我们一些糖果，这些糖果都是家长送给学校的，有些就是中国的花生糖。在星期天的下午，我们会去我们老师的家中，他给我们讲《丛林医生》（*Jungle Doctor*）中的故事①，故事的内容是在原始森林中冒险，最后，还会给我们每人一块蛋糕。这是我们一周中能吃到的唯一一块蛋糕，我们都非常渴望和珍惜。此外，还有一种用糖稀将松散的大米粘成球状的米花糖，也是我们的最爱。

皮尔斯（Pierce）医生是学校的校医，校医室设在布鲁斯楼的顶层。皮尔斯医生的助手就是他的夫人，还有詹宁斯（Jennings）小姐和胡拉（Hulla）小姐。她们两人是护士，我们觉得如果她们俩能再多一点温柔，就更加完美了。

每个月，我们都要进行一次体检，主要是量身高和称体重。我们也习惯了每次只穿着短裤和袜子站在那儿，每次我们都努力踮起脚后跟，以便让我们能显得更高一点。有个高大的身材，这对我们的个人威望来说实在是太重要了。

痛苦的经历是每次我们来这儿打针，要定期接受伤寒、霍乱以及其他在中国可能感染的疾病的疫苗。每年，皮尔斯医生都要给我们每一个人做彻底检查。对当时的我来说，皮尔斯医生真是一个“巫师”。他第一次检查我们的眼睛，我就配上了眼镜。事实上，一下子很多学生都戴上了眼镜。第二件事是检查牙齿，皮尔斯医生在那些发现的虫牙上，用锋利的钻子打个洞，再往里面填充上一些东西。检查了我的牙齿后，一定是没有虫牙，没有在我的牙齿上钻孔，我的牙齿一定非常健康。第三件发疯的事，是要把孩子们送到上海，去把他们的阑尾割掉。我不想割掉阑尾，我想还是自己留着的好。

① 《丛林医生》，是一部非常流行的英国儿童故事，描述一名传教士医生在非洲坦桑尼亚原始森林中历险的故事。

当我们生病的时候，我们会受到非常体贴的关心和照顾。甚至有时候，校医室还是一个让人非常向往的地方。在每一个病房里，都安装有一个脸盆，有自来水。校医室与其他地方的医院很相似，给你一种感觉，就是没有细菌敢侵入这么一个干净卫生的地方。但是也许最有诱惑力的，还是在这里可以得到悉心的照顾。护士们对我们都非常的娇惯，在这里我们可以摆脱在平时不允许摆脱的事情。这里还有许多有趣的书读，有关于赛车、阿拉伯人，以及狮子的故事。在我们生病的时候，允许我们的兄弟姐妹来探视。有时，还会有一位老师过来，和我们一起玩游戏，或者猜谜语。最长的一次，我在校医室住了28天。据说当时我患了急性肺炎，但我不能确定。

在学校的门外，就是高山和峡谷，那些年纪较小的孩子们，常在其中散步，但如果要远游，只能允许大孩子参与。平时的外出，我们年纪小的孩子，只能由老师带领，但高年级的孩子们，则允许他们多人组成一伙自己出行。在一个星期天的下午，在老师的带领下，我们前往山上的景点游玩，在一座古庙边，看到三棵大树，据说是受到过佛陀的保护。还到过一个深潭，据说那里淹死过人，但是谁，什么时间，我们也不知道。还有一次我们花了一天时间到达了一处悬崖，从这可以看到下面的平原，在一个称之为“狮子口”的地方，庐山的一侧山脉伸入到鄱阳湖中。老师在一罐从溪水中盛来的水中，放了几粒白色的药片，之后才让我们解渴。

有许多地方都可以允许我们游泳。我就是在离学校不远处的一条小河中学会了游泳。有许多小池塘对于初学游泳者来说是非常适合的，但也有一些较深的池塘，只允许高年级的孩子们去游泳。在这些池塘附近，总有一些大石头，在上面你可以练习跳水。我记得非常让人目瞪口呆的一件事，是在我们闲逛的时候，看到一些中国孩子身上光溜溜的，什么都没有穿，在池塘中跳水嬉戏。我们饶有兴趣地看着他们赤身裸体在那儿玩，心想自己还是很讲文明的，对此充满了自豪感。

在山上，有两个人工修建的游泳池。稍大一点的那个位于牯岭镇，在我们入校的第一年夏天，就在这里举行过一次游泳比赛，游泳池中有跳水设施，大一点的孩子可以在上面练习跳水。克拉夫特（Kraft）先生，一个体重达210磅的美国人，也是我们的同学迪克·克拉夫特

（Dick Kraft）的父亲，他甚至能在跳台上翻跟头。另一个游泳池离学校稍近，实际上就在学校的后面，这个游泳池，称为“瑞典游泳池”。在这个较小一点的游泳池中，孩子们可以从一头一直潜泳到另一头。当游泳池放满水的时候，游泳池中间有一个界线，一边是浅水区，一边是深水区。有时候游泳池中的水发红，因为皮尔斯医生往水里撒了一些特殊的药粉，阻止水中细菌生长。当游泳池的水放满后，水会很凉，但几天之后，里面的水就又会变成淡绿色并不再冰凉。我们一般都是在池中用狗刨式游泳，斯塔克小姐教我们如何在水中换气。我们先在池边观察她优雅地在水中双手划动、慢慢向前游的动作，然后我们努力来模仿她的动作。

在一个夏天的日子里，在游泳池上横放了一个粗大的长竹竿，有两个孩子分别从两头爬到竹竿上面，他们努力让自己在杆子上保持平衡，可以坐在上面，也可以站在上面，努力往前走，同时还要摇晃竹竿，制造困难让对方掉下去。最后，谁也没有能够走到中间，就都掉到了水里。观看这样的比赛，让比赛者和观众们都非常开心。

我们在学校经常讨论，谁是我们中间最好的短跑运动员？谁是最好的长跑运动员？谁最善于攀爬？我们猜想，那些干了错事的“坏孩子”被送到霍顿先生的办公室之后会发生什么？要把他们绑起来吗？有传言说，霍顿先生把这些孩子压倒在椅子上，用体操鞋打他们的屁股。

终于有一天我们知道了真相。有一天，一个女孩子在菜园里偷偷摘了一些西红柿，带到了我们玩耍的地方。就这样，我们就像亚当一样，一起分享了这些“赃物”。几天之后，我们都被叫到了办公室，我们心惊胆战地站在那里，面对着这个魁梧高大、长着宽阔鼻子、一头黑发的大家伙。他问我们：“你们吃了西红柿了？”谁还敢在他面前撒谎？我们没有被绑起来，也没有被体操鞋打屁股。但从这以后，我们再没有偷吃过西红柿。

在1948年的初夏，我们得到了一个特大喜讯，许多孩子的父母将来牯岭度假，他们将住在“仙女峡谷饭店”（Fairy Glen Hotel），这家饭店已经属于中国内地会，离学校只有五分钟的路程，饭店由在树林中分散着的许多单层的房间所组成。我们的妈妈也要来，我们被允许到牯岭镇去迎接她。远远我们就看到她坐在一个滑竿上，四个人抬着她，正缓缓向我们走来。我们的小妹妹詹妮（Jean）和朱迪（Judy）和她坐在一起。西奥（Theo）跑向前，把朱迪抱了出来，我们蹦跳着在滑竿周围，就像欢快的小狗，就这样一直到了仙女峡谷饭店。滑竿放了下来，我们的家庭基本团聚了。爸爸依然非常忙碌，正在其他地方旅行。我们在那里组成了家庭，这花费了一点时间，玛利亚（Marian）和我在学校相互照顾关心，是学校的模范，但这时，玛利亚和我也争吵抢着要照看詹妮，和她一起玩耍。

但是快乐的时间总是过得很快，暑假很快就结束了，一个新学年又要开始了，父母们又必须要回到他们遥远的传教点去了。妈妈、朱迪、詹妮也要一起返回西部的重庆。在我送走她们，徘徊着返回学校的那个下午，我觉得自己是那么的难过。那天晚上是鲍威尔（Powell）小姐领我们做晚祷告的，我们唱的歌词是：

当我心中充满忧伤的时候，
怎样我才能摆脱它纠缠？
只有我心中的基督，
才能把那些忧愁去除。

当圣诞节到来的时候，我们被安排和老师家人一起度过。因此，我和玛利亚被邀请到马丁先生家中。这种家庭生活的欢愉是短暂的，马丁先生有三个孩子，约翰是最大的一个孩子，他在学校也是年龄最大的孩子之一，因此非常的突出，安丽萨比玛利亚稍大一点，最小的孩子叫迪克，比我还要大一点。在他们家的起居室门口的上方，挂着一把残破的船桨，据说，这是马丁先生在某一所遥远的英国大学读书期间，其杰出表现的荣誉象征。那天晚上，马丁夫人把我抱到床上，问我是否暖和，告诉我，把毯子铺在身下和盖在身上是一样的重要。我真是从来不知道这些。

后来我们离开学校乘飞机回到重庆，再之后，我们就和父母一起离开了中国。

在牯岭时期，芝罘学校得到各方的高度赞许，在这段回忆文章中，也没有忘记对它的夸奖，以及自己表现出的自豪。这是较长一段时期的快乐时光，特别在几个月蜗居上海之后。在这个4000英尺高的地方，可以看到遥远的长江周边的平原风光，以及鄱阳湖的美景，周围环抱着苍翠的大树

◎ 牯岭时期芝罘学校师生在游玩

和清澈的溪流。冬天还可以欣赏雪景，但这里的冬天相比于中国北方地区来说，还是非常短暂，也要温和许多。因为海拔较高，即使在夏天，这里也要舒服得多。只是相比较于烟台，美中不足的是这里经常下雨，雨量也大很多，这就导致学校的户外体育运动时间经常无法确定。但充沛的雨量使周围更有生机，相比之下，山东可以说就是半沙漠了。这里的许多大山和深谷，我们都曾去探索和冒险。许多历史古迹和美丽风光景点我们也是非常熟悉，经常踏足，比如三宝树、两棵柳、古银杏、仙人洞、瞻云寺、白鹿洞、三叠泉、海会寺等。

也有野生动物陪伴在我们周围，虽然不常见，但也是很值得说说，有野猪、豪猪、金钱豹（有一只金钱豹在 1951 年 3 月，光顾了我们校园，留下了一串 6 英寸长的脚印），学校的一位老师还确信他曾在教学楼的外面看到过一只穿山甲。斯坦利·霍顿和我曾经策划，在游泳池边举办了一场消夏音乐晚会，将悦耳的音乐和牯岭的美景融入其中。本来我们的想法是用歌唱赞美诗来表达对生命的珍爱，合唱的同时，还能欣赏周边的美景，不论对歌唱者还是聆听者，都更是一种享受，一种彻底的放松和陶醉。

芝罘学校在牯岭复校的第一个学期，学生人数是 126 人，但还有许多孩子希望也能进入学校学习。学校的老师也增加了，包括一些短期在学校服务的老师，达到了 36 人。在学校的教师队伍中，还新增了两个中国人，毛小姐和吴小姐。

引进合格的理科老师来芝罘学校，依然是一件非常困难的事情。因此，当鲍利·哈密尔顿（Pauline Hamilton）博士刚来到中国的时候，我们努力做工作将她留在学校担任教师，她和我们度过了好几个学期的时光。在她的自传《成为一个不同的鼓》（*To a Different Drum*）中，描述了她在芝罘学校时期的工作生活情况，其中提到，芝罘学校英国式的教学方式和语言，她感觉适应起来还是有点困难。虽然她为学校做出了巨大的贡献，但是她的心愿是能够成为一名直接的传教士，特别是在年轻学生中去传播福音。因此，在我们的遗憾中，她最终还是离开了学校。

◎ 牯岭芝罘学校

牯岭芝罘学校的建筑包括两栋主教学楼，也就是麦卡锡楼和布鲁斯楼，以及附属的一些平房。麦卡锡楼主要是男生和学前阶段孩子的宿舍和他们的教室，以及礼堂、饭厅和厨房；布鲁斯楼则是女生宿舍和教室。一些较大一点的孩子和马丁先生一家住在一起，但是吃饭则还是在学生饭厅吃饭。我们期待着能进一步扩大学校的规模，一方面希望能再新建一些建筑，另一方面，也希望能将所有权已经属于中国内地会的牯岭其他一些建筑划入芝罘学校。我们甚至盖了一间奶牛棚，专门用来饲养我们进口的荷斯坦奶牛（Holstein-cow）[①]，虽然将这些奶牛从山下爬几千级台阶运到学校花费了极大的人工代价。此外，学校的各项物资运输，还要躲避在长江流域正在进行的战争，这些，都让我们花费了极大的代价，甚至这些奶牛还必须要有出口运输的许可。但是，我们最终还是没有实现扩建牯岭芝罘学校的目标。

芝罘学校继续组织牛津考试，虽然由于邮寄的困难，我们经常要等待考卷的到来。所有参加考试的人，基本都能够顺利通过，从而拿到大学入学免试资格。这表明，芝罘学校在牯岭办学时期，也保持了学校在山东办

① 荷斯坦奶牛原产于欧洲荷兰，是世界最著名的奶牛品种。这种奶牛适应性强、生病少，产奶量位居世界之冠，几百年来，荷斯坦奶牛已被引进到世界各地，成为最主要的优种乳牛之一。19世纪末期，中国的黄牛与当时引进我国的荷斯坦牛杂交，培育出中国黑白花奶牛，成为我国最主要的奶牛品种，以后更名为中国荷斯坦奶牛。

◎ 孩子们在牯岭期间，自己设计制作的一张关于中国艺术讲座的布告。布告上的主要内容是：在9月30日，星期六晚上7:15，将在学校的麦卡锡餐厅举办一场有关印刷品、拓本、陶器等中国艺术品的演讲，欢迎大家前来聆听，讲座安排有回答问题的环节

学的标准和水平。我们在学校设立了一面荣誉墙，那些表现优异的学生，在他们离开学校之前，可以把自己的名字刻在上面。在这面荣誉墙上，所镌刻的芝罘学校在牯岭三年期间那些优异学生的名字的拓本，现在还保存在芝罘学校校友会的档案中。

相比较于学校在烟台时期，因为没有足够宽大的平地，也没有那么多年龄接近的男女学生，也缺乏一些竞争者，学校的体育活动水平则明显降低了。但是我们经常组织学生爬山，以弥补体育运动的不足。

学校还经常组织学生下山，或者去参观白鹿洞书院，白鹿洞书院是800年前中国的大哲学家朱熹静修讲学的地方，坐落在一大片松林中；或者在海会寺去露营，欣赏一轮满月在鄱阳湖中升起，在半夜，聆听猴子在林中的啼叫，真是让人无法忘记的经历。

但一些爬山活动，是让人精疲力竭。但是也还远不至于像在一次晚会上表演的节目那样。在那次晚会上，一些学生在舞台上表演了一个节目，内容是一些穿着破履烂衫的男女孩子，头上、手上都缠着纱布，一副逃难者精疲力竭的样子。他们是想告诉观众，之所以成为这样，并不是发生了车祸，或者飞机失事，而是和马丁先生爬山的结果。

在1948年夏天，当许多内地会传教士来牯岭度假的时候（这是他们最后一次来牯岭），我们还能够使用在牯岭镇的那个大人工游泳池。接下来的两个夏天，我们只能使用那个在我们校园附近由溪水所天然形成的一个小的，但非常可爱的池塘作为我们的游泳池了。

◎ 牯岭芝罘学校师生合影（1950）

芝罘学校的运动场对于举行曲棍球或六人制英式足球比赛还是实用的，也可以举办垒球比赛，但对板球比赛来说，就有点狭窄了。在1948年，新近加入中国内地会的一些年轻人，被安排来到牯岭集中培训他们的语言能力，他们也加入了学校组织的体育活动。在一次垒球比赛中，我们学校组队和这些年轻人比赛，芝罘学校的一位老师作为队员，还打出了一个本垒打[①]的好成绩。为此，一个观战的美国家长向他祝贺，开玩笑说："你太了不起了，你的下一个挑战目标，应该就是去竞选美国总统。"

体育运动的组织还是很丰富，有短跑、长跑、接力跑。我们的学生数量太少了，因而无法按照同一年级中的班级为单位来组织比赛，但是我们通过组织比如北美队、澳大利亚队、欧洲队，或者比如"快步如飞的阿喀琉斯队"[②]"杰出的赫克托尔队"[③]等这种方式，培养了孩子们的团队精神（esprit de corps）。在芝罘学校的建校纪念日这天，我们尽可能用学校传统的方式来庆祝学校的创建节日，虽然我们无法来进行学校传统的赛艇比赛，但我们发明了一种形式近似的"陆地赛艇"比赛，就是将学生分为若干组，

① 本垒打（home run），棒球术语，是指击球员将对方来球击出后（通常击出外野护栏），击球员依次跑过一、二、三垒并安全回到本垒的进攻方法，系棒球比赛中非常精彩的高潮瞬间。

② 阿喀琉斯（Achilles），希腊神话中的勇士，出生后，其母握其脚踵倒提着在冥河水中浸过，因此除未浸过的脚踵之外，浑身刀枪不入，而脚踵成了他的致命弱点。后来他被帕里斯射中脚踵而死，死后住在冥间，统治亡灵。

③ 赫克托尔（Hector），荷马史诗中的特洛伊（Troy）王子，他是特洛伊第一勇士，被称为"特洛伊的城墙"。最后和阿喀琉斯决斗，死在对方手里。

每一组共五个人，一人充当舵手，在前面指挥，后面四人背着身子倒着跑，看哪一组先到达终点。

在牯岭时期，童子军和女童军的活动继续在学校开展。室外活动既容易组织，也深受大家欢迎，因而成为童子军活动的主要内容。种类繁多、数量庞大的各种植物、鸟类和动物，也是学生们学习的重要内容。当然，偶尔也会碰到一些现实的困难。比如，在童子军活动中，如果要获得一枚一级勋章，就必须要经受一次徒步旅行 10 英里，并且单独在野外露营一夜的考验。如果在这里要组织这么一次考验，需要我们做更多更细致关于安全防范的准备工作，但这在西方，可能并不需要。因为我们多次得到一些中国朋友的警告，要我们小心那些逃兵，据说他们就在学校周边的丛林中流窜。

因此每当这时，都要由一个成年人陪伴这些挑战考验的童子军。我记得有一次，我就陪伴两个孩子，来接受这样的考验。虽然有我的陪伴，但他们必须自己决定和处理所面临的一切问题，比如看地图确定方位。我的存在，仅仅是在遇到危险的情况下给予帮助。在我们支帐篷准备露营的时候，有两个中国人向我们走来。我们主动向他们问好，他们问我们："你们不是准备在这儿过夜吧？"我们回答："我们的确准备在这过夜，有什么问题吗？""这太危险了。""有什么危险？""这儿有野猪，有很多野猪。"哈哈，竟然他们没有提到这儿有逃兵，真是太好了。野猪算什么，金钱豹我们都见识过了。这两种动物在整个山区都很常见，但老实讲我们真还没有遇到过。在童子军和女童军的活动中，类似这样的考验还有许多。

在战后，对于重建的芝罘学校来说，一个重大的变化，就是斯坦利·霍顿成为学校的校长。他非常有学者气质，也擅长各种体育运动，同时他还是一位牧师。他想通过自己的努力更好地传播和光大上帝的意愿，以让他的一生和整个学校能更加亲近上帝。他对上帝的笃信和顺从，不但使他获得了威信，也得到了别人对他的理解和支持。他并不是一个固执的人，而是善于接受新生事物，善于听取别人合理的意见或建议。因为他的和蔼和公正，因为他的谦逊和宽容，因为他的耐心和乐观，学校的男女学生都喜欢围绕在他周围，渴望斯坦利·霍顿能和他们一起参加各种有趣的游戏和体育运动。

1947 年到 1950 年这段时间的中国，绝不是一个轻松的时期，发生了很

◎ 斯坦利·霍顿，1947—1950 年间任芝罘学校校长

多大事，和其他年份有很大的不同。斯坦利不得不经常做出决断，并且应付经常发生的变化。芝罘学校好不容易在上海重建，在牯岭慢慢恢复，但由于不久之后，中国共产党控制了这一地区，未来会是什么样子？在每年夏季，是否还能允许家长来牯岭与孩子们重聚？这些问题我们都不知道，我们只能与陌生的当地官员小心打交道，为以后可能发生的变化做些准备。对学校师生们来说，斯坦利·霍顿是一位好领导，他处处体贴师生，善于采纳别人的建议，也得到大家的信赖。但遗憾的是，他领导芝罘学校的时间太短了，而且生不逢时。

斯坦利·霍顿还擅长音乐，在学校的音乐教育方面也作出了巨大贡献。他虽然很少亲自展示自己的音乐天赋，但他对学校的合唱队和管弦乐团的组织和发展倾注了大量的心血。他指挥排练的斯坦纳（Stainer）的《耶稣受难曲》（*Crucifixion*）[①] 极大地轰动了学校，在几代芝罘学校师生心中留下了不可磨灭的记忆。

每一学年结束时所举行的汇报表演，很大程度上也是由他策划和指导，他为我创作的多首诗歌谱过曲子，使得我的诗歌风靡一时。

在体育运动方面，斯坦利·霍顿是一名优秀的短跑运动员。在板球方面，相比于布鲁斯、巴奇尔和顿卡，他稍显逊色，但在一些田径项目方面，斯坦利·霍顿则是无人能比。有些时候，他在一些球类方面也有很好的成绩。在网球方面（对于这项运动，他和我都非常喜爱，在烟台期间，我们俩和阿瑟·劳斯、阿尔伯特·劳斯经常一起比赛），他迎击触地球的水平要远好于他截击空中球的水平。他快速移动的场上速度，也使他成为一个危险

① 《耶稣受难曲》是为耶稣之死或他的受难故事所写的音乐，歌词经常取自《圣经》，以四个圣徒（马太、马可、路加、约翰）所述区分，也可能用精心写作的诗歌作词，常在复活节前一周演出。

的对手。而在网前的较量中，因为他能够控制的范围比较宽，使得突破他的防线也非常困难。只要他参与的运动，都会因为他的存在而妙趣横生。

斯坦利·霍顿的忽然离去，是芝罘学校的巨大损失，在此，请允许我引用海宽厚女士对他的怀念文章中的内容：

7月17日，一个星期一的早上，当我们下楼吃早饭时，校长正在往布告栏上贴一小张裁剪过的报纸。上面是一个板球手的照片，他手里正拿着一支板球拍，准备好击球的姿势，眼睛死死盯着逐渐逼近的板球。和霍顿先生在一起，当然知道报纸上的这位板球手就曾经是他的主教练，并在很长时间里得到过他的指导，霍顿先生自然掌握了很多制胜法宝和精彩球技。他知道如何利用对手的弱点来战胜对方。在早饭之前，他带领我们做早祷告，感谢每一个新一天的到来，此后，和老师们一起分享各自的早餐。

这天下午，将有五名孩子离开学校，不会再回来了，这个消息在学校传开后，大家一起为他们祝福，我们从《旧约·申命记》（*Deuteronomy*）第33章第12段一直祷告到《旧约·诗篇》（*Psalms*）第4章的第8段："论便雅悯说，耶和华所亲爱的必同耶和华安然居住。耶和华终日遮蔽他，也住在他两肩之中。……我必安然躺下睡觉，因为独有你耶和华使我安然居住。"

这个早晨非常忙碌，在处理各项事情间隙，霍顿先生抽空写出了一份计划，这个计划是为没有他那么忙碌的老师们制订的休假计划，上面有时间和想法的安排。计划的标题就是"老师休假表"，上面也列出许多需要解决的问题，这一计划的目的，是为了重新唤起那些对前途悲观和怀疑的教师们的信心，在接下来的8月，将迎来一个好日子的到来。

他还计划在匆忙吃过晚饭之后，去一下牯岭镇，对那些即将离开学校的孩子做最后的道别，对于这些孩子们来说，他就像是他们的父亲。

通常在每个下午，他会上一节音乐课，教室里不管是演唱者还是聆听者，都陶醉在悦耳的音乐之中。有时候在教室中演唱的，就是他自己的作品，他为这所他深爱的学校谱写了很多歌曲，不论是在烟台时期，还是在牯岭时期。而更多的时候，则是歌唱别人的作品，用他自己对作品的精致理解，示范给别人。在表演晚会上，他对学生们的表现非常的满意，在音乐之中，他和他的学生们找到了共鸣。

然而在这个下午，学校正在进行考试，霍顿先生一直在埋头书写着他的计划，直到霍顿夫人听到他轻松地说，他要在晚饭之前进行一次短时间的网球锻炼，当时，她正准备去整理整理他们的花园。

他像往常一样尽情地发挥着他的高超技术，欢快的情绪感染着所有人，第一局结束之后，他还很迫切地开始了又一局比赛。然而就在第二局，不幸终于发生了，随着一个剧烈的转动，他猛地倒在了地上。

对于他的离去，我们没有告别的悲哀，仅仅有深深的怀念，怀念我们这位父亲、导师和朋友。

"你们岂不知今日以色列人中死了一个作元帅的大丈夫吗？"①

在1948年，我们度过了一个非常快乐的一年，牯岭迎来了许多度假者，导致许多很长时间没有接待过客人的度假客房又住满了人。我们和许多教徒一起参加了教堂祷告仪式，其中包括蒋介石和蒋夫人宋美龄。我们还和他们一起欣赏了一场音乐会。我们学校也荣幸地受到蒋夫人的访问，学校中的很多老师，还都受到邀请前去她家中喝茶。

在那年的冬天，芝罘学校的许多学生和老师都回家度假。我们先是飞到汉口，从这里，我和一些人去了中国西部和西北，其他人去了上海。乘飞机非常的不靠谱，你能去哪里，不取决于你，取决于飞行员视情况看能飞到哪里。因此，去西北的这一队人员原本希望在傍晚之前能飞到兰州，然而，飞机只到达了西安。幸亏已经安排好了卡车，将我们送到了中国内地会在西安的办事处。办事处的工作人员热情地接待了我们这16个饥肠辘辘的人，并安排好了住宿，第二天，我们才到达了兰州。

在1月底，我们的返程更是历尽曲折。在当时，中国共产党的军队已经挺进到了长江流域，航空公司不愿意安排长途航线，害怕被扣留。因此我们这些去西北的芝罘学校师生在兰州集结，苦等六周之后，才盼来了一架飞机。但是我要着急回去给学生上课，这学期安排我讲授希腊文和英文的荷马史诗中的《奥德赛》，还有什么能比上课更重要的呢？最后费尽周折，

① 出自《旧约·撒母耳记下》（2 *Samuel*）第3章第38段，原文是："王对臣仆说，你们岂不知今日以色列人中死了一个作元帅的大丈夫吗？"（And the king said unto his servants, Know ye not that there is a prince and a great man fallen this day in Israel?）

师生们才得以启程。首先从兰州飞到陕西汉中，然后再到重庆，希望能从这到达中国内地会设在汉口的办事处。在重庆，我们降落吃饭，我对那位美国飞行员说："能在武昌降落吗？"他说："我们要去南京，不能在武昌降落，上一周我们就在那损失了一架飞机。长江发洪水了，可能不能降落。"但是我给他做工作，告诉他有 15 个学生和我在一起，我们必须要赶到汉口。他阴沉着脸说："我和地面联系一下，看看情况。"之后，他带着犹豫的神情来到机舱对我们说："我尽最大努力吧。"最后他还是在武昌着陆，将我们送抵武昌机场后，飞机再次成功起飞离开。

然后，我们在武昌乘坐江轮，所有我们 16 个人挤在轮船的一个小舱房里，顺江而下 120 英里之后，到达了九江。卡罗尔·贡泽尔（Carol Cunzel）作为我的助手，在一路上给我帮了很多忙。直到 4 月 2 日，我们才到达学校。到学校时，正好赶上学校所有人都在为瑟瑞尔（Searel）和德瑞芬（Drafin）二人的婚礼而兴高采烈，一片热烈欢乐的气氛。

第二个月，也就是 1949 年 5 月，中国共产党的军队就占领了庐山地区，建立了人民政府，校长和我们都去欢迎新的管理者，我们学校中的部分中国雇工趁机要求再涨工资。

我喜欢在冬天的日子里散步，为此，我写了许多描述在冬天散步的诗歌送给学校的中国教师杨露丝（Ruth Yong）小姐，她取笑我说："在可以坐雪橇的时候，难道还有人喜欢去散步？"

在牯岭的那些日子里，大部分时间我们或者是在野外快乐地游戏，或者是在教室中认真学习，对于这些男女孩子们来说，政治上的麻烦还是非常遥远的事情。但是他们和学校的老师们一样，也感受到了时代的变化，常常在一起祈祷平安。在中国共产党占领庐山地区之后，国民党政府发行的纸币即成废纸，但是共产党政府当时还没有来得及发行货币，于是传统的银元成为仅有的货币受到人们的信赖。每个人都想兑换银元，银元因此变得非常难得和稀有。

中国内地会在南昌的办事处负责人想尽一切办法，在整个城市为我们筹措银元，以便送到山上来，满足学校的日常费用，但所有的银行都已经停止了这项业务。忙到半夜，还是没有成果，他只好失望地先上床睡觉。第二天早上，在早祷告时，他翻开《旧约·约伯记》（*Job*）第 22 章开始看，一直看到第 25 段："全能者就必为你的珍宝，作你的宝银。"之后，他合上《圣经》准备吃早饭。正在他刚坐下准备吃早饭时，听到有人敲门，开门一看，原来是一个中国人，询问他是否需要银元。原来这是一个商人，他准备跟随溃败的国民党去台湾。他有许多银元，他想把它们兑换成香港银行的支票。就这样，这些银元被装在鞋盒中、食品盒中，送到了山上的芝罘学校，完全满足了学校的日常开支。

对于这些学生们来说，当地人民政府的官员他们平时是看不到的，但对于斯坦利·霍顿，以及在我担任代理校长之后对于我来说，这却是一个必须要面对的问题。斯坦利·霍顿一般都能对他们有友好的态度，我们也发现他们中的许多人，其实还是非常友好的。

每当我们遇到困难的时候，也常常能得到其中一些官员非常实用的建议。比如他们会对你说："在你给我们递交报告的时候，不要在报告上盖你们的那个大印章。"当然，在中国，如果要对某件事证明它的真实性或严肃性，经常要盖一个印章，就是用红色的印泥在纸上印下某个单位或个人的名称。印章越大，表明其所有者的权威越高。过去中国皇帝用的就是长宽有三四英寸的印章。我个人的印章大约是长宽有半英寸，然而我作为学校校长的官方印章长宽大约是各1英寸。在听到这个建议后，以后我再加盖在学校报告上的印章，就变成大约只有四分之一英寸大小，以此来显示谦逊。

有一段时间，每天晚上8点钟，学校的电话铃声就会响起，通知我第二天当地的外事部门希望能与学校的二三名老师和二三名学生面谈。我通常的做法是立即通知那些被点名的老师，但不要马上通知他们所指定的学生，第二天再通知他们。每一个人都有不一样的性格，不要让学生们有太大的压力。有的人面对飞机坠毁都可以坦然面对，但对约去谈话则可能感到恐惧。

当点名轮到约杨露丝小姐谈话的时候，我对她所表现出的紧张和不安也很难过。通常她给我们留下的印象都是意志非常的坚定和勇敢，但是当她应约前往外事部门的时候，她则表现出非常慌张和害怕的神情。因为我对此非常的不安，在估计她应该快回来的时候，就前往路口等她。当她看到我的时候，高兴地和我拥抱在一起。

在最后的那些日子里，学校中气氛非常复杂。尤恩·拉姆斯登（Ewan Lumsden）和普里西拉·菲什（Priscilla Fish）的婚礼是其中的一个亮点。

同时，还举办了一场音乐会，来庆祝芝罘学校建校 70 周年。芝罘学校登记创立的时间是 1880 年 12 月 1 日，最初的学生只是祝名扬先生的三个孩子。这场音乐会是由学校的男女学生和老师共同表演的。

在最后几个月中，给我们留下深刻印象的事情，是一次为学校的中国厨师举行受洗仪式，地点就在流经我们校园的一条冰冷的小溪边。我们往小溪中倒了大量的热水，以期望可以稍稍缓解溪水的冰冷。当天晚上，我们还举行了一场关于中国文化的展览。在以前，我的一位中国朋友，也是学校的一位中文老师尹松浦（Yen Sung-pu）先生，一次在我的邀请之下，他带来了许多他画的中国画，被学校的老师们抢购一空。我们举办的这场展览，主要就是那些作品。

在群山整个被白雪覆盖，但阳光明媚的一天，我带着一群孩子来到牯岭的北坡，下到山下的平原，去参观一座造型优美的佛塔。等再从山底爬上山，真是筋疲力尽了。

在多次协商之后，学校的第一批人员被允许在 2 月 28 日离开学校。5 天之后，我们欣喜地收到发自香港的电报，告诉我们他们已经平安到达。

3 月 16 日，第二批师生也离开了学校。然后推迟了很长一段时间，直到 4 月 22 日，最后一批师生离开学校。那些当时还在外地没有回到牯岭的学校师生，也被允许离开中国，不用再回到牯岭会合。我们被允许带走所有属于个人的财产，但我收藏的那些珍贵的中国字画和古董则不在此列。所有三批人员前往香港的旅行，都是一路平安。我们还被允许卖掉了学校饲养的价值不菲的奶牛。在上海，梅森（Mason）夫人日夜祈祷，口中默念摩西的那句名言："让我的人走。"在听到我们将奶牛卖掉之后，她祈祷说："连一蹄也不留下。"[①] 就像摩西带领以色列人离开埃及那样。关于中国内地会牯岭资产的马拉松式的谈判，最后也终于达成一致。

就这样，我们离开了芝罘学校的校园。我最后一次礼节性地拜访了当地政府的最高官员沈先生，他是参加过长征的老兵，他利用这个机会，请我给当时的英国首相克莱门特·艾德礼（Clement Attlee）先生带句问候："我

① 语出《旧约·出埃及记》（*Exodus*）第10章第26段，原文为："我们的牲畜也要带去，连一蹄也不留下，因为我们要从其中取出来，侍奉耶和华我们的神。我们未到那里，还不知道用什么侍奉耶和华。"

们中国人民大力支持英国工党的行为，但是你们不要走得太远。我们中国人民的政策不会变化，既不会惧怕威胁，更不会受到甜言蜜语的哄骗。”①这一段话，后来真的传递到了唐宁街10号英国首相官邸。沈先生是典型的那种人，他清楚地知道自己的人生目标和政治追求。

我们最后一次从牯岭下山，坐在卡车上一路颠簸驶往九江，一路上我们边走边唱歌。当晚，我们住宿在一个可以观赏湖景的小酒店，凌晨4点45分就起床赶路。第二天的旅程相对轻松，乘坐轮船从九江驶往南昌。在那儿，中国内地会的朋友们已在等候我们，并带着我前往当地的外事部门。其他人员在火车站附近找了一个小旅馆休息，高登·康威先生则陪着当地官员，再次检查我们的行李。晚上到了，车站附近一片安静，当时没有火车会在晚上行驶。一些在车站执勤的年轻的解放军战士，不知从哪找到了一些拳击手套，向高登·康威先生和我挑战，想请教拳击技术。我们双方达成协议，同意相互之间点到为止，不能出手太重。就这样，在那晚的凌晨时分，在那个空旷的、有巨大回声的火车站候车室，我们演示了一场精彩的拳击比赛，可以说这是我在中国教授的最后一课。

从这里，我们坐火车到达了广州，最后一次接受了警察的询问。之后又坐上火车来到与香港的边界。在迎接我们的拥挤人群中，我们看到了约翰·辛顿（John Sinton）和海宽厚，他们是专门前来欢迎我们的。

就这样，拥有显赫名声和辉煌历史的芝罘学校，在中国大陆，走到了它的终点。

① 克莱门特·艾德礼（1883 — 1967），英国前首相。1883年1月3日出生于伦敦普特尼，1905年毕业于牛津大学，成为律师。曾在伦敦经济学院任教。参加过第一次世界大战。1922年，当选工党下院议员。1924年和1929年，先后在麦克唐纳政府任职。1935年，成为英国工党领袖。1940年5月，任丘吉尔政府掌玺大臣，为战时内阁成员和实际上的副首相。1942年2月，任英国副首相（先后兼任自治领事务大臣和枢密院院长）。1945年7月，因工党在大选中获胜而出任英国首相，取代丘吉尔。任内，参加了波茨坦会议。1955年12月退休，被封为伯爵。1967年10月8日去世。

译者后记

这是一段即将，或者说已经被岁月所湮没的历史。

在100多年前，烟台就以它新鲜的空气、宽阔的大海、适宜的温度、优越的气候、秀美的风光、便捷的交通、多元的文化、繁荣的城市，吸引了中国内地会在这里创办一所专门招收西方传教士子女的学校，这就是芝罘学校。随后的近60年里，在这所被称为“苏伊士运河以东最好的英文学校”里，几千名西方传教士子女，其中不乏曾经赫赫有名的人物，在这里度过了他们难忘的童年和少年时光。即使在之后芝罘学校离开烟台的又一个60年里，虽然辗转东南亚各地，却执着地一直沿用着“芝罘学校”这一名称。时至今日，在英国、加拿大、澳大利亚、新西兰等地，依然活跃着一个称之为“芝罘学校校友会”的组织，并不时来到烟台寻根问祖。芝罘学校的历史，称之为一部传奇故事，绝不夸张和过分，而其中的很多细节，即使在烟台本地，别说是现在，就是在过去，也很少有人关注和知晓，因为，这所学校从来没有招收过一名中国学生。尽管这样，芝罘学校的历史，至少是前60年历史，与烟台近代历史密切相关，或者说就是烟台近代历史的一个方面，芝罘学校与烟台这座城市，共同经历了那段腥风血雨的岁月，给我们认识那段历史，提供了很多鲜活的资料。这就是我关注这部书的缘由。

在文本翻译过程中，笔者尽可能尊重原作。原书中收录有一些当时作者关于某些事件的素描，在翻译中都悉数得以保留。由于毕竟年代久远，相关背景方面的介绍和笔者的一些理解，在译作中都只以注释的方式出现，本书中的所有注释都是笔者自己所加入，与原作无关，笔者承担一切责任。

在本书的翻译过程中，得到了现芝罘学校北美校友会会长 Ian Crant 先生的大力支持和无私帮助，他花费很多时间，帮我寻找和联系到分别在英国和美国的本书作者高登·马丁先生的家人，帮助我得到了他们允许翻译此书的授权。此外，因为原书中除了一些素描，并没有几张照片，为了使呈现给读者的这部书可以图文并茂和更加生动，也助于更加方便理解文本内容，Ian Grant 先生还为我提供了大量关于芝罘学校的历史照片。现在收录在本书中的素描，都来自高登·马丁先生的原著，而收录的照片，大部分就是由 Ian Grant 先生所提供。其余部分，则是笔者长期通过不同渠道所收集。在这里，再次衷心感谢 Ian Crant 先生，也感谢高登·马丁先生家人的帮助、支持和信任。

旅居加拿大的崔元喜先生，多次帮我联系 Ian Grant 先生，为本书的顺利翻译提供了大量帮助；徐慧女士花费大量时间和精力，为本书中所收录的图片进行调整和修饰，为本书增色良多；烟台档案局的赵海局长、长期在烟台高校担任外教的 Edawrd（Ted）G. Margrett 先生、烟台九中的李卫东先生等，在查找相关资料方面，都提供了大量的帮助；齐鲁书社的贺伟先生，也是我上部译著的责任编辑，认真负责，一丝不苟，为保证本书的出版质量，倾注了大量的心血；此外，烟台市胶东特色文化推进工作领导小组、烟台市委宣传部、烟台市胶东文化研究会、烟台市新华书店等，为此书的出版都提供了巨大的帮助，在此一并表示由衷的感谢。

图书在版编目（CIP）数据

芝罘学校：1881—1951年之间的历史和回忆 /（加）马丁(Martin,G.)著；陈海涛，刘惠琴译注.—济南：齐鲁书社，2013.9（2019.12重印）

ISBN 978-7-5333-2885-6

Ⅰ.①芝… Ⅱ.①马… ②陈… ③刘… Ⅲ.①芝罘学校—校史—1881～1951 Ⅳ.①G522.73

中国版本图书馆CIP数据核字（2013）第199007号

芝罘学校

——1881—1951年之间的历史和回忆

［加］高登·马丁（Gordon Martin） 著

陈海涛 刘惠琴 译注

主管单位	山东出版传媒股份有限公司
出版发行	齊魯書社
社　　址	济南市英雄山路189号
邮　　编	250002
网　　址	www.qlss.com.cn
电子邮箱	qilupress@126.com
营销中心	（0531）82098521　82098519
印　　刷	山东新华印务有限责任公司
开　　本	720mm×1020mm　1/16
印　　张	15.25
插　　页	2
字　　数	260千
版　　次	2013年9月第1版
印　　次	2019年12月第2次印刷
标准书号	ISBN 978-7-5333-2885-6
定　　价	38.00元